우 리 동 네 씨 앗 도 서 관

우리 동네 씨앗 도서관

ⓒ 홍성 씨앗 도서관 2019

초판 1쇄 2019년 3월 26일
초판 3쇄 2020년 4월 10일

지은이	홍성 씨앗 도서관	펴낸이	이정원
		펴낸곳	도서출판 들녘
출판책임	박성규	등록일자	1987년 12월 12일
편집진행	선우미정	등록번호	10-156
편집	박세중·이수연	주소	경기도 파주시 회동길 198
디자인	한채린·김정호	전화	031-955-7374 (대표)
마케팅	정용범		031-955-7381 (편집)
경영지원	김은주·장경선	팩스	031-955-7393
제작관리	구법모	이메일	dulnyouk@dulnyouk.co.kr
물류관리	엄철용	홈페이지	www.dulnyouk.co.kr

ISBN	979-11-5925-393-5 (14080)	CIP	2019009503
	978-89-7527-160-1 (세트)		

이 도서의 국립중앙도서관 출판예정도서목록(CIP)은 서지정보유통지원시스템 홈페이지(http://seoji.nl.go.kr)와 국가자료공동목록시스템(http://www.nl.go.kr/kolisnet)에서 이용하실 수 있습니다.

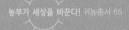

농부가 세상을 바꾼다! 귀농총서 65

우리 동네
씨앗 도서관

홍성 씨앗 도서관 지음

들녘

씨앗에 대한 고민이 생기고, 씨앗을 받아야겠다고 생각하게 된 지 벌써 15년이란 시간이 지났다. 살충제로 물이 든 벌건 씨앗들을 손으로 만지며 '위험하다'고 생각했다. 이런 걸 '직감'이라고 하나? 아무튼 나는 그때부터 씨앗 공부를 시작했다.

공부하다 보니 씨앗의 문제는 단지 씨앗 그 자체에서 끝나는 것이 아니라 우리나라의 농업 현실과 맞물려 있고, 공장식 축산의 문제와도 연결되어 있으며, 우리의 식탁으로 이어져 건강과도 매우 밀접한 관계를 맺는다는 사실을 알게 되었다. 그리고 무엇보다 씨앗은 이 시대를 살고 있는 우리 할머니들과 어머니들의 상징이라는 것도 깨달았다. 그래서 지켜야 한다는 것을, 우리 아이들의 미래를 위해 지금 우리가 해야 할 일이 씨앗을 지키는 일이라는 것을 자각하게 되었다.

'그럼 무엇부터 해야 할까'라는 질문을 계속 던지게 되었다. 그러다 주변 친구들과 같이 생각을 모으다 보면 해결책을 찾을 수 있겠다고 생각했고, '씨앗 도서관'을 준비하게 되었다. 지금까지 살아오면서 가장 잘한 일이 있다면 바로 이 일이 아닐까, 생각한다.

2014년 가을부터 씨앗을 모으고, 2015년 2월에 개관하면서 무엇보다 중요하게 생각한 점이 그 과정을 기록으로 남기면 좋겠다는 것이었다. 부족하지만, 사소한 것들부터 자료를 모으고 기록으로 남기다 보면, 미래의 아이들에게 조금이나마 덜 미안하겠다는 생각이 들었다. 그렇게 모으기 시작한 자료들을 2016년 가을부터 정리하기 시작해 올해 드디어 '책'의 형태로 출판하게 되었다.

특히 처음 씨앗 도서관 책을 제안해주신 안철환 선생님께 이 자리를 빌려 감사의 인사를 드리며, 외국의 씨앗 도서관 자료를 조사하는 데 사업비를 후원해주시고 이 책에 실을 수 있도록 허락해주신 충남발전 연구원에도 깊은 감사를 드린다. 그리고 홍성 씨앗 도서관이 존재할 수 있도록 애써주신 문수영 전 실무자에게 큰 감사를 드린다. 또한 씨앗 도서관의 채종밭의 첫 시작을 훌륭하게 일궈주고 자료를 정리해준 박여연 양, 대산농촌문화재단의 공모사업인 '우리 동네 씨앗 도서관 만들기'를 진행하고 자료를 정리해주신 금창영 홍성 씨앗 도서관 대표님, 부족한 자료를 꼼꼼하게 챙겨준 현 실무자 권민희 씨, 그리고 누구보다 지금의 홍성 씨앗 도서관이 존재할 수 있도록 힘이 되어주시고 계신 회원 여러분께 감사의 마음을 전하고 싶다.

이 작은 한 권의 책이 불씨가 되어 씨앗을 지키는 손길들이 더 많아지길 희망한다.

2019년 3월, 저자들을 대표해서 오 도

차례

3부 외국의 씨앗 도서관을 소개합니다

1장 연구 목적

2장 연구 내용

사람들은 더 이상 씨앗을 받지 않지만

그 겨울의 추억

겨울은 농부들에게 긴 휴가와도 같은 계절이다. 지난 해 처마 밑에 준비해두었던 장작을 한 아름씩 꺼내 아궁이나 화목보일러에 넣기 시작한다. 물론 지금은 기름보일러나 가스, 혹은 연탄보일러로 많이 바뀌었지만, 아직도 시골에는 군불을 지피거나 화목보일러를 이용하는 집들이 꽤나 있다.

거무스름한 솥단지 아래 군불을 지펴 밥을 짓는다. 밥이 거의 다 되어갈 즈음이면 솥뚜껑을 열고 계란찜 뚝배기나 조기찜이 담긴 양재기를 넣어 밥과 찜 두 가지를 동시에 요리하기도 한다. 어디 그 뿐일까? 마지막엔 '가마솥의 누룽지를 박박 긁어내어' 긴긴 겨울밤을 달래줄 구수한 간식을 만들어낸다. 밥이 다 지어질 때가 되면, 아궁이 안에서 벌건 숯불을 꺼내 김을 굽기도 한다. 바닷물 냄새가 풍기는 마른 김에 솔잎으로 만든 솔을 이용해 들기름을 바르고 굵은 소금을 훌훌 뿌린 후 적새[001]에 구워내면 된다. 이렇게 구운 김 몇 장만 있으면 밥 한 공기가 뚝딱이다.

부엌에서 김이 모락모락 올라오고 구수한 냄새가 풍기면 아이들은 김 서린 창문을 손으로 쓱쓱 닦아내며 밥상 들어오기만 기다린다. 둥글고 낮은 밥상이 안방에서도 가장 따뜻한 아랫목에 놓이면 그제야 할아버지 할머니를 포함한 여덟 식구의 식사가 시작된다. 김이 모락모락 피어오르는 밥에 갓 구운 김과 무쇠 솥에 찐 계란찜, 그리고 배추김치와 동치미…. 지금 생각해보면 그리 화려하지도, 남의 집 밥상과 다를 것도 없는 상차림이었건만 내 기억 속에는 어린 시절의 어수선했던 안방 풍경이 여전히 생생하다.

사람들은 왜 더 이상 씨앗을 받지 않을까?

설날이 지나면서 농부들의 마음은 바빠지고, 고추씨 · 가지씨 침종[002]을 시작으로 1년 농사가 슬슬 시작된다. 우리 집 씨앗은 부엌에 딸린 지하실 광에 대부분 보관되어 있었다. 우리 가족의 생계를 지켜주던 부엌은 아주 허름했다. 검은 무쇠 솥이 두 개 걸려 있고, 불을 때기 위해 들여놓은 나뭇가지와 솔잎이 흙바닥 한쪽

○ 001 기와집 지붕마루를 포개어 덮어 쌓는 암키와.
○ 002 싹이 트는 데 필요한 수분을 흡수하기 위해 씨를 뿌리기 전에 물에 담가 불리는 일. '씨담그기'라고도 한다.

에 가지런히 쌓여 있었다. 무쇠 솥 반대편에는 접시나 그릇을 넣어둘 수 있는 나무로 짠 두 칸짜리 찬장이 있었다. 그리고 부엌에 딸린 지하실 광이 있었다. 부엌과 방을 연결해주는 나무마루 아래 빈 공간을 파서 지하실을 만들고, 그 안에 갖가지 씨앗들과 겨우내 먹을 감자나 무 같은 채소들을 멍석 위에 놓고 보관했다. 부엌의 따뜻한 공기와 밖에서 들어오는 차가운 공기가 만나서 적당한 온도를 유지시켜주는 지하실 광은 말 그대로 자연이 만들어준 '천연 냉장고'였다. 여름이면 시원하고 겨울에는 따뜻해서 씨앗을 저장하기에 딱 적당했다.

봄이면 감자를 꺼내서 겨우내 자란 싹을 떼어 감자를 심고, 고구마는 순을 기르기 위해 하우스 안에 땅을 파고 묻는다. 고구마에 싹이 나려면 온도가 높아야 한다. 그래서 땅을 깊이 파서 소똥을 넣고 그 위에 볏짚이나 낙엽으로 보온재를 넣은 다음 흙을 한켜 덮은 후 흠뻑 물을 주고 고구마를 죽 늘어놓으면 전기열선을 쓰지 않아도 싹을 잘 틔울 수 있었다.

벚꽃이 필 때면 울 밑에 오이랑 호박씨를 뿌린다. 처마 밑에 걸어두었던 옥수수를 내려서 심고, 어린이날이 지난 5월 중순에는 지하실 광에서 이른 참깨를 꺼내서 뿌린다. 장마가 오기 전, 마을은 분주해진다. 양파를 부지런히 들이고 나면, 좀콩(메주콩)이랑 서리태, 팥, 녹두를 꺼내서 1년 내 두고두고 먹을 콩을 넉넉히 뿌린다. 그러고 나서 가을이 되면 할머니와 엄마는 다시 씨앗을 면 보자기에 싸서 부엌 지하실 멍석 위에 가지런히 보관하셨다. 이듬해에 뿌릴 씨앗들이다.

우리 집에서만 이런 풍경을 볼 수 있었던 건 아니다. 불과 30년 전만 해도 적어도 우리 동네 여섯 가구 농가에서는 모두 그렇게 했다. 아니 우리 동네뿐만 아니라 홍동면 대부분의 농가에서는 씨앗을 받았다가 다시 심는 '씨앗 자급 농사'를 지었다.

하지만 지금, 사람들은 더 이상 씨앗을 받지 않는다. 수박·참외·오이는 너무나 당연하다는 듯 종묘상에 가서 사고, 메주콩마저 면사무소에서 추천해주는 대로 알이 굵고 벌레가 잘 안 먹고 꼬투리가 많이 달리는 품종으로 바꾼 지 오래다. F1 씨앗 육종이 시작되면서 씨앗 받는 일은 이제 농부의 손을 떠나 종묘회사에서 돈을 주고 구입하는 1회용 상품이 되었다. 이에 따라 재배 기술도 단작 위주로 바뀌면서 단순화되었고, 공부에 대한 농가의 의지도 점점 희박해져서 씨앗 받는 기술은 농가의 기술이 아닌 기업 기술이 되어버렸다. 무엇이든 돈으로 해결하는 자본주의 시장의 논리가 이제 우리의 식탁을 넘어 목구멍까지 차올랐으니, 숨이 턱턱 막히는 게 당연하다.

씨앗에서 모종으로

농부가 농사를 지으려면 '씨앗'이 필요하다. 씨앗을 뿌리고 나면 싹이 트고, 꽃이 피고, 열매가 달린다. 열매를 따서 먹기도 하지만, 씨앗 그 자체가 식량이 되기도 한다.

2014년 '씨앗 도서관'을 만들기 위한 준비 작업으로 홍동면에 있는 14개 마을을 찾아다니며 할머니들께 씨앗을 얻으러 다닌 적이 있다. 말 그대로 '씨앗 마실'이었다. 어느 날은 금평리 마을에서 할머니 두 분을 만났다. 먼저 만난 할머니께서 잿팥이랑 붉은 팥, 좀콩(메주콩)을 주셔서 조심스럽게 받아 들고 나서려는 찰나 고맙게도 아랫집 할머니를 소개시켜주셨다. 5미터도 채 안 되는 곳에 살고 계신 할머니였다. 그 할머니 역시 윗집 할머니와 키우는 채소의 종류가 그리 다르지 않았는데, 그중 좀콩이 가장 먼저 눈에 들어왔다. 윗집 할머니께서 가지고 계시던 콩보다 크기가 훨씬 커서 어디서 났는지 여쭤보았더니 놀랍게도 바로 윗집 할머니한테서 얻었다는 것이다. 크기나 빛깔이 너무나 달라서 다시 여쭤봤지만 답변은 같았다. "몇 해 전에 이 윗집 할매한테 얻었어"라고 하신다. 참 신기하다. 5미터도 떨어지지 않은 위 아랫집에서 키운 좀콩이 이렇게도 다르다니!

해답을 찾기까지 그 뒤로 1년이란 세월이 흘렀다. 우리도 학교에서 학생들이랑 해마다 메주콩을 밭에 심는다. 예전에는 마늘, 양파, 감자, 밀, 보리를 수확하고 난 다음에 메주콩을 직접 땅에 뿌렸다. 하지만 그 후에 새 피해가 날이 갈수록 심해져서 모종을 키워 일일이 옮겨심기를 한다. 옛말에 '콩을 심을 때는 한 구덩이에 세 알씩 넣어서 한 알은 새가 먹고, 한 알은 땅속 벌레가 먹고, 나머지 한 알은 사람이 먹는다'고 했는데, 이제 그것은 정말 옛날 말이 되고 말았다. 이제는 한 해 한 해 날이 갈수록 기후 변화가 심각해지고 새들과의 전쟁도 극성스러워져서 인간이 살아남으려면 일일이 모종을 내서 농사를 지을 수밖에 없다. 그러니 콩도 모종으로 심는 것이다. 그래도 여전히 새들이 날아와 떡잎을 따 먹으려다 모종이 뽑히곤 하는데, 그럴 때마다 이리저리 나뒹구는 모종들을 보며 마음이 울적해진다.

씨앗을 지키는 마음

6월에 메주콩을 심고 나면, 10월에 수확할 때까지 서너 차례 밭김을 매준다. 물론 모종을 심을 때도 가뭄에 대비하기 위해 2만 개나 되는 모종에 일일이 물을 주며 정성을 쏟지만, 한 차례 두 차례 세 차례 밭김을 맬 때도, 손바닥만 한 호미로 3,000여 평의 땅 바닥을 일일이 긁어주어야 한다. 콩밭은 주로 1년 중 가장 더운 7~8월에 집중되어 있다. 콩꽃이 피면, 밭에 들어가 밭을 맬 수가 없기에, 8월 10일 이전에 콩밭 김매기를 마쳐야 한다.

우리나라 주부들이 가장 많이 사용하는 대표적인 조미료가 되는 간장과 된장의 원료가 되고, 또 우리나라 사람들이 가장 즐겨 먹는 반찬인 두부와 콩나물의 원료가 되는 메주콩은 농사짓는 사람이라면 누구나 지어야 하는 첫 번째 농산물이다. 햇볕이 따가워 눈조차 제대로 뜨기 어려운 더운 여름날에 몇 천 평 되는 콩밭에 앉아 김을 매고 있으면, 이마에서 흘러내리는 땀이 눈으로 들어가 눈이 따갑다. 그 뿐인가? 등짝에 흐르는 땀은 허리까지 내려가 바지 자락을 적신다. '콩밭 매는 아낙'의 설움이 절로 느껴지는 체험을 제대로 하게 된다. 이 설움이 비단 오늘 나만의 경험이겠는가.

그 어려웠던 시절, 위안부로 끌려가지 않으려고 열여덟, 열아홉에 시집와서 애 낳고, 농사지으며 시집살이하던 우리 할머니들과 어머니들이 겪은 설움에 비하면 아무것도 아니지 싶다. 하염없이 긴 콩밭에 앉아 시집살이의 설움을 달래고, 시집 간 딸에게 줄 간장이며 된장 만들어줄 생각을 하며 콩에 북을 주고, 군대 간 아들 생각하며 눈물로 콩을 털었을 것이다. 그러니 올해 콩이랑 내년 콩이 다르고, 윗집 콩이랑 아랫집 콩이 다른 것이 당연하다. 누구나 살아가는 방식이 다르듯 농사짓는 농부들마다 방식이 다르고, 그네들이 느끼는 각각의 다양한 감정 역시 고스란히 콩에 담기지 않겠는가?

씨앗 마실을 다니다 보면, 좀콩뿐만이 아니라 모든 씨앗들의 이름이 같다고 하시지만, 그 생김새는 묘하게 조금씩 다르다. 그래서 우리는 그 씨앗에 얽힌 이야기와 할머니가 들려주시는 가족들의 역사를 함께 기록으로 남기기로 했다. 씨앗을 받으며 겪은 이야기와 숨결이 씨앗 하나하나에 소중히 담겨 있기 때문이다. 우리가 할머니께 건네받은 씨앗 한 알의 역사가 100년이 되었을지, 1000년이 되었을지, 5000년이 되었을지 그것은 아무도 모른다. 그 누구도 단정 지을 수 없는 일이다. 하지만 지금까지 손에서 손으로 대물림된 씨앗들을 감사한 마음으로 지키고, 이것을 우리 후손에게 고스란히 전해주는 일은 이제 우리 몫이 되었다.

1부

씨앗 도서관을
소개합니다

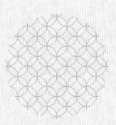

우리 동네
씨앗 도서관을 소개합니다

씨앗 도서관이 뭐지?

우리 동네에서는 2015년 2월 28일에 '홍성 씨앗 도서관'이 문을 열었다. 우리가 잘 알고 있듯 일반 도서관은 주로 책을 읽거나 빌릴 수 있는 곳이다. 물론 요즈음엔 도서관에서 다양한 강연을 듣거나 공부 모임을 진행할 수 있고, 영화를 관람할 수도 있고, 전시회나 음악회를 열거나 참가할 수도 있다. 그만큼 요즈음의 도서관은 활용 스펙트럼이 넓어졌다. 무엇보다 주민들의 필요와 욕구를 잘 이해하는 주민 친화적인 다양한 프로그램을 많이 제공하고 있다.

이에 비해 씨앗 도서관에서는 '씨앗'만 다룬다. 여러 종류의 씨앗을 볼 수 있고, 씨앗에 관련된 책을 읽을 수 있다. 그리고 내가 원하는 씨앗을 빌려 갈 수도 있다. 물론 빌려 간 씨앗은 잘 뿌려서 꽃이 피고 난 후 열매를 맺으면 다시 씨앗으로 반납해야 한다. 말 그대로 책 대신 '씨앗을 빌려주고 반납하는 도서관'이 바로 씨앗 도서관이다.

씨앗 도서관 전경

씨앗 도서관 내부

콩알 심는 마음

시골에서 태어난 나는 씨앗을 많이 뿌렸다. 아주 어렴풋하지만 콩을 심던 기억도 있다. 고사리 같은 왼손에 콩알을 듬뿍 거머쥐고 오른손에는 호미를 들고 구덩이를 팠다. 한 구덩이에 콩알을 서너 알씩 넣는 것은 쉬운 작업이 아니었다. 자꾸만 더 많은 콩알이 구덩이에 떨어져 몇 번이고 다시 꺼내 숫자를 헤아린 다음 다시 넣기를 반복하곤 했다. 지금도 생각이 나는 걸 보면 어렵기도 했지만 나름대로 재미를 느꼈던 모양이다.

'천상 농사꾼'이셨던 나의 부모님은 우리나라에서 유기농업이 처음 시작되었을 때 홍성에서 사남매를 데리고 매일매일 논과 밭으로 나가셨다. 일이 많을 때는 새벽에도 우리를 깨워 일을 시키고, 아침밥을 밭에서 먹여 학교에 보내셨다. 지금은 유기농업에 관해 다양한 자재들이 나와 수월해진 부분이 많지만 처음 유기농업이 시작되던 40년 전에는 풀이 나면 뽑고, 벼가 쓰러지면 일으켜 세우고, 고추에 병이나 벌레가 생기면 속수무책으로 당할 수밖에 없었다. 그래서 더 농사일이 많고 힘이 들었다.

한해 농사를 마무리 짓는 가을이 되면 할머니와 엄마 손이 바빠졌다. 갖가지 씨앗들을 깨끗하게 갈무리해서 어떤 것은 키질을 하고 어떤 것은 체로 걸러내서 새하얀 자루에 담아 지하실 광에 가지런히 넣는다. 그중 옥수수와 수수는 거꾸로 엮어 처마 밑에 매달아두기를 여러 해. 아무리 배가 고파도 처마 밑 옥수수에는 손을 댈 수가 없었다. 한 해가 지난 후에 다시 뿌려야 하는 '씨앗'

이었기 때문이다. 그 기억이 너무나 생생하다.

씨앗이 달라졌다

고등학교를 졸업하면서 농촌 생활을 정리하고 싶었던 나는 일본에 있는 게이센 원예대학으로 가는 유학길에 올랐다. 지긋지긋한 농사일이 싫어서 다시는 농촌으로 돌아오지 않겠다고 결심하면서 말이다. 하지만 그 다짐은 내 뜻대로 되지 않았다. 3년간의 유학 생활을 마치고 한국으로 돌아온 나는 여미지 식물원과 천리포 수목원에서 일하고 있던 터였다. 그런 내게 풀무학교 전공부에서 원예교사로 일해보지 않겠냐고 제의했고, 나는 이를 덜커덕 승낙했다.

그 후 나는 세 살 된 딸아이와 함께 고향집으로 돌아와 아이를 근처 어린이집에 맡기고 출퇴근 하는 나날을 보냈다. 그러던 중, 딸아이가 다니는 어린이집 아이들이 풀무학교 전공부로 꽃씨랑 채소씨앗을 뿌리는 실습을 오게 되었다. 아무 생각 없이 실습 준비를 하던 나는 일반 종묘상에서 구입한 채소씨앗 봉투를 열었다가 큰 충격에 잠기고 말았다. 어린아이들이 고사리 같은 손가락으로 집어서 뿌릴 수 있을 정도의 크기가 되는 완두콩이랑 오이씨앗 등을 골랐는데, 봉투를 열자마자 시뻘건 가루로 염색이 된 씨앗들이 굴러 나왔기 때문이다.

어릴 적 내 집에서 보았던 씨앗의 색깔과 전혀 다른, 뭐라고 표현할 수 없는 두려움과 놀람 때문에 어안이 벙벙했던 기억이 아직도 생생하다. 씨앗을 물들인 색깔의 정체는 바로 '살충제'였다. 종묘상에서 판매하는 씨앗에는 살충제를 뿌린다. 불량한 씨앗으로 변하지 않게 하기 위해서, 또 씨앗을 벌레가 먹지 않도록 하기 위해서다. 씨앗은 식물체가 자기 자신을 보존하기 위해서 만들어내는 최고의 영양 덩어리이기 때문에 사람들에게는 물론이고, 벌레들에게 있어서도 최고의 음식이다. 그러다 보니 씨앗이 곧 돈이 되어버린 것인데, 이런 사회에서는 갖가지 방법을 동원해 씨앗 판매에 지장이 없도록 처리하게 마련이다.

최근에는 너무 작아서 눈에 보이지 않거나 손으로 뿌리기에 불편한 씨앗들을 코팅해 크기를 키우기도 하고, 파란색·분홍색 등 염색액과 살충제로 버무려 원래 씨앗이 가지고 있는 모습을 찾아볼 수 없게 둔갑시키기도 한다. 벌레 피해를 막기 위해서이기도 하지만, 농부들이 대부분 고령이기 때문에 작업의 효율성을 높이기 위해서이기도 하다.

위험한 씨앗

일하기 편해졌을지는 모르겠으나 살충제와 염색액으로 처리한 씨앗이 건강에 좋을 리는 없다. 게다가 종묘 회사들은 F1 씨앗을 만들어내서 씨앗을 더 이상 받아서 쓸 수 없도록 만들어버렸다. 더 이상 씨앗을 받을 수 없으니 해가 갈수록 씨앗 값은 높아지고 결국 종묘상에 의존해서 농사를 지을 수밖에 없게 되었다.

살충제가 묻은 씨앗은 뿌리는 과정에서 맨손에 닿으면 손을 물들이기도 하는데, 어린아이들의 경우 그 손으로 눈을 비비면 실명할 수도 있고, 또 살갗에 닿으면 피부염이 생기기도 한다. 그 사실을 알고 나서부터 나는 딸아이와 친구들의 고사리 같은 손에 살충제가 묻은 씨앗을 줄 수가 없었다.

결국 살충제로 오염된 씨앗들이 땅에 떨어져 토양을 오염시키고, 나중에는 음식으로 요리되어 식탁에 올라오고, 우리 몸속으로 들어가 어떤 일이 일어날지 모르는 상태가 되는 것이다. 그래서 씨앗을 받기 시작했다. 어릴 적 우리 엄마나 할머니가 씨앗을 받았던 것처럼 말이다.

씨앗을 위협하는 또 하나의 거대한 적은 GMO(유전자조작생물) 씨앗과 식품들이다. 부지불식간에 살충제와 GMO 작물로 둘러싸인 식탁으로부터 우리 아이들의 미래를 어떻게 책임질 수 있을까. 오랜 고민 끝에 다다른 우리들의 소박한 답이 바로 '씨앗 도서관'이다. 누군가는 "그 정도로 아이들의 미래까지 책임질 수 있겠느냐?"고 묻겠지만 '먹는 것이 그 사람의 생각을 지배한다'고 하는 말을 생각하면 어쩌면 어떤 것을 먹느냐가 아이들과 우리 사회의 모든 것을 결정지을 수도 있겠다는 생각이 든다.

같은 생각이 모이다

살충제와 GMO 식품의 심각성을 알고 난 후, 풀무학교 전공부 학생들은 물론 마을 사람들이 모여서 공부를 시작했다. 무얼 어떻게 해야 할지 막막한 상태에서 우리들이 가장 쉽게 할 수 있었던 건 "일단 모여보자"였다. '같은 생각을 가진 사람들이 모여서 이야기를 나누다 보면 뭔가 방법이 나오지 않겠나'라는 정말 단순한 생각이 이 모든 일의 출발점이었다.

첫 모임은 2010년 '홍성여성농업인센터'에서 가졌고 풀무학교 전공부 학생을 포함해 열두 명 정도의 마을 사람들이 모였다. 첫날에는 자기소개와 함께 왜 이 자리에 오게 되었는지에 대해 이야기를 나누고, 다음 모임에서 같이 공부하면 좋을 내용을 정리한 후 저녁 늦게야 집으로 돌아왔다. 여느 모임에서나 있을 법한 단출한 첫 모임이었다.

지금 생각해보면, 그때 그 모임이 이후에 지금의 씨앗 도서관으로 연결되리라고는 전혀 상상하지 못했던 것 같다. 하지만 그때의 작은 바람들이 끈을 놓지 않고 지켜지다 보니, 어떤 형태로 자리 잡게 된 것이라고 생각한다. 하지만 모임은 농사일이 바빠지면서 흐지부지되었고, 다시 겨울이 오고 나서야 모임을 가질 수 있었다.

우리는 씨앗이 어떻게 생겼는지(구조)에서부터 싹이 트는 과정, 시중에서 파는 F1 씨앗은 어떤 것인지, GMO 씨앗의 문제점은 무엇인지 등등 아주 기초적인 것부터 공부하기 시작했다. 더 나아가 왜 우리가 씨앗을 지켜야 하는지에 대해서도 토론했다. 공부를 하면 할수록 꼬리에 꼬리를 무는 질문들이 물밀듯 터져 나왔고 참가자들은 또한 그 답을 찾기 위해 애썼다. 농부로 살아가면서 씨앗을 돈 주고 사야 하고, 사서 쓴 씨앗을 다시 받아서 쓸 수 없다는 사실을 알고 났을 때의 어이없음은 뭐라 표현할 수 없는 절망감과 무력감으로 다가왔다.

일제강점기에 우리 민족이 주권을 빼앗겼다면, 오늘날의 농부들은 신자본주의 권력 앞에 농부의 권리를 송두리째 빼앗기고 있는 셈이다. 우리도 모르는 사이에 서서히 모든 권리를 잃어가고 있는 것이다. 하지만 선조들의 끈질긴 투쟁과 희생으로 끝내 우리 민족이 해방을 맞이했던 것처럼, 우리도 잃어버린 씨앗을 다시 찾고 빼앗긴 농부의 주권을 다시 찾기 위해 노력해야 할 것이다.

보이지 않는 힘 '씨앗'

우리 동네 씨앗 도서관은 네 살입니다

2015년 2월에 문을 연 우리 동네 씨앗 도서관의 나이는 2019년에 네 살이 되었다. 명목상의 나이는 네 살 맞지만 그 역사는 2010년으로 거슬러 올라간다. 그러니까 우리 씨앗 도서관의 진짜 나이는 아홉 살이나 마찬가지다.

2010년~2011년

2010년 첫 모임에서의 공부 내용이 앞에서 이야기한 씨앗을 이해하고 그 문제점을 찾아가는 방향이었다면, 2011년에 모인 두 번째 모임에서는 지금 우리가 꼭 지켜야 할 씨앗의 종류와 재배 방법을 찾아보고, 씨앗을 받고 난 후에 서로 나누는 모임이 되자는 것이 주된 목표였다.

씨앗 도서관 문 여는 날

　다양한 채소가 있었지만 우리는 그중에서 씨앗 값도 비싸고 일반 농부들이 씨앗을 받기 어려운 양파를 골랐다. 양파는 씨앗을 뿌린 후 다시 씨앗을 받기까지 3년이란 긴 시간이 필요한 작물이다. 게다가 씨앗 품종에 따라 가격이 8만 원에서 24만 원까지 이른다. 농부들이 1년에 종자 값으로 쓰는 돈이 소농 기준으로 보았을 때 100만 원 전후인 것을 감안하면 양파 씨앗 값의 비율은 매우 큰 편이다. 그리고 무엇보다 농사짓기도 바쁜 농부들에게 3년이나 걸리는 긴 시간 동안 양파 씨앗을 받기 위해 신경 쓰고 노력해야 하는 일은 너무나 힘겨운 작업이기도 하다. 그해 기후에 따라서 수확량의 차이가 천차만별인 양파는 가격도 그해 농사 상황에 따라 가격 차이가 크다. 그럼에도 불구하고 우리나라 사람들의 식사 습관상 어느 음식에나 빠짐없이 들어가는 것이 양파이기도 하다. 일상생활에서 빼놓을 수 없으면서도 씨앗을 받기 어려운 양파 씨앗을 받는 일은 8년 전인 2011년에도 6년 후인 지금도 너무나 중요한 일이 되고 말았다. 그때의 노력으로 홍성 씨앗 도서관에서는 작년부터 고정된 양파 씨앗을 받아 씨앗 또는 모종으로 마을 사람들에게 분양하기 시작했다. 참으로 뿌듯하고 감격스러운 일이 아닐 수 없다.

2013년

2013년에는 지금까지의 공부 모임 틀에서 방향을 조금 바꿨다. 조직 차원에서 준비하여 마을 사람들과 같이 고민하는 것이 어떠냐는 의견이 모아졌기 때문이다. 종자은행처럼 씨앗을 보관하고 보급하는 일을 하는 형태에 대한 고민을 하기 시작한 것이다.

우리는 흔히 '씨앗 보관 방법' 하면 농촌진흥청 내에 있는 종자은행(Seed Bank)부터 떠올리게 된다. 하지만 종자은행은 말 그대로 영하 18도 이하의 저온 상태에서 씨앗을 고스란히 저장하기 때문에 시시각각으로 변하는 환경에 적응하는 능력이 떨어지게 된다. 예를 들어 10년 전, 50년 전, 100년 전에 재배한 고추는 지금보다 추운 기후에서, 지금보다 더 깨끗한 물로, 지금보다 더 맑은 공기의 환경 조건에서 자랐을 것이다. 그런 환경에서 자란 고추씨를 종자은행에서 받아다가 토종 씨앗이란 이름으로 지금 꺼내서 뿌린다고 했을 때 과연 그때의 형질을 그대로 간직한 열매를 수확할 수 있을까? 그 결과가 자못 의심스러울 뿐이다.

　하루하루 다르게 변하는 기후에 적응하기란 무척이나 어려운 일이다. 씨앗은 환경 변화에 능동적으로 대응할 줄 하는 생명체다. 그래서 씨앗은 끊임없이 환경과 호흡하고 긴장하며, 그 지역에 적응하면서 계속 진화 전략을 구사한다. 씨앗을 지키는 일은 곧 생물 다양성을 보존하는 일인데 이는 지구 환경을 지키는 소농들의 몫이다.

　종자은행을 넘어, 농부들이 실제로 할 수 있는 현실 가능한 형태는 무엇일까? 당장 씨앗을 저장할 냉장고 살 돈조차 부족하던 우리에게 종자은행 만들기는 날이 갈수록 비현실적인 사실로 다가왔다.

2014년

씨앗 도서관 건립으로 의견이 모아진 것은 2014년 1월 모임에서다. 든든한 배경도 없고 돈도 없는 농부들이 맨땅에 헤딩하는 마음으로 제일 먼저 생각한 것은 역시 '공모사업'이었다. 마침 공모사업 중에서 대산농촌문화재단에서 해마다 실시하는 '농민실용연구'라는 소주제가 눈에 들어왔기에 '우리 마을 씨앗 도서관 만들기'란 주제로 신청을 하게 되었다. 간절히 바라면 이루어진다고, 오랜 준비 끝에 지원한 사업은 그해 4월에 선정되었고, 3월부터

11월까지는 씨앗 도서관 만들기 준비 모임 임원들이 한 달에 한 번씩 모여서 진행 상황을 꼼꼼하게 체크하고, 사업이 마무리되는 12월에서 1월 사이에는 매주 모여서 결과물을 정리해나갔다.

씨앗 도서관을 준비하면서 가장 먼저 마을 사람들과의 소통을 시도한 강연회를 마을 도서관에서 개최했다. 강연에 모신 선생님은 원광대학교에 계신 김은진 교수님이다. 선생님은 젊은 시절부터 GMO 반대 시민연대에서 사무국장을 역임하셨고, 강원도 횡성 여성농민회와 여러 해 전부터 토종씨앗을 찾고 지켜나가는 일을 해오신 분이다. 초청 강연의 주제는 '씨앗 도서관 지역에서 뿌리 내리기'였다. 우리나라에도 씨앗 도서관에 대한 시도는 있었지만, 정식으로 '씨앗 도서관'이란 이름으로 등록한 것은 없다고 하시며 격려를 아끼지 않으셨다.

7시부터 시작한 강연은 10시가 넘어서야 끝났다. 가장 기억에 남는, 그리고 우리가 꼭 해야 할 일이라고 생각한 부분이 있었다. 그것은 우리 지역에 살고 있는 할머니들을 찾아다니며 지금 남아 있는 씨앗, 아니 수십 년 넘게 고집스럽게 지켜온 씨앗들을 찾아내는 일과 그 씨앗들과 함께 농사를 이어온 그 씨앗 하나하나의 역사를 기록하는 일이라고 하신 말씀이었다. 반드시 사진으로 기록하고, 녹취를 하고, 동영상을 찍어서 언제 없어질지 모르는 씨앗들을 찾아내기 위해 자료를 남기고, 우리 후손들에게 대물림을 해줘야 하는 게 우리의 몫이라고 강조하는 것도 잊지 않으셨다.

그동안 우리들의 짧은 생각으로는 생각조차 못하고 있었던 일이었다. 말씀을 듣고 떠오른 생각들이 모여 '씨앗 마실'을 가기로

씨앗 보관 용기

씨앗 냉장고

일일이 포장한 씨앗들

했다. 씨앗을 찾아서 옆 마을로 놀러가듯이, 할머니 이야기를 들으러 나가는 것이다. 2014년 9월 홍동면에 있는 문당리 마을로 씨앗 마실을 처음 나가기 시작해 2016년 겨울까지 3년에 걸쳐 홍동면에 있는 14개 마을을 한 번씩은 다닐 수 있었다. 씨앗 도서관의 꽃은 역시 우리의 할머니들이시다.

2014년 겨울이 다가오면서 씨앗 도서관을 개관하기 위한 막바지 작업에 들어갔다. 그동안 수집한 씨앗들을 정리해서 통에 담고, 이름표를 붙이고, 씨앗 대출카드를 만들어서 씨앗을 빌려가는 사람이 자신의 이름과 주소, 빌려가는 씨앗의 양 등을 기록하도록 준비했다. 예전에 도서관에 가면 대출 카드를 직접 작성하고 책을 빌려갔듯이 자기 손으로 기록하면서 씨앗을 대출하고 반납하는 의미를 다시 한 번 생각해보는 시간이 되자는 의미에서다. 이를 위해 씨앗을 포장하는 약 포장 기계도 구입하고, 씨앗 저장을 위해 냉장고도 구입했다.

대산농촌문화재단에서 지원 받은 900만 원으로 우리가 필요로 하는 도구와 기계들을 거의 다 구입했다. 물론 더 많은 돈이 있으면 더 많은 걸 준비할 수도 있었겠지만, 소박한 바람에서 시작한 '우리 마을 씨앗 도서관 만들기'였기에 열매도 소박하게 맺어가는 중이었다.

2015년

드디어 2015년 2월 28일 '홍성 씨앗 도서관'이란 이름으로 개관을 하게 되었다. 도서관이란 이름이 붙으니 뭔가 그럴싸할 것 같지만, 기껏해야 10평도 되지 않는 조그만 사무실에 책상 3개, 냉장고 3개 그리고 씨앗 채종에 필요한 도구들을 들여놓은 게 전부였다.

씨앗 도서관 개관식을 조촐하게 준비하면서 가장 공들여 논의한 부분이 있다. 바로 수십 년이 넘도록 씨앗을 지켜온 우리들의 할머니들을 개관식에 모시는 일이었다. 그래서 준비한 코너가 '씨앗 마실 토크쇼'다. 처음 이 이야기를 꺼냈을 때는 다들 고개를 저으셨지만 씨앗 도서관을 열게 된 취지를 찬찬히 설명해드리니 흔쾌히 승낙해주셨다.

개관식 축하 공연

씨앗 도서관 소개 책자와 완두콩

개관식 행사장에 전시된 얼룩강낭콩

개관식 행사장에 전시된 땅콩, 옥수수

할머니들이 사는 마을과 씨앗 도서관이 위치한 면 소재지까지는 3~4km떨어져 있었다. 대부분의 할머니들께서는 걸어서 오시기에는 무리가 있어서 개관식 날 시간에 맞춰 집집마다 찾아다니며 할머니들을 모시고 왔다. 할머니들의 옷차림이 유난히 기억에 남는다. 씨앗 마실에서 뵈었을 때와는 전혀 다른 복장으로 우리를 기다리고 계셨다. 검소한 옷에 단정한 머릿결이 마치 귀한 손님을 맞이하러 나오신 듯했다. 화장을 하지 않아도 빛이 나는, 모든 걸 다 내주어도 아깝지 않다고 말하는 듯한 우리 어머니들의 얼굴이다.

개관식장은 마을 사람들과 입소문을 타고 아름아름 모인 분들 덕분에 대성황을 이루었다. 할머니들은 내심 긴장하신 듯한 표정이었지만 막상 토크쇼가 시작되자 정성어린 말씀을 아낌없이 풀어놓으셨다. 행사장까지 와주신 것만도 감사한데 구수한 사투리로 진심을 담아 해주시는 말씀 한마디 한마디가 모두 우리의 마음을 적셔주는 바람에 사뭇 눈물이 났다. 할머니들의 씨앗에 얽힌 생애와 삶이 눈물방울이 되어 서로의 마음을 따뜻하게, 그리고 천천히 적시며 방울방울 떨어졌다.

씨앗 도서관의 주인은 씨앗을 모으는 사람도 아니고, 씨앗을 보관하는 건물도 아니다. 주인은 바로 '할머니들'이다. 4시간 가까이 진행된 씨앗 도서관 개관식이 소박하면서도 힘 있게 진행될 수 있었던 이유는 진짜 주인이 누군지 누구나 느낄 수 있었기 때문일 것이다. 정말 감사한 일이다.

개관식을 시작으로 씨앗 도서관의 업무가 시작되었다. 씨앗

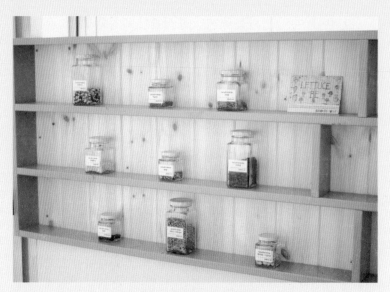

씨앗을 전시해놓은 도서관 내부

씨앗 도서관에 전시된 '옛날 선비 콩'

개관식 행사장에 전시된 여러 씨앗들

홍성 씨앗 도서관 토종씨앗 전시대

개관식의 주인공은 '씨앗 마실 토크쇼'의 어르신들

도서관의 주인인 할머니들 다음으로 감사한 사람은 역시 씨앗 도서관에서 일할 일꾼들이다. 생활비도 안 되는 말 그대로 쥐꼬리만큼의 급여에도 흔쾌히 일을 해주겠다고 손을 들어준 고마운 분들이다.

　씨앗 도서관 일꾼의 역할은 크다. 씨앗을 빌려주는 일, 정리한 씨앗을 뿌리고 다시 씨앗을 받는 일, 씨앗 마실을 통해 모은 씨앗을 정리하는 일, 회원들을 관리하고 회비를 적절히 나누는 일, 씨앗에 관심이 있는 사람들과 동아리를 만들어 공부하는 일, 정기적으로 1년에 4차례 씨앗 나눔 행사를 하는 일, 지역 소식지에 씨앗 도서관에서 하는 일을 소개하는 일, 지역에 현안이 있을 때 그때그때의 모임에 참석하고 협력하는 일 등…. 일을 하다 보면 일이 보이고, 일이 보이다 보면 몸이 움직여지는 것이 당연한 것처럼, 한 마을에서 씨앗 도서관 일꾼으로 자리를 차곡차곡 다지고 있는 셈이다.

2015년 2월에 문을 연 도서관은 올해로 다섯 살이 되어간다. 어린아이가 태어나면 가만히 누워 있다가, 뒤집기를 하고, 네 발로 기어 다니다가 두 살이 되면 걷고, 서너 살부터는 넘치는 호기심을 주체하지 못해 이리저리 뛰어다니며 탐색과 모험을 즐기듯이 이제 씨앗 도서관도 서너 살 아이다운 면모를 보여줄 때가 된 듯싶다.

2부

씨앗 도서관에서
하는 일

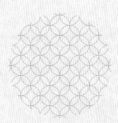

씨앗지킴

씨앗도서관에서는 씨앗을 빌려드립니다.
씨앗은 유리병 안에 보관하는 것이 아니라
땅에 심어 거듭 새롭게 태어나야만 지킬 수 있는 온전한 생명입니다.
함께 씨앗을 지키는 농사짓기를 제안합니다.
한 해 농사지어 갈무리한 씨앗의 일부는
다음 해에 더 많은 사람들과 지킬 수 있도록
씨앗도서관에 다시 나눠주시길 바랍니다.

결명자

조

아주까리
밤콩

보리

홍성씨

씨앗농사

직접 씨앗농사를 짓습니다.
채종포를 운영하여
사라져가는 지역의 씨앗들을 지키고
농사짓는 과정과
씨앗 받는 방법들을
잘 공부하고 나누겠습니다.

파프리카
F8

대추밤콩

광주무

참깨

겨자
치커리

씨앗마실

지역 농민들이 오랫동안 농사지어 온 씨앗을 만나러 다닙니다.
씨앗도서관에서 나눌 씨앗도,
그 씨앗에 담긴 농부의 시간과 이야기도 함께 수집합니다.

씨앗공부모임을 합니다.
씨앗을 심고, 기르고, 거두는 농사의 전全과정을 비롯하여
씨앗을 둘러싼 자연과 우리 삶의 자리를 탐구하고 경험합니다.

옛날선비콩

찰수수

큰토마토

도서관

앵두팥

씨앗교육

천주대고
양파

 씨앗을 통해 배운 자연의 신비함과
생명의 소중함을 교육합니다.
지역의 아이들과 사람들,
씨앗도서관을 함께 만들어가는 이들과
함께 경험하고 공부한 내용을
소식지, 출판, 강의, 워크숍 등
다양한 형태로 나누겠습니다.

선비잡이콩

조선오이

녹두

유월태

씨앗교류

씨앗농사를 짓는
국내외 여러 사람들, 단체들과 만나고 교류합니다.

씨앗을 지키는 일

1장

씨앗 도서관에서 해야 할 일 중에 가장 기본이 되는 일이 '씨앗을 지켜나가는 일'일 것이다. 씨앗은 이 땅을 지켜온 농부님들의 손에 의해 지금까지 지켜져왔다. 그리고 씨앗은 냉장고가 아닌 땅에 심어서 그 생명을 온전히 유지해야 한다. 씨앗농사를 짓고, 갈무리하고, 잘 보관했다가가 회원들에게 빌려주고 반납 받는 일이 곧 씨앗을 지키는 일이다.

씨앗을 보관하는 일

씨앗 도서관엔 '토종'만 있나요?

홍성 씨앗 도서관은 180~200여 종의 씨앗으로 시작했다. 씨앗을 수집하고 분류하면서 씨앗 도서관 내부에서 '토종'이라는 명칭 사용에 대한 논의가 있었다. 우리의 논의는 "씨앗 도서관에서 보유하고 있는 씨앗이 모두 토종인가?"라는 문제의식에서 출발했다. 왜냐하면 수집된 씨앗이 어디서부터 유래했는지 확인하기 어려운 것도 많았기 때문이다. 토종이 '그 땅에서 나는 본래의 종자'라는 의미로 쓰인다면 씨앗 도서관에 있는 것들 중에는 그 의미에 적합하지 않은 씨앗도 있다는 판단을 하게 되었다.

또 다른 문제도 있었다. 가끔 시중에서 파는 씨앗을 개별 농가에서 여러 해에 걸쳐 선발과 고정을 통해 이어가는 경우가 있는데, 이러한 방식으로 보존된 씨앗에 대해서 씨앗 도서관이 어떤 입장을 가질 것인가라는 점이었다. 이에 대한 문제 제기는 "토종은 관리하고 보존할 필요가 있지만 그 외 정부 보급종이나 시중에

서 판매되는 개량된 씨앗들은 그럴 필요가 없는가?"하는 질문과
도 직결된다.

계속해서 씨를 받아 유지할 수 있는 것을 보관한다

대부분의 사람들에게 '토종'이라는 이름이 주는 느낌은 비슷하다.
생명력이 강하고, 작으며, 원래의 맛이 살아 있고, 수확량은 적으
며, 계속해서 이어가야 할 것 등등이다. 대부분 맞는 이야기지만
그렇지 않은 경우도 있다. 예를 들어 가지과 작물이나 십자화과
작물은 (토종이라 해도) 생명력이 크게 강하지 않고 병해에 취약
한 경우도 있다.

　　농부가 씨를 심을 때는 대개 다수확을 목적으로 할 것이다. 하
지만 그게 전부는 아니다. 씨앗을 심어 키우고 수확 후 다시 씨앗
을 받음으로써 생명을 이어가는 농부의 의지 또한 존중되어야 한
다. 모든 생명은 어느 것 하나 존귀하지 않은 게 없으니까 말이다.
그래서 우리는 씨앗 도서관에서 보관하고 취급하는 씨앗의 성격
을 '계속해서 씨를 받아 유지할 수 있는 씨앗'으로 규정했다.

　　또 하나, 씨앗 도서관에서는 보관에 집착하기보다 매해 심어
서 그 결과물을 보관하는 방식에 집중하기로 했다. 국가기관에서
운영하는 '유전자원센터'에서는 씨앗의 산업적인 활용이나 보존
에 의미를 더 많이 두겠지만, 우리처럼 작은 시골에서 운영하는
씨앗 도서관은 그런 목적보다는 지역 농민들에게 다양한 씨앗을

심게 하고, 또 그 경험을 통해 씨앗 받는 농사를 확대해가는 데 집
중하는 것이 중요하다고 판단한 탓이다. 더불어 이러한 씨앗이 더
욱 건강할 거라는 생각도 한몫했다.

잘 보이는 용기로 부탁해

그러나 모든 씨앗을 매해 심는 것은 현실적으로 불가능했다. 결국
씨앗들을 용기(容器)에 담아 냉장고에 보관해야 했다. 보관용기는
두 부분으로 나누어 생각했다. 상시적인 전시를 위해서는 소량을
담는 유리병을, 냉장보관을 위해서는 플라스틱 용기를 사용하기
로 했다. 플라스틱 용기는 용량에 따라 세 종류로 나누어 구비했
다. 아직은 도서관 운영이 초기인 터라 주로 작은 용기를 사용하
고 있지만 시간이 좀 더 지나면 큰 용기의 사용 빈도가 늘어날 것
이다.

　용기의 모양을 선택할 때도 고민이 많았다. 둥근 모양도 좋
아 보였고, 깔끔한 네모 모양도 마음에 들었다. 하지만 우리의 기
호보다는 방문자들이 씨앗 도서관에 방문하여 직접 확인할 때 장
점이 많은 쪽을 택하기로 했다. 그래서 결국 냉장고에 들어가서도
잘 보이고, 밀봉이 잘 되는 것을 선택의 기준으로 삼게 되었다. 또
한 관리의 편의를 고려해 유리보다는 플라스틱이 좋겠다고 판단
했다.

씨앗을 빌려주는 일

씨앗도 대출하고 반납합니다

씨앗을 빌려주고 다시 돌려받는 것은 씨앗 도서관이 가장 기본적으로 해야 하는 일이다. 대부분의 씨앗과 관련된 활동을 하는 모임이나 단체에서는 특정한 날을 정해 '씨앗 나누기' 행사를 벌인다. 이런 행사에서는 대개 어떤 모임이 관리하고 있는 종자나 개인이 가지고 있는 씨앗을 소량으로 포장하여 행사장에서 나누어 주는 방식으로 나누기를 실천한다. 물론 이 과정에서 각 씨앗의 특징이나 채종법에 대한 설명이 이루어지기도 한다.

보통은 1년에 1~2회 정도 씨앗 나누기 행사를 열지만, 분기별로 혹은 상시로 열리는 경우도 있다. 문제는 씨앗을 나누어 주는 행사의 횟수가 적을수록 회원들이 한 번에 몰리게 되어 관리 역시 어려워진다는 점이다.

언제, 어떻게, 얼마나 나눌까?

홍성 씨앗 도서관은 이러한 사례를 반면교사로 삼아 상시적으로 씨앗을 빌려주고, 이와 더불어 매달 둘째 주 토요일에 정기적으로 나누어 주는 방식을 택하기로 결정했다. 특히 3월과 4월에는 모종도 같이 나누어 주었으며, 그 이후에는 그 달이나 다음 달에 파종하는 씨앗들을 나누어 주고 있다.

'씨앗 나눔의 날'행사는 회원들에게 미리 문자를 통해 시간과 장소, 나누어 줄 씨앗을 공지하는 것으로 시작한다. 초기에는 참여하는 회원들이 많지 않았지만 이를 기억하고 오시는 분들이 해마다 늘어나는 추세다. 몇 번의 경험을 통해 우리는 다음과 같은 결론을 얻었다.

씨앗 나눔의 날 포스터

씨앗 나눔의 날

- 매달 꾸준히 행사를 계속하는 것이 좋다.
- 주말이나 휴일보다 주중에 행사를 연다. 씨앗 나눔을 하는 장소가 주로 밝맑도서관이기 때문에 주말보다 주중에 이용자들이 더 많기 때문이다.
- 매달 행사를 해야 회원들이 욕심을 내 많이 가져가지 않는다.

처음에는 회원 한 사람에게 5가지 씨앗을 빌려주려고 했지만, 몇 차례 우여곡절 끝에 우리는 '필요하다면 언제라도' 빌려갈 수 있도록 대여 방식을 바꾸었다. 빌려주는 양은 앞으로 각 작물마다 기본 단위를 정하고 그에 맞추어 포장해서 나눠 주는 방향을 택했다. 또한 앞으로는 다른 지역에 있는 회원들을 위해 우편으로 보내주는 방식도 함께할 계획이다.

씨앗을 반납하는 일

씨앗 반납이 잘 안 되는 이유

씨앗 도서관에서는 회원들에게 씨앗을 빌려주고, 1년 후에는 반납받는 것을 원칙으로 한다. 하지만 해가 갈수록 반납하는 분들이 적어지고 있는 게 현실이다. 이런 상황은 아마도 다른 씨앗 도서관이나 씨앗을 나누는 기타 단체들에서도 공통적으로 겪는 일일 것이다. 왜냐하면 회원들이 건강하고 의미 있는 씨앗으로 농사를 짓고 싶어 씨앗을 빌려가지만, 정작 씨앗을 받는 방법까지는 모르는 경우가 많기 때문이다.

그래서 우리는 고민 끝에 '채종 워크숍'을 준비했다. 하지만 1년에 세 차례만 운영하다 보니 충분한 교육이 이루어지지 않는 것 같다. 아직 많이 부족하지만 씨앗들마다의 재배방법과 채종방법을 기록해서 씨앗과 함께 가져가실 수 있도록 준비하는 작업이 필요하다.

씨앗 반납과 활용

가장 중요한 점은 씨앗 도서관에서 나누어 주는 씨앗이 어느 정도의 순도를 보장해야 한다는 것이다. 그래서 회원들에게 빌려주는 씨앗은 씨앗 도서관 채종포에서 농사짓거나 할머니들께 받는 것을 원칙으로 하고, 회원들에게 반납 받는 씨앗은 따로 관리하고 있다. 그중 가지과나 콩과 채소 같이 다른 품종과 섞일 위험이 없는 것들은 다시 빌려주는 용도로 활용하지만, 십자화과 채소나 박과 채소처럼 잘 섞일 위험이 있는 것들은 순도를 보장할 수 없기 때문이다.

씨앗 도서관을 찾는 분들에게 자주 듣는 부분이 있다면, "씨앗을 빌렸다가 반납하지 않는 분들은 어떻게 하나요?"이다. 처음 씨앗 도서관을 개관하면서 가장 심도 있게 고민한 부분이기도 하지만, 그와 관련해서는 회원들에게 큰 부담을 주지 않도록 하는 것을 원칙으로 했다. 씨앗을 반납하면 물론 좋지만, 그보다 중요한 것은 씨앗을 소중히 생각하고, 씨앗을 지키려고 하는 회원들의 마음이 더 큰 의미를 지닌다고 판단했기 때문이다. 앞으로 회원들의 씨앗 반납 양이 많아지면 돌려받은 씨앗 활용법에 대한 고민도 더욱 심도 있게 다루어지게 될 것이다.

씨앗 분류 카드

씨앗마다 고유번호 부여하기

씨앗 도서관을 준비하면서 보유한 씨앗에는 고유번호를 부여하고, 체계적으로 관리해야 할 필요성을 느꼈다. 분류한 씨앗에는 우선 홍성 씨앗 도서관 고유번호를 부여하고, 분류 카드와 데이터 베이스(Database) 프로그램을 만들어 관리하기로 했다. 장기 목표로는 DB 프로그램을 홈페이지에서도 서비스하여 회원들이 직접 찾아볼 수 있도록 할 생각이었다.

　그러나 분류 카드는 작성하고 있지만 DB 프로그램을 만들어 사이트에서 구현하는 부분은 아직까지 실행하지 못하고 있다. 처음에는 주변에서 작업이 가능한 사람을 찾아 재능기부 형태로 진행하려고 했으나 원하는 시기에 원하는 형태를 요구하는 게 짐작보다 어려웠다. 설령 이렇게 해서 완성된 것이 있다고 해도 작업자의 개인 사정으로 중단되어 넘겨받지 못하는 경우도 있었다. 이부분은 개선해야 할 과제로 남아 있다.

보관 용기에 씨앗의 고유번호가 적혀 있다.

분류 카드 혹은 대출 카드 만들기

씨앗 도서관 분류 카드는 홍성 씨앗 도서관 일련 번호표에 맞추어 작성하고 있다. 처음 분류 카드를 준비할 때는 기본적인 내용 외에도 대출과 관련된 사항, 재배법, 이용방법, 요리법까지 넣을 수 있도록 준비했으나 아직까지는 일반적인 사항만을 적어 관리하고 있는 정도다. 재배법을 비롯한 요리법 등을 같이 적고자 했던 이유는 우선 그 씨앗과 관련된 모든 내용을 등록하고자 하는 이유도 있었지만, 방문하여 씨앗을 빌려가는 회원들에게 이러한 내용들을 복사해 준다면 유용하겠다는 판단에서였다. 그러나 실제로는 직접 방문해서 빌려가는 경우가 많지 않고, 대개 나눔 행사 때 씨앗을 나누어 주고 있는 실정이다.

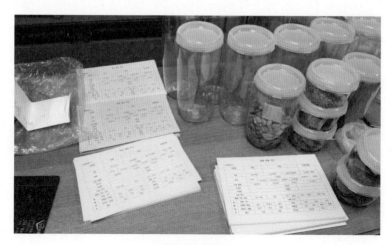

보관 용기와 분류 카드

분류 카드는 실무자가 관리하기 쉽도록 카드의 색깔을 네 가지로 구분해서 만들었다. 노란색 분류 카드는 잎채소, 파란색 분류 카드는 열매채소, 갈색 분류 카드는 뿌리채소, 분홍색 분류 카드는 꽃씨를 나타낸다. 그러나 이 분류 카드가 실무자가 보기에는 편하지만 일반인들이 보고 이해하기에는 어렵다는 문제점이 있었다.

분류와 관련된 부분 이외에 다른 내용을 넣기가 현실적으로 어려운 상황에서 최근에는 대출 카드를 만들어 관리하는 방법을 고심 중이다. 우선 씨앗 도서관에서 대출 카드를 만들고, 그곳에 아주 간단한 씨앗 재배와 관련된 정보와 대출 정보를 입력해둔다. 회원이 씨앗을 빌려갈 때 씨앗과 관련된 정보와 대출 정보를 출력해서 주면 된다. 대출 카드는 씨앗마다 하나씩 만들고 회원 각자에게도 회원 대출 카드를 하나씩 만들어주면 된다. 왜냐하면 회원들이 어떤 씨앗을 빌려갔는지 스스로 잊어버리는 경우도 비일비재하기 때문이다. 물론 회원 대출 카드의 내용은 회원과 도서관이 공유하는 것을 원칙으로 하고 말이다. 아래 첨부한 분류 카드는 초기에 구상했던 내용을 바탕으로 만든 것이고, 그다음의 표는 씨앗에 고유번호를 매기고 씨앗 분류 카드를 만들 때 사용하는 기준표이다.

표1 현재 사용하고 있는 씨앗 분류 카드

씨앗 분류 카드

[일련번호] :

보통명	과명		학명			과명(학명)	
기원	Wc(야외)		Go(재배)		Wo(야외재배)	Un(알지 못함)	
분류	Lf(잎)	F(열매)				Rt(뿌리)	Fl(꽃)
		Sf(주곡)	Mf(잡곡)	H(과채)	W(과일)		
수집 형태	Sd(씨앗)		Pl(묘목)		Sc(삽수)	Gs(접수)	
수집자				기증자			
수집일				기증일			
수집 장소							
재배 기간 (년)	5년 이하		10년	11년 ~ 20년		21년 ~ 30년	31년 이상
재배정보 파종 시기				수확 시기			
지형적 특성	음지	반음지	양지	토성	식토	양토	사토
자라는 성질	빈약	중간	풍성	저항성	건조 / 서리	충해	병해
용도	식용		약용	공업용	관상용	기타 (	)

표2 씨앗 분류 카드를 만들 때 사용하는 기준표

구분		설명			
일련번호	기원 Source	Wc(Wild Collected)	야외		야외에서 수집
		Go(Garden Origin)	재배		재배지에서 수집
		Wo(Wild Origin)	야외재배		야외에서 수집한 씨앗 또는 식물을 재배지에서 수집
		Un(Unknown)	알지 못함		알 수 없음
	분류 Taxa	Lf(Leaf)	잎		식용 가능한 부위가 잎
		F(Fruit)	staple food	주곡	우리나라 사람들에게 주식
			maslin food	잡곡	주식에 섞어 먹는 식물
			herbaceous	과채	풀(1년초, 2년초, 다년초)의 열매
			wood	과일	나무(교목, 관목, 만경목)의 열매
		Rt(Root)	뿌리		식용 가능한 부위가 잎
		Fl(Flower)	꽃		식용 가능한 부위가 꽃
	수집번호 Collected number	년도(year)	2014		수집한 년도
		순서(Order)	0001 ~ 9999		수집한 순서
	수집형태 Collected type	Sd(Seed)	씨앗		씨앗으로 수집
		Pl(Plant)	묘목		묘목(식물)으로 수집
		Sc(Scion)	삽수		삽수(가지)로 수집
		Gs(Graft Scion)	접수		접수(가지)로 수집
보통명(국명)		상추		국가표준식물목록과 지방명을 함께 표기	

예	기원	분류	수집번호	수집형태	쓰기	보통명
상추	GO	Lf	2014-0001	Sd	GoLf2014-0001Sd	상추
토마토	GO	Fh	2014-0002	Pl	GoFh2014-0002Pl	토마토
당근	GO	Rt	2014-0003	Sd	GoRt2014-0003Sd	당근
한련화	GO	Fl	2014-0004	Pl	GoFl2014-0004Pl	한련화

씨앗 농사를 짓는 일

2장

씨앗 도서관에서는 직접 씨앗농사를 짓는 채종포를 운영한다. 사라져가는 지역의 씨앗들을 지키고 농사짓는 과정과 씨앗 받는 방법들을 공부하고 나누는 일을 한다. 채종포를 운영하는 가장 중요한 이유 중의 하나는 다른 씨앗과 섞이지 않도록 잘 관리해서 씨앗의 순도를 높이는 일이다. 자원봉사자 분들의 도움을 받기도 하고, 지역에 있는 학교 학생들의 연구과제와 연계해 자료를 수집해나가기도 한다.

맨 땅에 채종밭을 하다니

눈으로 담아낸 농사의 기록

올해 씨앗 도서관은 100평 정도의 조그만 밭에서 첫 농사를 시작했다. 평소 씨앗 받는 농사에 관심을 가지고 있던 풀무학교 전공부 2학년 박여연 학생은 밭과제 논문으로 연계해서 씨앗 도서관 채종밭 농사를 지어보고 싶다고 했다. 작년 가을부터 녹비를 심고, 씨앗을 뿌리고, 밭과 흙을 관찰하고, 씨앗 도서관 일꾼과 함께 이야기를 나누고 일하며 고맙게도 밭 구석구석을 열심히 가꾸어 주었다. 그렇게 탄생한 〈맨 땅에 채종밭을 하다니〉에는 1년 동안 홍성 씨앗 도서관 채종밭에서 박여연의 눈으로 담아낸 농사 기록들이 고스란히 담겨 있다. 일상의 소소한 기록들이 쌓이고 차곡차곡 모여 하나의 이야기로 만들어진 것이다. 함께 읽을 만한 가치가 충분하다고 판단하여 여기 싣는다.

홍성 씨앗 도서관과 채종밭

홍성 씨앗 도서관 채종밭 텃밭지기의 약속

01 내 몸의 힘을 제외한 다른 물질과 에너지를 과도하게 투입하지 않는다.

02 일할 시기를 놓치지 않는다. 그러나 서두르지도 않는다.

03 관찰하고 연결하고 저장하고 순환시킨다.

작은 생태계, 작은 우주, 작은 왕국 '채종밭'

박여연(풀무학교 전공부 2학년)

애초에 '그 밭'이 탐났다. 학교랑 가깝고 물 잘 나오고 입구도 넓고 바로 옆에 퇴비장과 창고까지 있는 '그 밭'에다가 원래 내 관심사였던 녹비를 심고 농사를 짓게만 된다면 뭐든 할 수 있을 것 같았다. 그래서 그 밭이 씨앗 도서관 채종밭으로 쓰일 거란 걸 알고 나서 오도 쌤께 채종밭을 하겠다고 떼를 썼다. 긴가민가하시던 선생님의 허락이 떨어지자마자 3일 밤낮을 들여 그 밭의 풀을 뽑고 휘리릭 헤어리베치 씨앗을 심어서 '찜'을 했다.

그렇게 어영부영 채종밭을 맡아서 1년 동안 채종을 하게 되었다. 훌륭하게 해냈다고 자신 있게 말할 수 있으면 좋겠다. 하지만, 정말이지 그렇지 않았다. 농부가 자신의 씨앗을 자급하는 것이 중요하단 건 알고 있었지만, 실제로 관심을 가지거나 채종을 해본 경험은 없었기에 당연히 기술이랄 것도 없었다. 〈씨앗 받는 농사 매뉴얼〉과 〈내 손으로 받는 우리 종자〉 책을 성경책처럼 끼고 살았지만, 이론은 이론이고 책은 책, 나는 나였다. 계획 과정에서 실수하거나 시기를 놓치거나 잘 몰라서 시도조차 못 해본 것들이 수도 없이 많았다. 조금만 주의를 기울이거나 더 공부했더라면 절대로 다시 하지 않을, 눈에 뻔히 보이는 바보 같은 실수들을 저질렀을 때는 웃음만 나왔다. 작물을 아무리 잘 가꿔도 온갖 곤충과 새들이 달려들어 먹어치우는 건 내가 어떻게 할 수 없는 일이라서 무력하기도 했다.

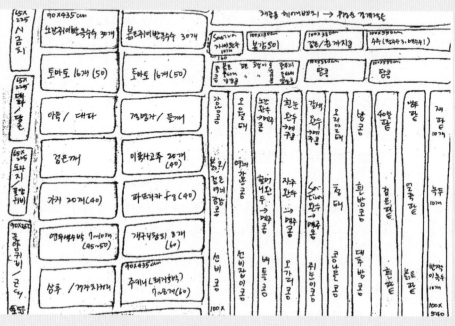

채종포 도면

하지만, 밭에 있는 게 좋았다. 모든 작물과 미생물들이 자기 일을 소리 없이 해내고 있는 밭에 있는 게 좋았다. 사마귀가 벼 잎사귀를 살금살금 거닐며 사냥감을 차고 참새가 완두콩 지주로 세운 나뭇가지에 앉아서 수다를 떨고 빨갛고 노란공 같은 토마토와 초록빛 보석처럼 빛나는 오이들이 잎사귀 뒤에서 빛나고 있는 밭에서 일하는 게 좋았다. 헤어리베치가 한창 자랄 때는 밭에 누워서 눈을 감고 풋풋한 풀냄새를 맡고만 있어도 '초원을 만들고 싶으면…'으로 시작되는 시가 절로 생각났다.

사실 채종밭은 150평도 되지 않는, 문찬영 선생님 말마따나 '너희들 텃밭'에 불과한 작은 밭이었을 뿐이다. 그러나 나에게는 하나의 작은 생태계였고 조금 과장하자면 탐구하고 공부하고 알아가야 하는 것들이 한없이 많은, 넓고 깊은 우주였다. 텃밭에 나가지 않을 때도 마음 한 구석에는 늘 그 밭이 있었다. 한 장소에 오랫동안 머무르는 것이 삶에서 중요하다는 것을 어느 날인가부터 가슴으로 느낄 수 있었던 건 올해 나의 작은 왕국이었던 채종밭 덕분이다.

2015년 홍성 씨앗 도서관
채종밭 일지

2014년 9월

날짜 & 작업
9월 18-20일 - 밭에 묻어둔 부직포를 걷고 풀을 뽑아서 바깥으로 치웠다. - 뽑은 풀은 모아서 비지, 계란 껍데기, 쌀겨, 음식물 찌꺼기와 섞어서 퇴비를 만들었다. **9월 20일** - 헤어리베치 '청풍보라'를 심었다.

2015년 3월

날짜 & 작업
3월 6일 - 소똥퇴비를 각 두둑마다 반 포대씩 넣고 삽으로 뒤집으며 밭을 만들었다. **3월 7일** - 완두콩-노란완두, 흰눈완두, 자색완두(3종), 갈색완두, 사티바완두, 창정마을완두와 오월태를 손으로 직파했다. **3월 17일** - 시금치를 직파했다. **3월 20일** - 상추, 쥐이빨옥수수, 겨자치커리 포트 파종 **3월 21일** - 아욱, 당근, 도라지밭을 만들고 아욱을 직파 - 겨자치커리, 근대, 큰주황토마토 포트 파종 **3월 26일** - 도라지, 노란당근, 대파 아주심기

2015년 4월

날짜 & 작업

4월 3일
- 연두색수박, 개똥참외, 맷돌호박 포트 파종

4월 6일
- 봉강오이, 사티바주키니 포트 파종

4월 9일
- 강낭콩-붉은여늬, 검은여늬, 여늬, 줄콩, 울타리콩, 검은울타리콩, 호랑이울타리콩, 줄무의콩을 직파했다.

4월 18일
- 가지가 여러 개 갈라진 튼튼한 나뭇가지를 이용해서 완두콩 지주를 세웠다.

4월 26일
- 밭 가장자리 쪽에 맷돌호박 심을 구덩이를 파고 쥐이빨옥수수를 아주심기 했다.

4월 28일
- 겨자치커리, 근대, 상추, 홍화 아주심기

4월 30일
- 서양가지(키가 작고 통통한 편), 파프리카, 상추, 바질, 토마토 아주심기

2015년 5월

날짜 & 작업

5월 4일
- 미리 파놓았던 구덩이 10군데에 맷돌호박 아주심기

5월 7일
- 단가지, 메리골드 아주심기

5월 8일
- 울금, 딜 아주심기를 하고 쓴메밀, 오이(2차) 포트 파종을 했다. 먼저 심은 오이의 잎에 병이 생겨서 시든 잎을 따 주었다.

5월 10일
- 땅콩과 잡곡 심을 밭을 만들고 수박, 참외 아주심기를 했다.

5월 12일
- 오크라 아주심기와 밤콩, 오갈피콩, 동부콩을 포트 파종했다.

5월 15일
- 수수, 조, 기장 포트 파종

5월 20일
- 검은깨 직파

5월 30일
- 어금니동부, 개파리동부, 흰동부, 밤콩(2종), 대추밤콩, 오갈피콩, 오이(2차) 옮겨심기

2015년 6월

날짜 & 작업

6월 1일
- 맷돌호박 순지르기

6월 4일
- 검은깨를 솎고 토마토순 따주고 완두콩이 가물어서 물을 주었다.

6월 10일
- 메주콩 5종류를 포트에 파종하고 배틀콩, 선비콩, 선비잡이콩, 쥐눈이콩, 콩나물콩, 청태, 오리알태도 파종했다.

6월 17일
- 수수, 조, 기장 등 잡곡 아주심기. 녹두, 팥 포트 파종
- 시금치와 완두콩 채종

6월 20일
- 메주콩 종류 아주심기. 들깨 모종내고 아욱, 주키니 수확

6월 23일/24일
- 참외, 오이 순 지르고 밭 김매기

6월 30일
- 녹두, 팥 종류 옮겨 심고 사티바자주완두를 수확해서 말렸다.

2015년 7월

날짜 & 작업

7월 1일
- 밭 전체와 주변의 풀들을 정리를 했다. 상추 씨앗이 맺혔다.

7월 11일
- 상추, 강낭콩, 아욱, 주키니, 토마토를 채종. 채종용 오이에 인공수분을 해주고 수박 순지르기를 해줬다.

7월 13일
- 들깨를 옮겨 심었다.

7월 14일
- 강낭콩, 헤어리배치, 아욱을 채종/정선하고 토마토를 수확했다.

7월 15일
- 쓴메밀을 수확해 말렸다. 오이, 파프리카도 수확해서 후숙시켰다.

7월 18일
- 토마토, 강낭콩, 오이 수확하고 상추, 아욱 채종. 옥수수에 새 피해가 있는지 확인하고 봉지를 씌워줬다.

7월 22일
- 오이, 파프리카, 오크라, 토마토를 수확하고 밭 전체 풀을 매주었다.

2015년 8월

날짜 & 작업

8월 10일
- 붉은쥐이빨옥수수, 토마토, 파프리카, 참외, 오이를 수확해서 채종하고 아욱, 당근, 옥수수 씨앗을 정선했다.

8월 14일
- 검은깨 베서 묶기. 토마토 단가지, 오이, 파프리카를 수확하고 채종했다. 밭벼에 꽃이 피기 시작했다.

8월 15일
- 파프리카, 꽈리고추, 오크라 수확

8월 18일
- 오이, 토마토, 파프리카 수확

8월 20일
- 오이, 단가지를 수확하고 주키니, 오크라, 바질을 채종했다.
- 김장밭을 만들고 가을 작부 준비하기

8월 25일
- 광주무, 게걸무 파종

8월 29일
- 녹두, 오이, 오크라를 수확하고 검은깨와 바질을 정선했다.

2015년 9월

날짜 & 작업

9월 4일
- 조선배추, 구억배추를 옮겨 심고 한랭사를 씌워줬다.

9월 12일
- 파프리카, 맷돌호박 수확

9월 14일
- 파프리카, 토마토, 오이, 꽈리고추 수확하고 녹두, 오월태 채종

9월 17일
- 단가지, 파프리카를 수확하고 오월태, 40일팥, 오갈피콩, 반짝이녹두 채종

2015년 10월

날짜 & 작업

10월 3일
- 땅콩을 캐서 수확했다. 오이를 정리하고 기장, 도라지, 결명자 채종

10월 4일
- 녹두, 이팥, 검은올콩, 오갈피콩, 대추밤콩, 동부콩 종류 채종

10월 8일
- 내년에 쓸 퇴비를 만들었다.

10월 10일
- 수수, 조, 기장대를 베어서 정리했다.

10월 15일
- 들깨를 베고 꽈리고추를 정리했다.

10월 20일
- 황금기장, 황기장, 흰기장, 횡성차조, 땅콩, 찰수수, 메수수를 정선하고 들깨를 털었다. 밭에 있는 콩 종류들을 갈무리했다.

10월 30일
- 다 쓴 지주를 뽑아서 끈으로 묶고 밭에 남은 작물을 정리하고 쓰레기를 치웠다. 밖에서 말리던 씨앗들을 들여와서 담고 냉장고에 넣었다.

2015년 11월

날짜 & 작업

11월 6일
- 마지막으로 울금을 캐고 강낭콩을 마저 수확했다.
- 밭 정리를 하며 씨앗별로 사진을 찍어 기록했다.

채종밭을 다시 설계한다면?

재식거리를 지키고 밀식하지 않겠다

작물을 심을 때마다 "모종이 아까우니까…"라는 이유로 알면서도 밀식을 해서 고생을 많이 했다. 잎채소의 경우 밀식해도 괜찮지만, 콩은 밀식을 하면 병이 오기 쉽고 열매채소는 햇빛과 양분이 많이 필요하기 때문에 밀식이 치명적이다. 올해도 토마토를 너무 많이 밀식하는 바람에 잿빛곰팡이병으로 모두 다 죽일 뻔했다. 지켜야 하는 기본적인 것들을 철저하게 지키는 것이 바른 농사의 첫걸음이다. 다시는 절대 밀식하지 않겠다.

자주 신경 써야 할 작물은 밭 앞쪽에 배치하겠다

올해 채종밭의 가장 큰 실수 중 하나는 오이를 밭 뒤쪽에 심은 것이었다. 오이는 손이 많이 가고 자주 신경 써서 봐주어야 하기 때문에 밭 입구와 가까운 곳에 심는 것이 좋다는 걸 알게 되었다. 날이 가물면 종종 물도 줘야 하고 매일 열매를 수확해야 한다. 그리고 늙어서 시든 잎을 제때 따주면 더 오랜 시간 동안 건강하게 기를 수 있다. 토마토는 건조한 기후를 잘 견뎌서 물을 자주 줄 필요는 없지만 심은 후부터 순을 따주고 묶어주고 수확해야 하기 때문에 가까운 곳에 심으면 좋다. 반면, 강낭콩 종류는 밭 뒤쪽에 심어도 괜찮았을 것 같다.

고랑 넓이를 넓히고 두둑 사이에 여유를 둔다

밭의 규모는 작고 심고 싶은 건 많아서 어쩔 수 없이 고랑을 최소한으로 줄이고 두둑을 넓혔다. 모종들이 어릴 때는 약간 불편할 정도였는데 여름에 작물이 본격적으로 크기 시작하면서 불편한 정도가 아니라 일하기 힘들 만큼 고랑 사이가 좁아졌다. 생각해보니 내 욕심 때문에 나도 작물들도 고생한 것 같다. 작물 종류나 수량을 줄이는 한이 있더라도 고랑을 여유 있게 만들어서 걸어 다니거나 밀차를 끌기 쉽게 해야겠다. 특히 매일 아침에 밭을 기분 좋게 둘러보려면 넓은 고랑이 필수라는 걸 깨달았다.

밭 한가운데 물통 놓을 자리를 만들겠다

밭 가장자리보다는 가운데에 물통이 있어야 밭에 물을 주기가 편할 것 같다. 동선을 생각한다면 아무래도 가운데서 물을 퍼 나르는 게 효율적이다.

작물이 편하게 자랄 수 있는 구조를 만든다

나는 올해 밭을 설계할 때 무조건 많이 심을 생각만 했다. 하지만, 많이 심는 게 문제가 아니라 작물들을 건강하게 기르면서 즐겁게 일하는 게 가장 중요하다는 걸 너무 늦게 알아버렸다. 밭을 설계할 때는 조금 더 작물들을 배려하고 나 스스로를 배려하면서 설계를 해보고 싶다.

가을 후작을 미리 계획하겠다

가을 후작을 미리 계획하지 않고 일을 진행했더니 들깨를 심을 때쯤 밭이 애매하게 부족하거나 남는 상황이 벌어졌다. 봄에 계획을 자세하게 세우면 이런 상황을 피할 수 있을 것이다.

경계 작물로는 튼튼한 식물을 선택하겠다

채종밭 경계 작물은 메리골드와 바질, 헤어리베치였다. 헤어리베치와 메리골드는 야생성이 강해서 끄떡없기 때문에 척박한 땅에 심기 좋았다. 특히 헤어리베치는 타감 작용 효과가 있고 메리골드는 벌레를 쫓는 강한 냄새를 풍겨서 여러모로 경계 작물에 적합했다. 그러나 바질은 보기는 좋은데 양분을 많이 필요로 하고 약해서 쉽게 죽었다. 쉽게 죽지 않고 한 번 심어놓으면 잘 자랄 수 있는 튼튼한 식물이 경계 작물로 좋은 것 같다.

작물을 보호하는 몇 가지 방법

퇴비차

퇴비차

〈땡큐 아메바〉라는 책에서 소개된 퇴비차는 미생물을 배양시켜 밭에 뿌리는 것이다. 퇴비 1스푼에 세균 10억 마리가 있다면 퇴비차 1스푼에는 40억 마리가 있다고 한다. 퇴비차를 뿌리면 흙에 좋은 미생물들이 살면서 좋지 않은 미생물들을 걸러준다.

준비물

유박 반 줌, 숙성된 퇴비 두 줌, 쌀겨 한 줌(혹은 쌀뜨물), 만약에 있다면 부엽토나 과일껍질 조금, 물이 새는 천으로 만든 주머니, 깊은 양동이, 어항용 기포기, 호스, 호스에 매달 끈, 돌멩이

만드는 방법

1. 천주머니 속에 준비한 재료를 넣는다.

2. 쌀뜨물이나 물에 담긴 양동이에 주머니를 푹 담그고 안에 있는
   내용물들이 우러나오도록 한다.

3. 기포기를 켜고 호스 끝이 양동이 바닥에 붙어 있도록 고정시
   킨다.

4. 8~12시간 정도(온도에 따라 다름) 이따금씩 천천히 저어주면
   서 기포기를 작동시킨다.

주의할 점

잘 만들어진 퇴비차는 진한 갈색이고 정말로 구수한 보리차 냄새
가 난다. 단백질 성분이 많은 재료로 만들면 흰 거품이 난다. 완
성한 퇴비차를 구름이 많은 날이나 아침, 저녁에 밭에 뿌리면 좋
다. 직사광선 아래에서는 미생물이 다 죽기 때문에 퇴비차를 만
들지도 뿌리지도 않는다. 산소 공급이 끊어진 순간부터 미생물은
죽기 시작하니 만든 지 15분 안에 다 뿌리도록 한다.

난황유

난황유는 작물 표면에 기름막을 만들어 병충해로부터 보호해주는
역할을 한다. 그리고 약간의 영양분을 공급하는 효과도 있다. 식
물체 표면의 거칠거칠한 부분에 곰팡이들이 달라붙지 못하도록

난황유

막아주기 때문에 곰팡이병을 예방하거나 치료해준다. 각 재료의 비율을 맞춰서 만들지 않으면 식물에 뿌렸을 때 상하거나 기름막이 두꺼워져서 생육에 지장을 줄 수 있으니 조심해야 한다.

준비물

계란 노른자 1개, 식용유 0.6리터, 물 1리터, 뚜껑 달린 용기, 분무기

만드는 방법

1. 계란 노른자와 물을 믹서기에 넣고 섞어주다가 마지막에 식용유를 넣고 오랫동안 섞어준다.
2. 오래 섞을수록 기름의 입자가 작게 흩어져서 효과가 더욱더 좋다.
3. 완성하면 냉장고에 보관하고 사용할 때는 흔들어서 쓴다.

채종밭에서 나오며

1년 동안의 농사 갈무리

며칠 전에 밭을 마지막으로 정리했다. 지주들을 모두 묶어서 한쪽에 부려놓고, 밭에 쌓여 있는 작물 잔해들을 모아서 퇴비장에 쌓아올렸다. 지주를 칭칭 감고 있는 덩굴들은 낫으로 툭툭 자르며 풀어냈다. 다 정리된 밭은 썰렁했다. 하지만, 겨울을 맞이할 준비가 되어 평온하게 보이기도 했다. 초록이 가득한 여름도 좋지만, 마른 잎이 떨어져 있는 썰렁한 밭에도 나름의 아름다움이 있다.

한여름에는 저기 저쪽에서 키 큰 옥수수가 흔들거리고, 그 아래에는 만날 새에게 쪼여 먹히는 토마토가 있었지. 밭 가장자리에서는 호박이 줄기를 뻗고, 입구 가까이에선 수박들이 주렁주렁 열리고, 밭 입구에 만든 작은 화단에는 꽃과 허브가 자라났다. 이제 2015년 씨앗 도서관 채종밭은 몇 장의 사진과 내 기억에만 남아 있다.

밭 저쪽으로 보이는 늙은 벚나무의 잎은 이제 거의 남지 않았다. 올해 벚나무 아래에서 많은 시간을 보냈다. 벚나무의 꽃이 피고 지고 잎이 돋아나고 무성해지고 물들고 떨어지는 것을 지켜보았다. 올해 내게 이 나무는 벚나무가 아닌 '벗'나무였다. 벚나무 아래 나무 데크 위에 편한 의자를 하나 가져다 놓고 음악을 들으면서 씨앗을 골랐다. 여름에는 주말의 반이 이런 식으로 지나갔다.

생명은 그래도 괜찮다

나무 그늘 아래에서 가만히 씨앗과 마주하고 있으면 식물이 사람과 참 다른 생물이라는 생각이 들었다. 소비자인 우리와 달리 이들은 이 지구의 절대적인 생산자다. 사람의 사고방식은 희소할수록 귀하고 귀할수록 희소하게 만들어야 한다는 식으로 흘러간다. 하지만, 식물은 이렇게 하나하나 귀중한 씨앗들을 넘치도록 만들어서 세상 곳곳으로 보낸다. 넘치지만 소중하다. 소중하기 때문에 많이 만든다. 생명은 그래도 괜찮다.

　씨앗을 채종하다 보면 새삼스럽게 놀랄 때가 있다. 크지도 않은 열매 하나에서 많은 씨앗들이 나온다는 것이 당연하면서도 신기했다. 작은 씨앗 딱 한 알에서 시작했을 뿐인데 이렇게 무성하게 자라고 많은 자손을 낳는다는 사실 역시 뻔하면서도 여전히 신비롭게 여겨진다.

고맙다, 채종밭

올해 이 밭에서 내 역할은 무엇이었을까 생각해보면 '도우미'라는 말이 적당한 것 같다. 주인이나 소유자가 아닌 다만 도와주는 사람. 작물들이 자기 개성대로 잘 자라서 건강한 씨앗을 맺을 수 있도록 돕고, 씨앗을 갈무리해서 보관하는 게 내가 해야 하고 할 수 있었던 일의 전부였다.

올해 내가 기른 작물들은 죽지 않았다. 이들은 모두 씨앗이 되어서 잠들어 있다. 식물에게는 죽음도, 실패도 없다. 편안하게 떠날 수 있을 것 같다. 올해도 참 좋았고, 내년에는 더 좋을 것이다. 고맙다, 채종밭.

2017년 홍성 씨앗 도서관
채종포 농사용 씨앗 목록 및 평가

파종 시기	씨앗명	파종법	채종 여부	특징 및 평가
3월 초순	갈색완두콩	직파	X	채종을 했으나, 다른 완두콩 종류와 가까이 심어 교잡된 것 같음. 씨앗에 붉은 반점이 있어 올해 받은 씨앗은 폐기함.
	노란완두콩	직파	○	완두콩의 경우, 너무 가까이 심었을 때는 꽃 피는 시기에 따라 드물게 교잡이 일어나는 것 같음. 예를 들면, 흰꽃이 피는 완두콩은 흰꽃이 피는 완두콩끼리 교잡이 일어나고, 붉은 꽃은 붉은 꽃끼리 교잡이 일어났음. 만약의 경우를 대비하여 조금 멀리 떨어트려 심어야 함.
	자주완두콩	직파	○	
	완두콩(강한월)	직파	○	
	Sativa자주완두콩	직파	○	
	귀리	직파	○	가을에 심으면 겨울 동안 얼어 죽는다고 하여 봄에 심었는데, 생각보다 수확량이 잘 나옴. 다만, 장마시기와 겹쳐서 일부는 가을에 심어서 실험을 해봐도 좋을 것 같음.
	고구마	모종	○	고구마는 스티로폼 상자에서 싹을 틔워서 심었는데, 예상 외로 수확량이 많았음. 가장 평균적인 크기의 고구마를 씨고구마로 남겼음. 겨우내 얼지 않는 곳(가정집 방)에 보관해야 함.

파종시기	씨앗명	파종법	채종여부	특징 및 평가
3월 중순	병아리콩	모종	X	병아리콩은 3년 동안 심어봤지만, 한국에서 재배하는 것은 어려움. 꽃이 피나 꼬투리가 잘 안 맺히고, 가까스로 꼬투리가 맺혀도 벌레 피해가 심해서 알이 안 생김.
	시금치(변순식)	직파	○	시금치는 가을에 심는 게 씨앗 받을 때는 좋음(시금치 품종이 많아서 교잡되지 않도록 봄에도 따로 심었음). 이 시금치는 뿔 모양의 씨앗과 동그란 모양의 씨앗 두 종류가 나와서, 일단 따로 분류해서 채종하여 보관함.
	노란찰옥수수 (이월선)	직파	○	옥수수알이 맺힐 때 비가 많이 안 와서 대부분 크기가 작고 벌레가 많이 먹었음. 가장 잘 달린 한 자루를 골라서 채종함.
3월 하순	검은유월태(문병순)	직파	X	유월태는 원래 3월 하순~4월 초에 심어 6월에 수확하는 콩인데, 이상하게도 이 유월태들은 6월이 지나도 꽃이 피지 않고 꼬투리가 맺히지 않았음. 그래서 씨앗을 못 받음.
	노란유월태(심재순)	직파	X	
	댑싸리	직파	○	댑싸리는 퇴비터 근처에만 심어놓는다면, 알아서 잘 자람.
4월 초순	청상추	직파	X	씨앗을 받으려고 심었으나, 옆 밭에서 다른 품종의 상추를 꽃대가 올라올 때까지 정리하지 않았고 교잡이 의심되어 작물 채로 정리함.
	겨자치커리	모종	X	모종단계에서 싹이 아예 안 남. 작년에도 해봤으나, 싹이 안 났음.
	도라지(이정재)	직파	X	직파를 했는데, 싹이 안 남. 물이 충분히 필요한 작물인 것 같음.
	강낭콩(정창순)	직파	○	키 작은 강낭콩 중에서 가장 일찍 꽃이 피고, 알은 다른 강낭콩보다 훨씬 작음(토종이라서).
	검은여늬강낭콩	직파	○	강낭콩은 일찍 심은 덕분에 봄 가뭄이 오기 전에 꽃을 피워서 다행히 어느 정도 수확을 할 수 있었음. 다만, 꼬투리가 맺힐 때 가물어서 물을 계속 줬으나 한계가 있었고, 달린 꼬투리도 마르는 경우가 있었음.
	붉은여늬강낭콩	직파	○	
	여늬강낭콩	직파	○	
	이쁜이강낭콩	직파	○	

파종 시기	씨앗명	파종법	채종 여부	특징 및 평가
4월 초순	강낭콩(조청미)	직파	△	현재 밭에서 영글고 있는 중. 순차적으로 따야 함.
	검은제비콩	직파	△	
	검은울타리콩	직파	△	
	울타리강낭콩(금창영)	직파	△	
	호랑이울타리콩	직파	△	
	흰제비콩	직파	△	
	여주	모종	○	큰 신경을 쓰진 못했지만, 심은 만큼 씨앗을 받을 수 있었음. 열매가 달렸을 때, 그 열매가 다 익어 터져서 떨어지지 않도록 매일 확인이 필요함.
	무등산수박	모종	폐기	무등산수박은 홍성 지역에서는 맞지 않음. 올해 유난히 날이 더웠기도 했지만, 이 수박 자체가 고랭지에서 자랐던 수박이기 때문에 이곳에서는 익기 전에 갈라졌음.
	토종떡호박	모종	○	처음 심어보는 씨앗이라 언제 따야 하는지 어려웠음. 겉 색깔이 노랗게 익지는 않고, 초록색인데 하얀 분이 나오면서 꼭지가 마르면 익은 상태였음.
4월 중순	서양가지	직파	○	가지를 처음 직파해봤는데, 튼튼하게 자랐지만 너무 열매가 늦게 익어서 채종하기에는 어려웠음. 하지만 작물 상태는 모종으로 심은 것보다 훨씬 튼튼하고 잘 자람.
	가지(정연)	직파	○	이 가지는 길쭉하게 자라면서 끝이 뭉툭하고 휘어짐.
	대화초	직파	○	고추도 마찬가지로 직파한 게 훨씬 튼튼하고 가뭄 피해가 적었지만, 열매가 너무 늦게 달려서 수확량이 적었음. 확실히 직파로 뿌렸을 때, 수확량이 적은 것 같음.
	칠성초	직파	○	

파종 시기	씨앗명	파종법	채종 여부	특징 및 평가
4월 중순	노란대추방울토마토	직파	O	토마토 열매가 달릴 때쯤, 너무 더워서 열매가 갈라졌다가 또 갑자기 폭우가 내려서 열매가 다 물러 터져버렸음. 열매채소의 경우에는, 비 가림이 있거나 모종으로 심거나 하는 게 좋을 것 같음. 직파로 해보고 싶다면, 심는 날짜를 잘 조절해야 함.
	블랙체리토마토	직파	O	
	체리토마토	직파	O	
	큰빨강토마토	직파	O	
	큰주황토마토	직파	O	
	Legende	직파	X	
	Ruthjec	직파	O	
	Stupice	직파	X	
	파프리카F10	직파	O	채종해서 파프리카F11이 됨. 노지에서 키웠을 때, 익는 과정에서 벌레 피해가 심했음. 깨끗한 씨앗을 받으려면 하우스에서 키우거나 세심한 관리가 필요함.
	수세미	직파	O	수세미는 지주만 잘 해주면 아주 달림. 씨앗도 많이 수확했음.
	봉강오이	직파	X	옆 밭에서 예기치 못하게 다른 품종의 오이를 심는 바람에 교잡이 의심이 되어 수확을 못함.
	개구리참외	직파	폐기	교잡된 씨앗이었음.
	쥬키니	직파	X	초반에 벌레 피해가 너무 심해서 가까스로 살아남은 걸 채종했지만, 제대로 영글지 않았음.
	생강	직파	△	현재 밭에 있음. 곧 캘 예정.
	결명자	직파	O	번식력이 아주 높음. 굳이 따로 심지 않아도 밭에서 싹이 난다면, 그걸 채종하면 될 것 같음.
4월 하순	검은땅콩(송순옥)	직파	O	이 밭에 동물이 많아서 몇 그루는 빈껍데기만 남아 있었지만, 올해는 틀두둑에 심은 덕분에 적은 양이라도 수확할 수 있었음.
	땅콩(김정자)	직파	O	
	붉은땅콩	직파	O	
	우도땅콩	직파	O	

파종 시기	씨앗명	파종법	채종 여부	특징 및 평가
5월 초순	목화	직파	O	처음 싹 트는 과정에서 수분만 있으면 대개 잘 자람. 깨끗한 씨앗을 얻기 위해서는 수시 로 관찰해야 함.
	후쿠시마목화	직파	O	
	쓴메밀	직파	X	여름철에 너무 가물어서 씨앗이 제대로 영 글지 못함.
	율무	직파	O	열매가 잘 달렸는데, 율무를 처음 키워봐서 언제 수확해야 하는지 몰랐음. 그리고 검게 익은 열매를 수확하고 나니, 희게 색깔이 변 함(이유는 모름).
	오크라	직파	O	잘 받음.
5월 중순	갓끈동부	직파	△	현재 밭에서 영글고 있는 중. 순차적으로 따 야 함.
	개파리동부(김정자)	직파	△	
	검은동부	직파	△	
	애기동부	직파	△	
	작은어금니동부	직파	△	
	흰동부(김정자)	직파	△	
6월 초순	흰들깨	직파	X	직파했는데 싹이 안 남.
	5실깨(정연)	직파	O	가물게 자라서 씨앗을 많이 받진 못했지만, 열악한 환경 속에서도 잘 자랐음. 키가 작은 편임.
	메주콩(강한월)	직파	△	콩을 심고 나서, 고라니 피해가 심했고 가물 어서 싹이 잘 안 난 것도 많았음. 그리고 꼬 투리가 달렸는데 속에 열매가 없는 게 많았 음. 적은 양이라도 그나마 열매를 맺은 게 있다면 수확할 예정.
	서리태(김철환)	직파	△	
	쥐눈이콩(강한월)	직파	△	
	검은밤콩	직파	△	
	대추밤콩	직파	△	
	배틀콩	직파	△	
	선비잡이콩(금창영)	직파	△	
	오갈피콩	직파	△	
	초록이콩	직파	△	
	푸른밤콩(정창순)	직파	△	
	흰밤콩	직파	△	

파종 시기	씨앗명	파종법	채종 여부	특징 및 평가
6월 중순	벼룩기장	직파	△	수수, 기장, 조를 직파하고 나서 초반에 풀 관리를 잘 못해준 탓에 제대로 자라지 못했음. 이것도 열매가 달린 것에 한해서 수확할 예정.
	황금기장	직파	△	
	황기장	직파	△	
	흰기장	직파	△	
	메수수	직파	△	
	단수수	직파	△	
	붉은찰수수(문병순)	직파	△	
	노란찰수수	직파	△	
	조(김정자)	직파	△	
	횡성청차조	직파	△	
	노란녹두	모종	○	팥과 녹두는 고라니 피해가 무척 심했음. 꽃을 피우고 꼬투리가 달리고 나서도 싹을 계속 먹어서 익은 걸 겨우 건졌음. 그래도 생각보다는 잘된 편임.
	녹두(이정재)	직파	○	
	검은팥	직파	○	
	붉은팥	직파	○	
	얼룩팥	직파	○	
	재팥(전순진)	직파	○	
	흰팥	직파	○	
8월 중순	청근대	직파	내년	
	갯무	직파	내년	
	게걸무	직파	내년	
	태평무	직파	내년	
9월 중순	조선배추	직파	내년	
10월 중순	앉은뱅이밀	직파	내년	

더 보기_
씨앗으로 지은 밥상

홍성씨앗도서관의
1년을 나누다

씨앗으로
지은
밥상

2015. 12. 19(토) 오후 3시

갓골생태농업연구소 2층

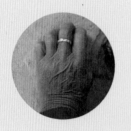  

홍성씨앗도서관의
1년을 나누다

씨앗으로
지은
밥상

2015. 12. 19(토) 오후 3시

갓골생태농업연구소 2층

오시는 길
충청남도 홍성군 홍동면 운월리 792-6

문의
사무국 070-4351-3647
홈페이지 www.hs-seed.com

모든 것이 빈 들녘으로 돌아간 계절, 고요한 풍경 속에서 '1년이 훌쩍 갔구나' 하는 생각을 머릿속으로 되뇌이고 있는 요즘입니다. 지난 2월, 홍동밝달도서관에서 오픈식을 열고 난 이후, 갓골생태농업연구소 2층 사무실에 자리를 잡고 논과 밭에서 씨앗 농사를 지으면서 계절별로 씨앗 나눔과 워크숍들을 진행해왔지요. 느릿느릿한 걸음마를 떼는 아이처럼 어려움도 많고 부족함도 많았던 한해살이였지만, 따스한 눈길과 마음 덕분에 감사히 1년을 보낼 수 있었습니다. 한 해의 마무리를 앞두고 안녕을 고하며 '씨앗으로 지은 밥상'에 여러분을 초대합니다. 밥상에 둘러앉아 두런두런 이야기들을 나누고 머물다 가셨으면 좋겠습니다.

❶ 홍성씨앗도서관의 한해살이
지난 1년을 돌아보며 한 해 동안의 활동과 소식을 전하고, 다음 해를 위해 힘차게 기지개를 펼쳐보려고 합니다.

❷ 토종쌀 미식회
농사지었다고 하기에는 서투른 솜씨지만, 가을걷이까지 무사히 마친 토종볍씨로 무엇을 하면 좋을까 고민을 하다가 '밥을 지어 함께 나누어 먹으면 좋겠다'는 생각이 들었습니다. 많은 분들과 토종쌀로 지은 구수한 밥맛을 오롯이 느끼면서 올 한 해 첫 농사의 기쁨을 나누고 싶었습니다. 그래서 토종쌀 미식회를 열고, 한 그릇에 담긴 따뜻한 밥을 나누어 먹으며 토종쌀에 대해 이야기를 나누고자 합니다. 저마다 다른 모양과 색깔을 가진 토종쌀의 맛을 기대해주세요!

❸ 씨앗 나눔
할머니 농부님들은 씨앗이 부족하면, 담벼락 너머 옆집에서 씨앗을 빌려 농사를 짓는다고 합니다. 홍성씨앗도서관 또한 사람들이 서로 씨앗을 나누고 소통할 수 있는 창이 되었으면 해요. 혹시 집에 가지고 있는 숨은 씨앗들이 있으시다면, 서로의 씨앗 보따리를 풀어보아요! 나누고 싶은 씨앗 보따리와 씨앗의 역사, 재배방법, 먹는 방법을 함께 적어서 가져오시면 됩니다.

* 따뜻한 차와 다과도 준비되어 있습니다.

씨앗으로 지은 밥상 프로그램

토종쌀
미식 米食회

토종쌀미식회
이용설명서

01 토종쌀과 이용, 특징들이 적힌 종이를 꼼꼼히 읽는다.

02 숟가락을 들고 토종쌀을 맛있게 냠냠 먹는다.

03 가장 기억에 남았던 토종쌀을 선택해 투표한다. (중복 2개 선택 가능)

올해 초, 경기도에서 토종벼 농사를 짓는 농부님에게 토종볍씨 11종을 기증받았습니다. 작은 밭을 시작으로 천천히 씨앗 받는 채종포의 영역을 늘려갈 생각이었는데, 처음 보는 토종볍씨들이 신기하기도 하고 귀한 씨앗을 심지 않고 이대로 묵혀 두기에는 너무 아까워서 갓골에 있는 작은 논을 빌려 덜럭 심어버리고야 말았습니다.

고작 한 줌이었던 씨앗들은 서투른 손길에도 바람과 햇빛을 닮아가며 묵묵히 잘 자랐습니다. 초록빛 논 한 가운데에서 다양한 색으로 빛을 내는 토종벼들은 그저 바라보고만 있어도 아름다웠습니다. 새끼손톱만한 벼꽃이 진 자리에 다시 새로운 꽃을 틔워내며 내어준 것이 없는 손에게 더 많은 씨앗으로 돌아왔습니다.

이듬해 농사짓기 위한 씨앗은 따로 베어두고, 남은 볍씨로 무엇을 하면 좋을까 고민하다가 '밥을 지어 함께 나누어 먹으면 좋겠다'는 생각이 들었습니다. 적은 양이지만, 한 숟가락 두 숟가락 토종쌀로 지은 구수한 밥맛을 오롯이 느끼면서 올 한 해 첫 농사의 기쁨을 나누고 싶었습니다. 또, 앞으로 홍성씨앗도서관에서는 11종의 볍씨를 꾸준히 농사짓고 씨앗을 불려서 농사짓는 이들에게 볍씨 나눔을 할 예정입니다. 토종쌀을 함께 맛보며 지역 기후에 맞고 맛있는 토종쌀을 기록해서 다시 토종볍씨가 땅에 뿌리내릴 수 있도록 하려고 합니다. 그래서 토종쌀 미식회를 열고, 한 그릇에 담긴 따뜻한 밥을 나누어 먹으며 토종쌀에 대해 이야기를 나누고자 합니다. 이번 토종쌀미식회에서 소개될 벼는 자광도, 자차나, 아가벼, 흑경 총 4종류입니다!

씨앗을 교육하는 일

3장

씨앗 도서관에서는 씨앗 받는 방법뿐만 아니라 씨앗을 통해 배운 자연의 신비함과 생명의 소중함을 함께 교육한다. 지역의 아이들과 사람들, 씨앗 도서관을 함께 만들어가는 이들과 더불어 경험하고 공부한 내용을 소식지, 출판, 강의, 워크숍 등 다양한 형태로 나누고 있다. 그동안 대물림되어 내려온 씨앗을 이제는 아이들에게 하나씩 하나씩 되새기면서 교육하는 일이 곧 우리가 해야 할 일이 아닌가 하는 생각이 든다.

채종 워크숍

2015년 채종 워크숍

홍성 씨앗 도서관에서는 2015년에 총 세 번의 채종 워크숍을 진행했다. 채종 워크숍은 미리 날짜와 장소, 채종하는 작물을 정해 회원들에게 공지한 후 진행했는데, 많은 회원들이 직접 채종해본 경험이 없었기에 모임에 모두 열심히 임했다. 덕분에 모임의 분위기가 좋았으며 교사와 교육 내용에 대한 호응도 아주 좋았다. 아래 표는 3회에 걸쳐 진행된 채종 워크숍의 일자와 작물 콘텐츠이다.

	날짜	작물
1회	6월 17일	무, 시금치, 배추 등
2회	8월 8일	토마토, 가지, 파프리카, 수박, 참외 등
3회	11월 5일	호박, 콩, 벼 등

채종 내용 갈무리를 어떻게 할까?

씨앗 도서관을 준비하던 초기에는 간단하게나마 채종과 관련된 책자를 만들어 회원들에게 나누어 줄 계획이었으나 실행에 옮기지는 못했다. 그나마 채종 워크숍을 진행함으로써 채종이라는 특별한 경험을 통해 회원들과 만날 수 있었다. 회차를 더해가면서 간단하게나마 유인물을 만들기도 했는데, 이러한 경험을 살려 추후에는 간단한 책자를 만들어볼 계획이다. 최소한 분기별로 작업을 진행하고, 실습도 꾸준히 병행하는 방안을 생각하고 있다.

풀무농업고등기술학교
4H 학습활동

'우리 씨앗 지킴이'

'우리 씨앗 지킴이'는 풀무학교 고등부 내에 있는 씨앗 동아리다. 이 동아리의 회원은 여섯 명에서 아홉 명 정도로 탄력적이다. 씨앗 도서관에서는 이들과 1년 계획을 세워 정기적으로 '우리 씨앗 지킴이'라는 이름 아래 프로그램을 진행하였다. 진행 담당자는 씨앗 도서관 운영위원인 한동혁과 김시용이다.

먼저 작물은 고추와 토마토로 정하여 싹이 나는 것부터 본잎이 나고 자라 씨앗을 맺고 그것을 채종하기까지 전 과정을 진행하고 내용을 취재하고 기록했다. 또한 이 프로그램은 학생 4H 활동으로 진행해서 충청남도 학교 4H 활동 경연대회에서 과제 활동 특별상을 받았다.

4H 학습활동

일정	항목	세부 내용
4월 2일	교육내용	일정 소개 및 작물 관찰법 익히기
4월 4일		관찰 내용 확인 및 문헌 정보 찾기
5월 2일		관찰 내용 확인 및 번식 시험
5월 4일		관찰 내용 확인 및 작물 관리법 익히기
6월 2일		농민에게 배우는 씨앗농사 및 인터뷰(금창영)
6월 4일		씨드림 씨앗 도서관 견학
7월 2일		홍성 씨앗 도서관 채종 워크숍 참가
9월 2일		홍성군 4H 대회 전시 준비
9월 4일	전시준비	홍성군 4H 대회 전시 준비
10월 2일		홍성군 4H 대회 전시 준비
10월 4일	전시참가	홍성군 4H 대회 참가, 충남 4H 대회 참가

장곡지역아동센터 아이들과
함께하는 방과 후 활동 '씨앗 학교'

방과 후 활동 '씨앗 학교'

프로그램명

씨앗학교

교육 목표

내가 먹고 있는 먹을거리, 딛고 있는 땅, 살고 있는 곳의 가장 뿌리가 되는 '씨앗'을 함께 알아가고, 공부한다. 왜 씨앗을 지켜야 하는지 실제로 농사와 다양한 활동을 통해 몸으로 직접 경험한다.

'씨앗 학교' 활동 내용

문수영, 전봄이(홍성씨앗도서관 일꾼)

차시	교육 주제	교육 목표	교육 내용
1	첫 수업 (3/16)	오리엔테이션	– 인사하기 – 다양한 씨앗 이름 맞추기 – 텃밭지도 그리기
2	씨앗마실 (3/23)	토종씨앗 수집하기	토종씨앗을 찾으러 마을여행 하기 씨앗농부님들과 이야기 나누기 얻은 씨앗 정리하고 병에 보관하기 소감 나누기
3	텃밭활동 (3/30)	마당놀이	낙엽 쓸고 부엽토 모으기 나무 전지하기 전지한 나무로 완두콩 지주 세우기
4	텃밭활동 (4/6)	봄씨앗 뿌리기	봄씨앗 모종내기 물감으로 텃밭 이름표 만들기
5	요리활동 (4/13)	봄나물로 음식하기	쑥을 캐서 쑥버무리 만들기 민들레, 광대나물로 화전 만들기
6	놀이활동 (4/20)	씨앗의 구조와 생김새 관찰하기	씨앗을 가르기 씨앗의 생김새 관찰하기 그림 그려보기
7	텃밭활동 (4/27)	텃밭 만들기	거름내기 삽으로 뒤집고 레이크질 해주기 옥수수 씨앗 심고 낙엽 덮어주기 완두콩 끈 둘러주기
8	놀이활동 (4/30)	지렁이집 만들기	지렁이의 좋은 점 소개하기 돋보기로 지렁이 관찰해보기 지렁이집 만들기
9	텃밭활동 (5/4)	모종 옮겨심기	모종 옮겨심기 낙엽으로 덮어주기 물 듬뿍 주기 이름표 꽂아주기
10	놀이활동 (5/11)	씨앗폭탄 만들기	진흙으로 반죽하기 꽃씨 넣고 경단 만들기 화단에 던져보기

차시	교육 주제	교육 목표	교육 내용
11	봄나들이 (5/18)	마을농장 견학하기	누에농장 견학하기
12	모둠활동 (5/25)	꽃잎으로 물들이기	나무와 들에서 꽃잎 줍기 종이나 천에 꽃잎으로 물들이기 아카시아꽃 튀겨 먹기
13	텃밭활동 (6/1)	텃밭 돌보기	지주 세우기 나뭇가지, 돌을 이용해 텃밭 꾸미기
14	모둠활동 (6/8)	첫 수확하기	첫 수확하는 날 완두콩 쪄먹기 완두콩알로 과녁 맞추기 게임하기
15	텃밭활동 (6/15)	가을씨앗 뿌리기	가을씨앗 뿌리기 완두콩 채종하기
16	여름나들이 (6/22)	오디 따는 날	우리 동네길 걸어보기 뽕나무 관찰하기 오디 맛있게 따먹기
17	텃밭활동 (6/29)	텃밭 돌보기	곁순 따주기 김매기 메리골드, 캐모마일 꽃 따서 말리기
18	놀이활동 (7/6)	향주머니 만들기	말렸던 꽃으로 향주머니 만들기 꽃차 마시기
19	텃밭활동 (7/13)	텃밭 돌보기	곁순 따주기 김매기 옥수수를 수확해서 그늘이나 처마 밑에 걸어두기
20	중간 갈무리 (7/20)	1학기 활동 정리	텃밭에서 키운 채소로 떠먹는 피자 만들어 먹기 1학기 활동일지 나누기 수업 소감 나누기
21	텃밭활동 (8/24)	텃밭 돌보기	텃밭 둘러보기 필요한 일 나누기 텃밭 관리하기 씨앗 채종하기

차시	교육 주제	교육 목표	교육 내용
22	모둠활동 (8/31)	옥수수를 이용한 음식, 놀이 즐기기	옥수수 씨앗 받기 옥수수 팝콘 만들어 먹기 옥수수인형 만들기
23	텃밭활동 (9/7)	텃밭 돌보기	김매기 씨앗 채종하기
24	작은나들이 (9/13)	숲에서 언덕에서 나만의 씨앗 찾기	숲에서 야생씨앗 수집하기 각자 수집한 씨앗 관찰하기 * 시간이 되면 씨앗으로 악기 만들기
25	놀이활동 (9/21)	리스 만들기	자연물, 씨앗으로 리스 만들기
26	가을나들이 (9/28)	가을나들이	* 후보지를 추천받고 싶어요.
27	텃밭활동 (10/12)	마지막 텃밭 돌보기	텃밭 정리하기 내년에 심을 씨앗 보관하기
28	마지막 갈무리 (10/19)	1년 수업 정리하기	1년 활동일지 나누기 수업 소감 나누기

토종무 씨앗 뿌리기

옥수수와 땅콩 심기

감자 캐기

쥐이빨옥수수로 팝콘 만들기

쥐이빨옥수수로 만든 팝콘을 먹는 아이들

홍성군 내 어린이집
씨앗 교육 프로그램 진행

씨앗이 자라면 어떤 작물이 될까?

수업 일정

5월 이후, 씨앗을 뿌리고 어느 정도 작물이 자랐을 때

준비물

채반, 씨앗

우리가 먹는 음식의 씨앗은 어떻게 생겼는지 눈으로 관찰하고 만져보고 냄새를 맡아본다. 뾰족뾰족한 씨앗, 둥글둥글한 씨앗, 후 불면 날아가는 씨앗, 매운 냄새가 나는 씨앗도 있다. 그리고 텃밭 안에서 씨앗이 자라면 어떤 작물이 되는지 찾아본다. 시간 여유가 되면 숲에서 야생씨앗을 찾아 주워보는 것도 좋다.

씨앗폭탄 만들어서 빈터에 뿌리기

수업 일정

씨앗을 뿌릴 수 있는 때라면 언제나

준비물

커다란 대야, 흙, 퇴비, 물, 씨앗

씨앗폭탄은 게릴라 가드닝 활동의 일환으로 공공장소를 녹색으로 바꾸는 아이디어다. 흙과 퇴비, 물을 섞어 진흙 반죽을 만들고 그 안에 씨앗을 넣어 경단 모양으로 만들어준다. 아무것도 심지 않은 빈 땅이나 자투리땅에 씨앗폭탄을 던져 씨앗을 퍼뜨린다.

빨대씨앗총 쏘기(가능하면 완두콩도 쪄서 먹어보기)

수업 일정

완두콩을 수확하는 봄/팥, 녹두, 동부 등을 수확하는 가을

준비물

완두콩(가을에는 동부, 팥 등), 찰흙, 빨대, 과녁으로 쓸 둥근 판, 분무기

완두콩이 열리는 시기에 할 수 있는 놀이 중 하나다. 본인이 직접 만든 빨대총에 완두콩을 넣고 입으로 불어서 과녁을 맞히는 놀이

다. 가을에는 팥, 녹두, 동부 등을 이용해서 할 수 있다.

수확한 씨앗으로 다발 만들기/씨앗빗자루 만들기

수업 일정

가을

준비물

밀대, 보리대, 수수대 등, 나뭇잎, 야생씨앗 등

텃밭에서 수확한 밀대, 보릿대와 숲에서 주운 나뭇잎, 씨앗을 엮
어서 씨앗다발을 만들거나 수숫대를 이용해서 작은 빗자루를 만
들어본다.

씨앗을 기록하는 일

4장

씨앗 도서관을 열면서 가장 중요하게 여겼던 부분 중의 하나가 바로 '기록'이다. 씨앗 도서관에서 하는 일이 어느 것 하나 중요하지 않은 게 없지만 그중에서도 나는 기록이 가장 중요하다고 판단했다. 기록은 곧 우리의 힘이라고 믿었기 때문이다.

씨앗을 기록하자

농사 기록이 아쉽다

언제부턴가 '농사는 공부를 못 하거나 돈이 없는 사람이 하는 일'이 되어버렸다. 그래서 어른들은 자식들을 서울로 보내고, 행여 자식 중의 누군가가 농사일을 도울라 치면 "너는 들어가서 공부나 해라" 하며 호통을 치곤 하셨다. 농사가 곧 가족을 부양하는 근간이었지만 어른들은 자식에게 만큼은 그 일을 물려주고 싶어 하지 않으셨다. 아마도 농사일의 '고됨'이 이유였을 것이다.

그 뿐인가? 근현대로 접어들면서 사회 전반에 몰아닥친 산업화의 광풍은 '농자천하지대본(農者天下之大本)'이라는 지고의 가치를 요즘 말로 하자면 '꼰대의 타령'으로 전락시켰다. 그런 마당에 농사법이나 씨앗을 받아서 쓰는 법은 언감생심일 터다. 이에 비하면 조선 후기 실학자들이 남긴 농업관련 연구 서적들은 얼마나 귀한 것인가?

전통 단절을 극복하는 길

무엇보다 답답했던 것은 씨앗 받는 방법을 알아보고 싶은데 우리나라엔 자료가 거의 없는 탓에 일일이 외국 책을 찾아 번역하면서 참고했던 일이다. 옛날 어른들은 글도 잘 모르는 시대에 태어났으니 당연한 일일 수 있지만 지금은 거의 대부분의 사람들이 글을 쓸 줄 알고 있음에도 농사에 관련된 글이나 책은 실제로 많지 않다. 특히 시어머니에게서 며느리로, 친정어머니에게서 딸에게로 전해 내려오던 씨앗 받는 방법이 사라지고 말 위기에 놓여 있다는 점은 매우 안타깝다.

이런 이유로 우리는 '씨앗 마실'을 기획했다. 할머니들이 돌아가시기 전에 하루라도 빨리 씨앗 받는 방법과 씨앗의 역사를 전해 듣고 이를 기록으로 남겨야겠다고 판단했기 때문이다. 그래서 우리는 기록하는 일에 최선을 다하기로 마음을 모았다. 시대에 적응하며 생존을 이어오느라 자칫하면 잃을 뻔했던 우리 부모님의 역사와 씨앗의 역사를 기록하며 우리 아이들의 지속가능한 미래를 꿈꾸고 싶다.

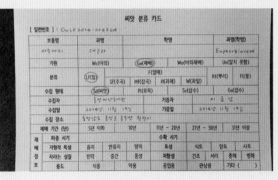

씨앗 분류 카드

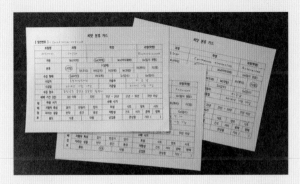

다양한 씨앗 분류 카드

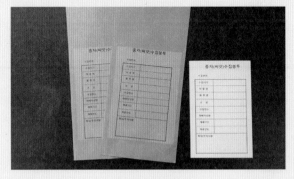

씨앗 수집 봉투

씨앗 수집 기록 야장

(가)우리 마을 씨앗 도서관 네트워크

수집일													
수집자													
주소													
식물이름					고유번호								
재배력	재배한 기간 및 년도												
	수집 경로												
	이전 사람이 재배한 기간 및 년도												
	씨앗에서 나온 모종수												
식물 설명	식재시기(월)												
	1	2	3	4	5	6	7	8	9	10	11	12	
	열매 맺는 시기(월)												
	1	2	3	4	5	6	7	8	9	10	11	12	
	수확기												
	1	2	3	4	5	6	7	8	9	10	11	12	
	열매 맺기 까지 걸리는 기간												
	1	2	3	4	5	6	7	8	9	10	11	12	
	식물이용												
	허브		채소		꽃		사료		섬유				
	교목		관목		덩굴식물		지면피복		기타				
	번식방법												
	씨앗		삽목		구근		괴경		기타				
성질 및 성과	자라는 성질												
	빈약			중간			풍성						
	수확량												
	적음		보통		좋음		매우좋음						
재배 조건	토양최대온도												
맛과 이용	맛설명												
	요리 이용												
	생것		굽기		튀김		장아찌		찜		건조물		
	기타												
저항성	건조		서리		충해		병해						
	자세한 설명												

씨앗 정보 기록

씨앗기록장

		수집일	
		고유번호	
과명		식물동정	
속명			
종속명		재배변종명	
보통명			

씨앗(세부내용)

수집자			
수집일		날씨	
씨앗무게	한묶음: (g)	씨앗개수(1g)	
씨앗상태		해충의 포식자	
수집방법			
건조기간			
씨앗정선			
저장법			

씨앗을 찾아서

5장

씨앗 도서관에서는 겨울마다 지역 농민들이 오랫동안 농사 지어온 씨앗을 만나러 다녔다. 씨앗 도서관에서 나눌 씨앗도, 그 씨앗에 담긴 농부의 시간과 이야기도 함께 수집했다. 우리는 이 일을 '씨앗 마실'이라 이름 붙였고 지금도 지속해 오고 있다. 씨앗 마실을 통해 느낀 점이 있다면 역사는 씨앗과 함께 지금도 나의 식탁에 올라오고 있다는 것이다.

'씨앗 마실' 가는 길

마실의 추억

어릴 적에 나는 이웃집으로 마실 다니는 걸 좋아했다. 여섯 가구가 모여 사는 우리 동네에선 누구네 집 장독대에 엿단지가 어디 있는지, 언제 가면 어떤 간식을 먹을 수 있는지 다 알고 있을 만큼 서로의 사정을 훤히 파악하고 있었다.

우리 집과 담을 같이 썼던 미연 언니네는 할머니가 꽃을 좋아해서 뒷마당까지 온통 꽃이 만발했다. 과수원 아래에 사는 선자 언니네는 딸들이 많아 방마다 예쁜 옷과 액세서리가 다양했기에 구경하는 재미가 쏠쏠했다. 그리고 저수지가 내려다보이는 경호 오빠네는 집 아래 둑에 앵두나 보리수 같은 과일 나무가 많아서 그 집 앞을 지날 때면 괜스레 기분이 좋아지곤 했다. 그리고 우리 집 옆에 흐르는 도랑을 건너면 나오는 호준 아저씨 집엔 큰 감나무랑 애기사과나무가 있었다. 가을이면 우리 집 쪽으로 떨어지는 감이랑 손만 뻗으면 닿는 애기사과를 따 먹을 수 있었다. 그러나 뭐니 뭐니 해도 동네 아이들에게 가장 선망의 대상이었던 곳은 역시 과수원집이었다.

우리 집 바로 위로 철조망이 지나갔다. 그리고 봄, 여름, 가을, 겨울… 계절이 바뀔 때마다 멋진 풍경이 연출되었다. 우리에게 가장 멋진 계절은 가을이었다. 사과가 익어갈 무렵이면 밤낮을 가리지 않고 사과를 따 먹으러 다녔는데, 사과 서리는 우리 동네 아이들뿐만 아니라 이웃동네 아이들에게도 큰 즐거움이었다. 마땅한 장난감이나 맛있는 간식거리가 없던 시골 아이들에게 가장 큰 낙은 윗집, 아랫집, 혹은 옆집으로 마실을 가는 것이었다. 마실을 가면 하다못해 누룽지라도 간식으로 내주는 이웃이 있었다. 그야말로 사람 사이의 정이 따뜻했던 시기였다.

나는 '씨앗 마실'을 기획하며 은근히 '그때만큼은 아니더라도…' 하는 기대를 품었다. 그래서 씨앗을 찾아 이리저리 다니며 인터뷰를 진행하는 일에 서슴없이 '씨앗 마실'을 붙였는지도 모른다. 어릴 적만큼은 아니겠지만 이름 자체만으로도 설렘이 느껴져서 좋았다.

취재원은 어디에 있을까?

씨앗 마실을 나가기 전에 우선 홍동면 지도를 확대해서 인쇄하고, 마을별로 어떤 특징이 있는지 알아보았다. 그리고 지역에서 오랫동안 지내신 주변 분들께 도움을 요청했다. 마을마다 농사를 꼼꼼하게 잘 지으시기로 소문난 분들을 추천 받고 위치와 연락처를 받았다. 그리고 찾아뵙기 전에 먼저 전화를 드려서 여유가 되시는 날을 잡았다. 물론 처음에는 사양하는 분들이 더 많았다. 하지만 취지를 찬찬히 말씀드리니 대부분의 할머니들께서 "우선 와보라"며 허락하셨다.

대략의 집 위치를 파악한 후에 주소와 연락처만 가지고 할머니들을 만나러 찾아 나섰다. 인터뷰할 사람이랑 기록할 사람, 녹취와 동영상을 찍을 사람 등으로 역할을 나누었는데 지역 분들 가운데 씨앗 마실에 관심을 가진 분들까지 합하면 한 번에 대개 5~6명이 움직이는 꼴이었다.

처음 씨앗 마실을 시작한 해에는 9월 중순부터 마실을 나갔다. 9월이면 홍동면 일대의 논들이 황금빛으로 물든다. 농사일로 바쁜 농부들의 일손이 잠시 쉬어가는 달이기도 하다. 땀으로 먹을 감던 콩밭 김매기가 끝나고, 가을 작물도 어느 정도 뿌리를 내릴 즈음이어서 9월의 농촌 풍경에는 농부들의 모습이 거의 보이지 않는다.

너른 들판을 지나면 마을이 가까워진다. 마을 입구마다 세워놓은 표지판을 따라 들어서면 새로운 광경이 눈앞에 펼쳐진다. 경운기나 트럭이 겨우 지나갈 수 있을 정도의 좁다란 길이 고불고불 이어지고, 허름한 창고를 사이에 두고 너른 마당이 있는 농가들이 저만치 안쪽에 자리 잡은 모습이 눈에 들어온다. 아이들이 뛰어놀던 마당은 이제 작물을 털거나 널어놓는 곳이 되었고, 창고와 집 사이에 자그맣게 서 있는 하우스는 비를 피해 말리고 있는 종자용 씨앗들과 나물들로 가득하다.

언뜻 보면 좁지만, 결코 좁지 않은 농가의 넉넉함이 나이 마흔을 넘긴 어설픈 농부의 눈에 들어온다. 차를 타고 지나치며 무심코 '지저분하다'고 생각했던 농가의 모습이 실제로 가까이 다가서서 보면 손때 묻은 흔적이 역력하다. 시간의 손때를 지저분함으로 오해하는 것이 비단 나이 탓일까?

시골의 농가는 알차다. 헛되이 박아 놓은 못이 없고, 불필요하게 서 있는 기둥 하나 없으며, 과하게 사들인 농기구 하나 찾을 수 없다. 잘 쓰지 않는 가방, 몇 번 입을까 말까 한 옷으로 가득 찬 이 시대 우리들의 방과 그 모습이 다르다. 닳고 닳아 해진 호미 자루, 땅을 뒤집고 퇴비를 나르느라 무뎌진 쇠스랑이 가지런히 걸려 있는 창고를 보면서 마음 한구석이 아렸다. 이 땅을 지켜온 우리 엄마, 아빠, 할머니, 할아버지의 안부를 다시 묻고 싶어졌다.

그리운 고향길을 걷다

소리 없이 기울고 있는 담벼락 아래로 국화꽃을 활짝 피우기 위해 노랗고 하얀 꽃망울이 소복하게 올라와 있는 집. 씨앗을 맺고 고개 숙인 해바라기 머리 위로 홍시랑 단감이 파란 하늘을 배경으로 선명하고 먹음직스럽게 익어가는 풍경. 손만 뻗으면 닿을 듯해 서리하기에 딱 좋아 보이는, 연한 초록 잎들 사이로 익어가는 갈색 대추.

우리가 마실을 나선 집에는 적어도 사오십 년 되어 보이는 감나무와 대추나무들이 대개 한두 그루쯤 있었다. 주인장들은 누군가를 생각하며 그 나무들을 심었을 것이다. 그 고마운 마음들이 이제 씨앗 마실에 나선 우리에게 귀한 간식으로 돌아오는 셈이다.

봄이면 개나리꽃이 마을을 밝히고, 여름이면 밥이 되고 살이 되는 하얀 벼꽃이 마을을 밝히고, 가을이면 국화꽃 향기와 잘 익은 감이랑 대추가 마을을 밝히는 곳. 씨앗 마실을 다니며 우리는 새삼 그리운 고향길을 다시 한 번 걸었다.

씨앗을 지키는 사람들

씨앗 도서관이 뭐랴?

"계세요? 누구 안 계세요!"

"누구여, 누가 왔댜?"

"안녕하세요, 할머니. 저희는 홍동면에 있는 씨앗 도서관에서 나왔어요."

"뭐라고, 씨앗 도서관이 뭐랴?"

"네, 할머니. 우리가 잘 아는 도서관에서는 가서 책을 보기도 하고, 책을 빌리기도 하잖아요. 씨앗 도서관은 책 대신 씨앗을 빌려주는 곳이에요."

"그려? 그런데 그걸로 뭐 할라고?"

"저희가 농사 공부를 하다 보니 씨앗이 얼마나 중요한지 알게 되었어요. 옛날에는 씨앗을 다 받아서 썼는데, 지금은 종묘상에 가서 사다 쓰잖아요. 근데 씨앗이 너무 바싸기도 하고, 사다 심은 채소에서 다시 씨를 받아서 심으니까 똑같은 채소를 수확하기가 어렵더라고요. 그리고 지금 시중에서 사다 쓰는 씨앗에는 벌레 먹지 말라고 뿌린 살충제도 묻어 있어요. 게다가 유전자를 조작해서 만든 씨앗들이 많아져서 사람들 건강을 해치고 있고요. 그래서 저희가 씨앗을 지켜야겠다고 생각했어요. 그러다 보니 우선 토종씨앗을 모아야 하는데 어떻게 하면 좋을까 생각하다가 마을마다 다니며 할머니들을 만나서 씨앗도 조금 얻고 씨앗에 얽힌 이야기들도 들어야겠다고 생각했답니다. 할머님들께서 살아오신 이야기들도 기록으로 남겨서 우리 아이들에게 남겨주고 싶었어요."

"그려, 좋은 일 하는구면. 그럼 씨앗을 달란 말인가? 어떤 것을 주면 되는디? 그러지 말고 일단 들어와. 바깥은 추우니께 얼른 들어와서 얘기들혀."

할머니와의 이야기는 이렇게 시작되었다.

오이 맛을 오이 맛이라 하지 뭐라 하겠습니까?

어느 마을을 가든, 어느 분을 만나든, 대부분의 할머니들은 우리를 손자처럼 여기신다. 일단 들어오라 하시고, 이것저것 간식거리를 내오신다. 당신들 간식을 아낌없이 내어주신다.

씨앗 마실을 처음 나갔던 2014년 9월. 문당리 마을의 이정재 할머니는 토종 오이를 쓱쓱 깎아서 우리에게 맛보게 해주셨다. 시집왔을 때부터 시어머니가 키우고 계셨다는 오이씨를 건네주시면서 수돗가 큰 대야에 한가득 담아두었던 채소들 속에서 커다란 오이 두 개를 꺼내서 뚝뚝 잘라주신다. 토종 오이 맛이 어떠냐는 질문에 즉석에서 몸으로 대답하신 것이다. 정말이지 순식간의 일이었다. 고향을 지키며 이 땅을 지켜온 우리 할머니, 어머니들의 꾸밈없는 정이 풋풋하게 느껴지던 순간이었다.

토종 오이 맛은 그동안 우리가 먹어오던 것과 전혀 달랐다. 시원하고, 아삭하고, 그리 달지 않은, 말로는 뭐라 표현할 수 없는 '오이 맛'이 났다. 대부분의 사람들도 씨앗 도서관으로 오이 씨앗을 빌리러 오면 우리처럼 그렇게 묻는다. "이 씨앗, 오이 맛은 어때요?" 그럼 우리는 이렇게 대답한다. "진짜 오이 맛이 나요." 그러면 다들 "그러니까 그 진짜 오이 맛이 어떤 맛이냐고요?" 하고 묻는다. 하지만 그건 먹어본 사람만 알 수 있기 때문에 뭐라고 더 이상 표현하기가 어렵다. 아마 할머니들도 우리 질문에 표현할 길을 찾다가 오이를 뚝 잘라서 먹어보라고 준 것일 터다. 그 마음이 백 번 천 번 이해된다.

그렇다. 우리 어머니가 그랬고, 우리 할머니가 그랬듯이 '옛날 그 맛'을 잊지 못하여 시집올 때 가져온 씨앗을 60년이 넘는 그 긴 세월 동안 키워온 것이다. 우리들이야 토종 씨앗의 소중함을 공부를 통해 알게 되어 지키려 하지만, 어른들은 그저 그 맛이 좋아서 농사를 짓다 보니 지금까지 해온 것이다. 계산하지 않고 이어져온 고향의 맛이 지금의 우리를 있게 한 것은 아닐까?

우리는 흔히 "먹는 것이 우리 몸을 만들고, 우리가 먹는 것이 정신세계를 지배한다"고 말한다. 우리가 힘겨운 역사 속에서 지금까지 버틸 수 있었던 힘 역시 우리 조상들이 지켜온 씨앗들이 음식이 되어 우리의 몸과 마음을 굳건히 지켜준 덕분일 것이다.

토종 씨앗은 역사다

씨앗 마실 3년째인 2016년 12월. 우리는 또 한 분의 할머니를 통해 씨앗이 지금까지 지켜질 수 있었던 배경을 알게 되었다. 홍동면 대영리 마을로 씨앗 마실을 갔을 때의 일이다. 지금은 보기 힘든 토종 콩인 '푸른콩'을 털고 계신 할머니를 만나서 어디서 얻으셨는지 여쭈었더니 옆 마을 할머니라고 하셨다.

동네 분들께 물어물어 찾아간 복채연 할머니. 80세가 넘으신 할머니는 낯선 우리들을 집 안으로 들어오라 하시곤 씨앗 얘기며, 시집오실 때 얘기, 자녀분들 얘기를 조근 조근 풀어주셨다. 그러던 중 나온 이야기에 매우 인상적인 대목이 있었다.

할머니는 시집오고 난 후 친정 올케를 통해 친정아버지께서 농사짓던 '푸른콩'을 얻으셨다고 했다. 그 콩을 50년이 넘도록 지금껏 농사짓고 계신 것이다. "어떻게 이렇게 한 해도 거르지 않고 농사를 이어오셨어요?"라는 질문에 할머님은 "친정에서 얻은 씨앗을 밑지면 친정과의 연이 끊긴다라는 말을 어디서 들어서 그러지 않으려고 지금까지 지켜온 거지"라고 대답하셨다. 어쩌면 그렇게라도 해서 고향과의 연을 놓지 않고 싶으셨던 것이리라.

위안부에 끌려가지 않으려고 열여덟 살에 시집와서 낯선 땅에서 새로운 삶을 시작해야 했던, 우리 할머니들의 애환이 씨앗 한 알 한 알 속에 고스란히 담겨 있는 것이다. 누가 그 가슴 저린 서러움을 알까. 토종 씨앗이 지켜져야 하고, 대물림되어야 하는 진짜 이유는 살충제나 GMO 문제 이전에 바로 여기에 있는 것 아닐까? 우리가 알아야 할 역사이기에 토종의 소중함을 외치는 것 아닐까?

씨앗의 조상은 어머니

노부부를 만나다

2015년 10월의 어느 날. 선배 교사의 소개로 씨앗 마실에서 낮익은 노부부를 만났다. 할머니, 할아버지라고 부르기엔 너무나 젊은 노부부였다. 아저씨는 내 아버지의 친구셨고, 아주머니는 엄마와 한 살 차이 나는 친구셨다. 동네가 가까워서 옛날부터 일도 같이 하고, 동갑내기 모임에도 같이 나가는 분들이셨다. 동네에서 딸부자로 소문이 나 있기도 하고, 금슬이 좋기로도 소문이 자자한 집안이다.

노부부의 집은 무엇보다 주변이 깔끔하고 정갈했다. 덕분에 집 앞을 오갈 때마다 한 번 더 돌아보게 되는 집이기도 하다. 그분들의 양옥집은 큰길가에 자리 잡고 있었는데 입구부터 풀 한 포기 보이지 않았다. 마당도 굴러다니는 돌멩이 하나 없이 깔끔하게 비질이 잘 되어 있었다. 마당 가장자리로는 겨우내 먹을 나물들이 널려 있고, 농사짓는 간간이 따 먹을 수 있는 복숭아나무랑, 대추나무, 감나무가 줄지어 있다.

씨앗 마실을 나가 옹기종기 모여 앉은 우리들에게 금방 찐 밤을 내어다 주며 정겹게 웃으신다. 뒷산에서 갓 따온 밤 맛이 정말 일품이다. 여러 가지 내용을 묻는 질문지를 준비해갔지만, 내어주신 간식을 먹고 대추랑 감까지 따 먹느라 시간 가는 줄 모르고 놀다 온 것 같다.

'유월태콩'의 역사

아주머니가 지켜오신 씨앗은 '유월태콩'이다. 메주콩이랑 똑같이 생기고, 메주를 쒀서 된장 담는 용도도 같은데, 봄에 씨앗을 뿌려 6월에 수확하는 메주콩이다. 6월에 뿌려서 수확하는 여느 메주콩 만 보다가 6월에 수확하는 콩이라고 하시니 신기해서 뭔가 다른 점이 있지 않을까 하고 계속 들여다보게 되는 콩이었다. 하지만 아무리 살펴봐도 차이를 잘 알 수 없었다.

아주머니께 맛의 차이가 뭐냐고 물었더니 "유월태가 더 고소하고, 수량도 많다"고 하셨다. 어디서 나셨냐고 여쭈었더니, 시집 올 때 친정어머니가 챙겨주신 것이라 하셨다. "그럼 친정어머니는 언제부터 키우셨을까요?" 하고 여쭈었더니 "울 어머니도 아마 친정어머니한테 받으셨겠지. 아니면 친정어머니도 나처럼 시집오실 때 가져오지 않았을까?"라고 대답하셨다.

그렇다면 지금 아주머니가 가지고 계신 씨앗의 역사는 도대체 얼마나 되는 걸까? 짐작을 거듭하다 보니, 우리가 건네받은 이 씨앗이 어쩌면 몇 백 년의 역사를 가진 것일 수도 있겠구나 싶었다. 아니, 몇 천 년이 되었을지도 모를 일이다. 그렇다. 그럴 수밖에 없다. 어머니의 어머니가, 그리고 그 어머니의 어머니 손을 통해 지금 우리들 손에까지 대물림된 것이다.

"아주머니, 어떻게 시집올 때 씨앗을 가져오실 생각을 하셨어요?"하고 물었더니 대답을 들려주셨다. "친정어머니가 챙겨주니까 가져왔지! 지금이야 딸 시집보내면 혼수로 텔레비전이나 냉장고 장만해주지만 옛날에는 두 짝짜리 장농에 한복 한 벌, 씨앗 보따리가 전부였어. 그걸 지게에 지고 가야 하니까 농도 크면 안 되고 문이 두 짝인 작은 농으로 충분했던 거지. 그리고 60년 전만 해도 주변이 다 농사를 지었잖아. 그러니 시집가서도 농사지으려니 하고 씨앗을 혼수로 준 거여. 지금 사람들은 이런 말 하면 잘 알아먹기나 하나? 그저 다 옛날 말이지."

아주머니 이야기를 듣는 내내 가슴이 뭉클했다. '그거면 됐는데' 하는 생각이 들어서다. 씨앗을 돈 주고 사는 시대가 되어버린 지금, 아주머니의 이야기는 사람들에게 너무나 생소할 것이다. 하지만 그렇게 몇 백 년을 지켜온 분들이 계시다는 생각을 하니 왠지 마음이 불편해졌다. 어쩌면 이 불편한 마을을 어떻게라도 하고 싶어서 나는, 그리고 우리 마을은, 씨앗 도서관을 만들었는지도 모른다. 왠지 용서를 빌어야만 할 것 같고, 앞으로 잘하겠다고 다짐해야 할 것 같은 마음 말이다.

01 운곡마을

옛날에 풍류를 즐기는 선비들이 산
세를 쫓아 찾아왔다가 한 사람 두사
람씩 주저앉아 마을이 형성되었다
고 한다.

02 창정마을

마을 앞에 내가 흐르며 마을지형이
창창한 햇빛을 이룬 마을이라 창정
이라 불렀다 한다. 신안 주씨들이 많
이 사는 마을이며, 창정 서쪽으로 자
리한 항뜸을 장승백이라 부른다.

03 상반월마을

마을지형이 반달처럼 생겼다해서
상반월, 상반리, 반월이라 부른다.

04 송품마을

옛날부터 소나무가 바람을 막아주
어 아늑한 마을이며, 송품이 농부의
풍월을 즐기게 소식을 전해주는 태
평성대의 마을이라 해서 그리 부르
기도 하며 송품에 옛 장터가 있었는
데, 8.15해방 전부터 6.25때까지
약 15년간 5일과 10일에 장이 섰
었는데, 그때는 이 장을 홍동장으로
불렀다하며 지금은 홍동면의 소재
지 마을이다.

05 상팔마을

팔괴리의 북쪽에 위치한 마을로, 한
가운데 맑은 우물이 있다하여 한우
물 마을이라고도 부른다.

06 석산마을

팔괴리 중간에 위치한 마을로, 마을
에 바위와 돌이 많아 석산이라 전
해오고 있다.

07 송정마을

팔괴리의 남쪽에 있는 마을로서 하
팔리라고도 하며, 옛날에는 소나무
숲이 우거지고 정자가 있다하여
송정이라 이름 지어 부르고 있다.

08 고요마을

북쪽으로 박석고개가 있어 박석고
개마을이라고도 부르며, 서쪽으로
는 고인돌, 괸돌마을이라 부르는데,
신석기시대 마한 때부터 사람이 살
았다고 알려져 있다.

09 동막마을

구정리의 동남쪽에 위치한 마을로,
옛날에는 지형이 금반처럼 생겨서
양지바른 곳에 자리한 마을이라 하
여 금반양이라고도 불렀다.

10 종현마을

마을 뒤에 높이 100m 되는 종현봉
이 있는데, 뒷산이 마치 종을 매달은
것같은 괘종형이라 해서 종현이라
고 부른다.

11 개월마을

종현마을 남쪽으로 달빛이 활짝 열
리듯 항상 트여있는 마을이라 개월
이라 부르는데, 옛날에는 농부들이
달맞이를 유일한 기쁨과 즐거움으
로 여기며 살아 온 마을이다.

12 세천마을

이조 때에 금정도에 딸린 역정 역함
에 마련되어 있는 정자가 있던 마을
이라 역말이라고 부르며 세천역이
라 했다.

13 중원마을

이조 때 번천면의 중앙지대였으므
로 중원이라고 불렀다하는데, 산세
가 갈라져서 아홉 골짜기가 된다하
여 아홉골이라고도 부른다.

14 모전마을

홍거미 북쪽에 옛날에 큰 띠밭이 있
었다하여 띠밭, 띠안말, 모전이라고
부른다.

15 상원마을

옛날에 세 집밖에 없다고 하여 세집
매라고 부르는 마을과 이 마을의 남
쪽으로 방축골이 있었다하여 방죽
골이라 부르는 마을이 있었다.

16 하원마을

마을지형이 커다란 거미가 기는 형
국이라 하여 홍거미 또는 홍거리라
불리우는 마을이다.

17 화신리

914년 행정구역 개혁 때에 여러 마
을을 병합했는데, 그 중 화동과 신리
의 이름을 따서 화신리라 하였다.

18 문산마을

문산은 문산정, 서근터, 가곡, 원당
으로 나누어 부르며 원댕이 서쪽으
로 옛날에는 큰 정자가 있다하여
문산정이라 하며, 옛날부터 학문이
높은 곳으로 전해 내려오고 있다.

19 동곡마을

원댕이 동쪽으로 자리한 마을이라
동곡이라 부르며, 뒤로는 오봉산이
있어 인재가 많이 나는 마을이다.

05 상팔마을
06 석산(
팔괘리
07 송정마을
08 고요마
홍동중학교
구정리
04 송품마을
홍동초등학교
02 창정마을
10 종현마을
12 세천마을
월현리
01 운곡마을
원천리
11 개월마을
운월리 03 상반월마을
21
13 중원마을
14 모전마을
홍원리
16 하원마을
17 화신리
화신리
15 상원마을

33 만경마을

신기리 남서쪽으로 만경산이 있어서 만경마을이라고 한다. 마을 북쪽으로는 빼뿌 홍양 저수지가 있어 사계절을 막론하고 강태공들이 많이 찾아오는 마을이다.

32 신촌마을

홍성에서 청양가는 국도와 광천에서 금마로 가는 사거리 위쪽으로 사고개서낭당이 있었으며, 사고개 또는 사거리라고 하는데, 네 곳으로 가는 고개가 있는 마을로서 신촌이라 부른다.

31 반교마을

신기리의 동쪽에 있는 마을로서 밴다리, 독다리, 장촌마을을 합쳐 반교라고 한다. 남쪽으로는 잿소실이라는 마을이 있는데, 옛날에 종이를 만드는 지소가 있었던 곳으로 잿소실, 조실, 장촌마을이라고도 한다.

28 수란마을

수란마을은 구억말, 안말, 나무절로도 불리우고 있으며, 전해내려오는 말에 의하면 나무절에는 큰 송림과 사찰이 있었다는 구전이 있다. 빼뿌 저수지 상류지로서 봄철에는 낚시꾼들이 많이 몰려들고 있다.

29 산양마을

산골마을, 울그미마을, 창마을이라고 부르며 양지편 마을이라고도 부른다. 온양 정씨가 정착하여 집성촌을 이루고 있는 마을이다.

30 왕지마을

구전에 의하면, 이태조가 등극하였을 때, 친한 친구인 오경사라는 사람의 도움이 필요하여 그의 행방을 수소문한 끝에 겨우 그가 사는 이 마을까지 내려와 자신의 일을 도와달라고 하였으나 오경사는 방안에서 얼굴도 내밀지 않고 앉아 있었는데, 이태조가 따라 온 중신을 시켜 정사에 임해줄 것을 간청하였으나 몸을 웅크리고 들어가서는 슬그머니 머리를 내밀고 개짖는 소리로 세 번 컹, 컹, 컹하고는 다시 방안으로 들어가서는 나오지를 않자 이성계가 그냥 돌아갔다는 전설이 있다. 그래서 왕이 왔다간 곳으로 왕지마을이라고 한다.

25 상하금마을

삼거리마을 동쪽으로 월운산 밑에 마을이 있는데, 상금과 하금 마을로 전해오고 있으며, 창원 유씨가 모여 살고 있다.

26 성당마을

종이를 만드는 마을이라고 해서 지곡 또는 성당이라고도 하며, 임천 조씨가 많이 살고 있으며, 홍동면 제2의 소재지 역할을 하고 있다.

27 백동마을

자라미, 범바위, 등골, 너분배, 호암마을이라고도 부르고 있다. 호암마을이라고 하는 것은 옛날에 범바위 밑에 호랑이가 새끼를 낳고 길렀다고 해서 붙여졌다고 한다.

22 학계마을

학계라는 이름은 옛날에 학이 날아와서 서식하였던 마을이라고 전하며 또한 지형이 닭을 닮았다고 해서 학계라고 부른다.

23 효동마을

청주 이씨가 오랫동안 살고 있는 마을로 효자 이장신이 태어나서 부모에게 효도한 마을이라 하여 효동이라고 부르게 되었다고 한다.

20 상하중 마을

상하중은 지장골, 검은바위, 붉은언덕 3개 마을이 합쳐 상하중이라 한다. 지장골은 지장풀이 많이 나서 그렇게 불렸으며, 검은 바위는 마을에 검은 색 큰 바위가 여러 개 있어서 흑암이라고 했다. 또 붉은 언덕은 흙빛 붉은 언덕에 자리잡은 마을이었다고 한다.

21 김애마을

김애라는 명칭은 이 마을에 사금이 많이 나왔다하여 김애라고 부르게 되었으며, 조선시대 이래로 청주 이씨가 많이 살고 있다.

이야기 출처_1994년 「홍동면지」

홍동면,
33개 마을 이야기

홍동 지도(출처: 마을활력소)

24 대영리

914년 행정구역 개편때에 대조와 영천의 이름을 따서 대영리라고 하였다. 천봉터, 숯골, 가작터, 황새울의 마을을 합하여 대영리라고 한다.

씨앗 마실 인터뷰

6장

2014년, 홍성 씨앗 도서관을 준비하면서 "씨앗에도 이야기가 있다"는 말을 듣고 지역에서 오랫동안 대물림된 씨앗을 수집하며 그 씨앗에 얽힌 이야기를 함께 기록하는 여행, 곧 '씨앗 마실'을 시작해보기로 했다. 씨앗은 농사의 시작이자 먹을거리기도 하지만, 거기에는 그 씨앗으로 농사를 짓던 농부들의 삶과 오랜 대물림의 역사가 켜켜이 담겨 있기 때문이다. 이 여행은 씨앗 도서관을 만들고 난 뒤에도 여전히 계속되고 있으며 모름지기 우리 씨앗 도서관의 가장 큰 축이 되는 중심 활동으로 자리 잡았다. 그동안 씨앗 마실을 통해 모은 귀한 이야기들을 인터뷰가 진행된 순서에 따라 소개한다. 씨앗 마실 이야기는 농부님들의 정겨운 말투를 그대로 담아내기 위해 사투리를 표준어로 고치지 않았다.

찰수수가 사람 키보다 크더라고
전정애 님의 씨앗

일시 : 2014. 9. 19(금)

장소 : 충청남도 홍성군 홍동면 운월리

수집 씨앗 : 찰수수

"그냥 갖다가 하우스에 걸어놨었어. 찾기 쉽고 쥐도 안 닿데? 망탱이에
다가 그냥 혀서 걸어놨었어. 아구리를 꼭 매놔야 혀. 꽉 안 뀌어 놓으니
까 속에 쥐가 들어갔나 다 파 먹었더라구."

풍성한 첫날 수확

씨앗 마실을 나간 첫날, 첫 번째 집에서 만난 전정애 아주머니. 학
교 옆 밭에서 늘 부지런히 일하시는 모습만 보다 직접 만나 뵙고
얘기를 나누다 보니 인상도 좋으시고 마음도 넉넉하시다. 고운 얼

굴에 비해 손마디가 굵은 아주머니를 보고 있자니 친정어머니 얼굴이 겹치며 눈시울이 젖는다. 핑크색 티셔츠가 햇빛에 비쳐 아주머니 얼굴이 화사하다. 스물네 살에 시집와서 지금껏 키우신 오이며 까만팥 그리고 지금 새롭게 받아 키우시는 찰수수까지, 아주머니 덕분에 첫날 수확이 풍성해져서 돌아올 수 있었다.

전정애 님과의 인터뷰

오도	이것, 이름이 뭐예요?
전정애	찰수수라고 하데?
오도	키는 얼마나 해요, 해보시니까? 사람 키만 해요?
전정애	사람 키보단 더 커. 요기 언덕에 있는 건디 우리네 키보단 크지. 그래서 망 씌울라믄 섰으니께.
금창영	보통 수수처럼 축축 늘어지는 건 아니고요?
전정애	잉, 그 수수는 키가 더 크구 수그러지지요. 이삭도 길구.
오도	이건 서 있어요? 다 익어도?
전정애	이건 짧어. 심구 이렇게 하는 건 편한디 수확은 어떨지 모르겠어. 어떤 게 많이 나는지. 나도 처음 해봤으니께.
오도	수확은 나봐야 알겠네요?
전정애	커 가지구 숙이는 놈은 이게 길거든, 타래가. 이건 타래가 요렇게 짝아. 그러니까 수확은 어떤 게 좋은지 모르겠어. 길은 게 많긴 많을 테지.
금창영	긴 건 관리하기가 힘들잖아요.
전정애	꺾어지구 바람에 쓰러질 염려가 많을 테죠.
금창영	주는 사람이 뭐라 하면서 줘요?
전정애	이것 좀 얻어갔음 좋겠다니께 뽑아 가시라구는 하더라구유. 그런데 같이 간 회장님이 이것두 묘 파는 거니께 많이 가져가지 말라 하더라구. 욕심에 다섯 개 가져올라고 했었는디.
오도	그래서 세 개만 가지고 오셨어요.?

전정애	예.
금창영	주는 사람이 찰수수라고 했어요?
전정애	찰수수라 해서 가져 왔어요. 안 그랬음 갖고 오지도 않지.
오도	농촌진흥청이면 기술센터네요?
전정애	잉, 농촌지도소에서 견학 갔을 때.
김시용	씨앗 받아가지고 언제 뿌리셨어요?
전정애	이거요? 그러니까… 올 5월 달에.
금창영	옮겨심기는 언제 옮기셨어요?
전정애	6월 2일에 옮겨 심었어. 6월 2일날 따서 심기 시작하구선 며칠씩 심었지.
오도	두 개씩 옮겨 심으셨어요?
전정애	두 개두 허구 하나두 허구. 근데 너무 간격을 두지 말구 요렇게 조금 가까웁게 15센티미터 정도 심으면 괜찮겠더라구. 그거는 한 줄로 올라가니까, 빤듯이. 이게 옆으로 벌어지믄 간격을 많이 줘야 하는데 좁게 해줘두 괜찮겠더라구.
오도	자르신 게 언제에요?
전정애	그저께 잘랐지. 3일 됐나? 이렇게 봐서 쪼금 불그스름한 게 띠믄 비면 돼. 보아서 익을 거 같다믄 그냥 자르는 거구.
김시용	수수 같은 경우, 기를 때 피해 받은 거 없어요? 병이라든지.
전정애	그건 못 느꼈어요. 익었을 때 새가 있어서 망을 씌워주는 거지.
금창영	사람들이 새가 논에 갈 때 맞춰서 일부러 수수를 늦게 심기도 하던데.
전정애	그건 잘 모르겠어. 그런데 대부분 지금들 다 잘랐을걸? 긴 수수보다 짧은 수수가 하기 편하긴 하잖아.
오도	수확하시면 어디다 보관 하세요?
전정애	그냥 갖다가 하우스에 걸어놨었어. 찾기 쉽고 쥐도 안 닿데? 망탱이에다가 그냥 혀서 걸어놨었어. 아구리를 꼭 매놔야 혀. 꽉 안 뀌어 놓으니까 속에 쥐가 들어갔나 다 파 먹었더라구.
오도	망을 잘 묶으란 얘기죠?
전정애	잉, 그렇지.
김시용	수확해서 어떻게 하실 거예요?
전정애	방앗간 가서 빻아갖구 먹을라 그래요.
오도	밥에 넣어 드시려고요? 엿 같은 것도 만들어 드시고 그러세요?
전정애	아녀, 밥에다 넣어서 나 먹고 싶어서 얻어온 거여요. 모를 혀서 심어볼라구.
김시용	옛날에는 밥 말고 다르게 요리해먹은 건 없어요?

전정애	애기들 돌 때나 백일 때 수수망태기라구… 수수부침개도 있구 수수떡두 있구. 옛날 쌀 적을 때 콩 넣구선 수수떡 했었지. 수수팥단지 그르케 하지.
금창영	수수가 기관지에 좋다고 조청도 하더라고.
전정애	수수엿을 보믄 그게 쌀보다 많이 헀어. 쌀이 귀하니까 옛날엔 수수로.
오도	어머니, 수수 말고 집에서 또 씨 받아뒀다가 밭에 뿌리는 게 또 있으세요?
전정애	참깨.
마을주민	완두콩도 있잖어?
전정애	완두콩은 안 받어서 해. 완두콩은 씨 사서 하구 참깨는 집에서 받어서 혀.
김시용	수박이나 참외 그런 건 안 하세요?
전정애	수박은 안 하구 참외는 심어서 먹어요. 오이하구.
금창영	참외는 노란 건가?
전정애	노란 것두 있구 사과참외 그거 두 가지. 그게 연하긴 헌디 보관이 안 돼. 연해서 금방 상하더라구. 노란 거는 한참 둬두 먹는데.
오도	오이는 노각오이 하시는구나. 오이가 길어요?
전정애	잉, 길어.
오도	저희는 안산오이란 걸 키우는데 먹을 만하면 요만해요. 맛있다고 해서 어디서 받아왔는데 어머니네 오이는 더 길어요?
전정애	우리 건 바깥에 있는데 길어.
오도	노각 되기 전에도 길어요?
전정애	본래 길으니까 노각도 길 테지. 옛날 건 노각 해두 길지가 않았는디 지금들은 요만 혀. 긍께 노각 종자도 여러 종류일 거야.
오도	오이도 전부터 계속 받아서 쓰시는 거예요? 얼마나 되셨는데요?
전정애	오래됐지, 그거야. 나 결혼한 지 42년 됐으니께.
오도	그때부터 계속 받아쓰셨어요?
전정애	그 오이지, 뭐. 다른 거 있간?
오도	진짜 오래된 건데. 이것도 밭에 있어요?
전정애	여기 따놨어. 두 가지여. 한 가진 자네가 모 준 거. 그놈은 이렇게 퉁퉁하더라.
오도	어머니 하시는 건 길다는 말씀이시죠?
전정애	길고 짧은 거 씨도 다 받아놨어. 하도 아깝길래 씨 받을려구 갖다놨지. 씨받아도 2년까지 괜찮더라구, 오이씨는. 오이씨는 그냥 종이에 싸서 방에 둬두 상관없더라구.
오도	방에 보관하시면 2년은 간단 말씀이시죠?

전정애	찾기 쉽게 하느라구 그건 아예 방에다 해놓지.
오도	씨앗 도서관 하면 아까 그거 수수하고, 시집오실 때 그 까만 팥, 그리고 시집오실 때 쓰시던 오이 이것도⋯ 조금만 저희가 한 번 심어볼게요.
전정애	오이 하나만 심으면 무쟈게 많어.
오도	이거 오이 가시가 많아요?
전정애	넝쿨에?
오도	아니, 오이에.
전정애	여기 오돌오돌한 그거? 그건 잘 몰르겠던디. 그거는 저그 오이지, 마디오이. 그게 가시가 많이 달리구.
오도	열매가 매끈하단 말씀이시죠?
전정애	그렇지, 우린 가시 안 달렸지. 가시 달리는 오이가 따로 있어.
금창영	마디오이는 씨 구하기 쉽지 않지.
오도	마디오이는 노각이 잘 안 돼요. 그냥 시퍼렇다가 씨가 잘 안 맺히고 시퍼렇다가 그냥 말아요. 노각처럼은 잘 안 되지요?
전정애	아녀, 그래두 무치니까 아삭아삭은 허데.
김시용	집에 과일나무 중에 아주 오래전부터 심었던 건 없어요?
전정애	과일나무는⋯ 감나무 하나 저거는 오래 됐겠네. 나 시집오기 전에 있었던 거. 있던 거 앞에다 캐다 심었는데 감이 올해 다 떨어지데.
김시용	단감이에요, 아니면 떨감이에요?
전정애	우려먹는 거. 가을에 우려먹는 거.
김시용	크기가⋯?
전정애	크쥬. 초가을에 막 시장에 우려 나오는 감 있잖아, 그런 감.
김시용	따로 병 같은 건 안 걸려요? 잎이 노래지거나 새까매지거나 그런 건 없어요?
전정애	그런 건 없는데 올해는 어쩐 일인지 다 떨어지데요.
김시용	나뭇잎이 나중에 단풍이 잘 들어요?
전정애	그런 거 관심 잘 안 둬유. 떨어지면 떨어지나 부다. 가을이면 그거 볼 새 없어요. 바쁘게 추수도 해야 허지만 버섯도 따야 허니까.

양파망을 씌워 새로부터 씨앗 보호하기

크기가 제각각인 조선오이

처마 밑 풍경이 인상적이다

마당 한쪽에서 쉬고 있는 장화들

콩이랑 수수랑 먹고
심재순 님의 씨앗

일시 : 2014. 9. 26(금)

장소 : 충청남도 홍성군 홍동면 문당리

수집 씨앗 : 유월태, 찰수수

"묵혀서 심으신 적 없어요. 씨앗을?"

"그렇겐 안 하지. 내년에 뒀다 심으면 씨앗이 잘못될까 이상한 생각 들고, 묵으면 안 날 수도 있고… 그래서 항상 올해 심은 건 내년에 심고."

'옛날맛'이 남아 있는 집

가을이 무르익어 가는 9월. 우리가 찾아 간 곳은 문당리에 사시는 심재순 어머니. 할머니라고 하기엔 너무 젊으시다. 작은 체구에 다부진 몸으로 늘 바지런히 움직이신다. 마당에는 풀 한 포기

자라지 않고 집주변을 둘러싸고 있는 텃밭들은 언제 보아도 깨끗하다. 학교 논이 근처에 있어서 1년이면 몇 차례씩 이 집 앞을 지나게 된다. 지나칠 때마다 너무 깨끗하고 정갈해서 어떤 분이 사시나 늘 궁금했던 차에 이렇게 씨앗 마실 팀과 함께 방문하게 되었다.

집으로 들어서는 입구에는 커다란 은행나무가 있고, 그 뒤로 감나무랑 복숭아, 자두, 대추나무 등이 딱 적당한 간격으로 서 있다. 일하다 가끔씩 따서 드시고 손자, 손녀들이 오면 간식거리로 따 줄 요량으로 심으셨다고 하신다. 시골 할머니, 할아버지 집에 오면 아이들이 얼마나 좋아할까. 생각만 해도 기분이 좋아진다. 씨앗 마실을 시작한 지 겨우 이틀째밖에 되지 않아 조금은 긴장하며 집으로 들어섰다.

심재순 님과의 인터뷰

씨앗	씨앗 도서관. 그러니까 책 빌리는 도서관이 아니라 씨앗을 빌려갔다가 키워서 그만큼 더 반납하는 거예요. 근데 이 씨앗 도서관이 저희가 왜 필요한가 하면….
심재순	어디서 생겨요? 어디다가?
오도	전공부에 올라가다 보면 연구소가 하나 있거든요. 갓골농업연구소라는 데가 있는데 그 2층에다가 만들 거예요.
심재순	아….

오도	요즘에 농촌에서 씨앗을 다 돈 주고 사잖아요. 예전에 엄마나 할머니들이 했던 씨앗이 다 사라지고 있어서 문제라는 생각에 사람들이 모여서 공부하다가, 그러면 우리 마을에서 옛날부터 어른들이 키웠던 종자를 가서 이야기도 듣고, 그걸 모아서 씨앗 도서관에서 보관도 하고, 동네사람들이 필요로 하면 빌려주자 해서 지난주부터 저희가 이렇게 마을을 돌아다니고 있어요. 전공부 학생들하고 지역 분들 중에 관심 있는 분들이 같이 모여서 연말에는 씨앗 도서관을 만들 거예요. 어머니들이 제일 먼저 추천해주신 분이 아주머니거든요. 바로 윗집이 장 선생님 댁인데 얼마나 맨날 자랑을 하시는지.
심재순	아이고, 잘하는 것도 없는데.
오도	어머니, 성함은 어떻게 되세요?
심재순	아저씨?
오도	아니요, 어머니 성함이요.
심재순	심재순.
오도	연세가 어떻게 되시는지…?
심재순	육십 하나.
오도	말씀해주셔도 되는 거죠? 시집갈 나이는 아니시죠(웃음)? 우선 어머니가 가지고 계신 씨앗이나 이런 얘기를 좀 해주시고, 그리고 씨앗을 받고 계신 거, 받아서 또 심고 하는 거 얘길 해주시면 몇 가지 질문하고….
심재순	그러면 한 가지만, 한 가지만 가져가는 건가요?
오도	주시는 대로 저흰 가져가고요, 이제 가능하면 옛날부터 어머님이 계속 받아서 심은 씨앗들을. 저는 장 선생님한테 유월태 얘길 들었거든요. 유월태가 있으실 거다 그래서.
심재순	파종했다가 거둬들였다 그거 또 심고.
오도	유월태요. 이게 어디서 나셨어요, 처음에?
심재순	처음에? 그냥 옛날에 하던 거, 그걸 그냥 계속 심는 거지.
오도	그러면 어머니 시집왔을 때 집에 있었어요, 아니면 어디서 가져오신 거예요?
심재순	그때는 시어머니나 친정엄마가 주셔가지고 그걸 계속 그냥 심는 거지.
오도	그럼 유월태는 어디서 받으셨는지 기억이 나세요? 친정인지, 시댁인지?
심재순	친정엄마한테.
오도	어디세요, 장소가? 친정이 어디세요?
심재순	여기 문당리.

오도	아, 여기서 시집오셨구나. 왜 이렇게 가까이서 오셨어요(웃음)? 문당리 동네가 여러 군데잖아요.
심재순	문당리 금곡. 운산.
오도	여기서 태어나신 거예요, 그러면? 아저씨도 여기 계시고?
김기흥	그럼 댁이 바로 여기, 어디인 거예요? 저쪽에서 저쪽으로?
심재순	원래는 결혼해서 인천서 살다가….
오도	사시다가 내려오셨구나. 그럼 이게, 그때쯤이면 몇 년 전 얘기인 거예요?
심재순	한 30~40년.
오도	40년 전에 받으신 거예요, 어머니한테?
김기흥	그러니까 고향으로 돌아오셨을 때 받으신 거예요? 그게 40년 전?
심재순	40년 전.
김기흥	그러면 스무 살 때?
오도	결혼을 언제 하신 거예요?
심재순	스무 살에 결혼을 한 건 아니고 받은 건 그때 받았어요. 동네서 그렇게 많이 받아갖고 심었어요.
오도	지금 저희 씨를 볼 순 없죠? 수확하셨으면 씨앗 좀 보여주실 수 있으세요?
심재순	얼마큼 줘요?
오도	한 주먹만 주세요(웃음).
심재순	메주콩이 유월태지.
오도	메주콩이요? 아, 저는 까만 알인 줄 알았어요.
심재순	그거는 저기 서리콩이라고, 서리태지.
오도	그러면 이걸 언제 뿌려서 언제 수확하시는 거예요?
심재순	제 파종 날짜를 대충 알려줘요?
오도	대충만, 대충 알려주세요.
심재순	이것만?
오도	우선 이것만… 어디 가세요?
심재순	적어놓은 걸 가져와야지, 이거를. 우리가 심고 허는 걸 다….
모두	어머, 어머!
심재순	그런데 이걸 다 그 날짜에 하는 건 아니고 비슷한 날짜에 한다는 얘기예요.
오도	일지를 쓰시는구나! 그럼 해마다 이렇게 하세요? 수확한 날은 없고 심는 날만 쓰셨어요?

심재순	수확하는 거는 익는 대로 하는 거지. 날씨가 좋으면 빨리 익고 안 그러면 좀 늦게 익고 하는 거니께.
이예이	그러면 옛날 것부터 다 일지가 보관이 되어 있으신 거예요?
심재순	그렇죠.
이예이	역사책이네!
심재순	옛날 거 아니라도 그냥 이렇게 신품종 나오면 그것도 좀 해서 심을 수도 있고… 일지 써놓은 걸 지금 온다 그래서 베낀 거예요.
모두	아아, 감사합니다.
심재순	이게 요 날짜, 계속 요 날짜에 하는 건 아니고 고쯤이면 된다.
오도	그러면 다른 일지도 있으시겠네, 요것만 베껴 쓰신 거면은. 그죠? 일지에는 다른 내용도 있으시겠네요?
심재순	다른 내용은 뭐, 다른 거는 있어도 요것만. 4월 5일경이면 이거 심는다 이렇게.
오도	대략 비슷하시구나.
심재순	3월 8일 날 감자 뭐 넣는다 하면은 딱 그날이 아니고 한 열흘 좀 넘어서.
오도	그 사이에.
심재순	그런데 만약 유월태콩 심은 날은 4월 18인데, 4월 18일경에 심으면 수확을 장마 오기 전에 다 해서 치워야 해. 장마 오면 다 썩으니까. 이게 맞추기가 굉장히 어려운 거여.
오도	장마 오기 전에 수확하시는 거예요? 그러면은 일반 메주콩은요? 이거를 6월에 심어서 10월에 수확하잖아요.
심재순	그런 거는 또 종자가 다르지.
오도	똑같이 생겼는데….
심재순	아니, 생김새만 똑같지. 노랗게 생긴 것만 똑같지 그건 좀 잘요.
오도	그니까 이게 좀 커요. 일반 메주콩보다 커. 용도가 어떻게 되는지 좀….
심재순	우린 이걸로 메주 쒀요. 항상 이걸로 메주 쑤고, 여름에 콩국 해먹고, 씨앗을 그냥 뒀다가 내년에 또 심고, 수확해서 먹고… 항상 이 콩으로 해요.
오도	그러면 밥에 넣어 드시고 그러시기도 해요?
심재순	밥에다 넣어 먹는 거는 좀 영글기 전에 파란 거, 꼬투리 따다가.
오도	아, 이걸 파랄 때 따서 밥에 넣어 드세요?
강혜순	익기 전에 밥 해먹으면 맛있다고요?
심재순	응.
김기흥	유월태를 몇 평이나 지으시는지….

심재순	여기다가 한 200평? 많이 심으면 이것도 골치 아파요. 보통 일이 아니여. 장마 오기 전에 다 따서 쳐야 되니께. 꼬투리를 따서 말렸다가 그냥 경운기를 밖에서 살살 왔다 갔다 하던가, 아니면 안에서 막 투드리던가.
오도	꼬투리만 따서 경운기로 살살 왔다 갔다 하신다고요? 그러시구나.
심재순	빨리빨리 가면 다 깨져요. 천천히 다녀야 돼. 그래야 안 깨지지.
오도	서양책 보면요. 외국 책 보면 트랙터나 트럭으로 살살 왔다 갔다 하라고 그렇게 나오거든요. 아직 한 번도 안 해봤는데.
심재순	좀 쉽게 하려면 그렇게도 하죠. 그런데 트랙터가 닿으면 괜찮을까.
오도	그러니까 큰 것들은 안 되죠.
심재순	안 될 것 같어. 깨져. 이것도 한 번 심어놓으면 세 번, 네 번 매야 해요. 심어만 놔서 그냥 거둬들이는 게 어디가 있나. 비 온다고, 며칟날부터 장마 온다고 그 전에 다 부지런히 따고 또 널어서… 아이고, 보통 어려운 게 아니야.
오도	메주를 만들면 어때요? 보통 메주콩이랑 두부 만들 때 느낌이 어때요? 잘돼요?
심재순	잘되지. 맛있고. 여기 회관에 두부공장 있잖아. 거기서 사서 두부 맨들고.
오도	그런데 자라는 거는 잘 자라요? 아니면 좀 약한 것 같은지… 어떤지 궁금해요, 일반 메주콩이랑 비교해서.
심재순	잘 자라고 잘 열고.
박여연	병 같은 건 안 걸려요?
심재순	안 걸려요. 병 걸리면 이게 약을 못 하니까 다 소용없죠.
오도	튼튼하니까 이제까지 해 오신 것 같은데….
심재순	여기서 나쁜 건 고르고.
오도	이게 보면 여기 약간 보라색이 있잖아요. 학교에서는 이걸 골라냈었거든요.
심재순	아니, 이게 원래 생김새가 이렇지. 하자 있어서 그런 건 아니고 원래 생김새가 이래요. 다 그런 건 아니고 이게 원래 특기요, 이 콩이.
오도	섞여 있어요?
심재순	다른 사람이 보면 이거 이상한 콩이 아닌가 싶은 생각도 드는데, 그것도 아니여.
오도	수확량은 많다는 말씀이시죠?
심재순	잘 열어요.
오도	비가 안 오거나, 예를 들어서 봄에 가뭄 들거나 그럴 때 있잖아요. 그런데도 잘 견디는 것 같으세요, 봄 가뭄에?

심재순	물은 안 주니까.
오도	그냥 밖에 심어두시고?
심재순	심고 그냥 지가 비 오면 그냥 잘 크고 잘 열고. 이게 가물으면 아무래도 그렇죠.
오도	그러면 씨로 심으세요, 모종을 내서 심으세요?
심재순	씨로 직파하는 거예요.
오도	몇 개씩 넣으세요, 한 구멍에?
심재순	한 다섯 개씩. 이렇게 들면 콩이 이런 것도 있고 이건 바보 같잖어? 그러면 이런 거는 안 나고 이런 것도 안 날 테고, 이런 것만 해서 날 거 아니여. 그러니까 대여섯 개씩 심어.
오도	기본적으로 우리가 알아야 될 게 있어요. 그래서 언제 씨 뿌리시는지, 언제 수확하시는지, 이걸 어떻게 이용하시는지, 잘 자라는지 이런 거. 씨앗 가져가면 저희가 이렇게 표를 만들고 이걸 다 기록해서 얘랑 같이 보관하는 거예요. 그래서 다른 사람이 와도 어머님이 얘기한 걸 다 보고 가져갈 수 있게….
심재순	그런데 이거를 씨 할 거 냄기고, 남은 거 냄기고 돈 사요. 팔아먹어요. 그래서 지금은 메주 쑬 거 하고, 나 먹고 씨앗 할 거 좀 남기고 그것뿐이 없는 거예요, 다 돈 사먹고.
오도	다 파셨구나. 그걸 돈 사먹는다고 얘기해요? 시골에서?
심재순	돈 사먹는 게 뭐를, 돈을 사서 먹는다는 소리가 아니고 여기 집에서 나가는 거는 판다, 사오는 거는 사먹는다, 이러잖아요.
김기홍	밖에서 들어오는 건 산다.
심재순	그렇게 해도 되고.
오도	돈을 사먹는 거잖아(웃음). 그럼 이거를 갖다 주고 돈을 가져온다는 얘기네요.
심재순	근데 돈 사먹는다고 생각허믄 헷갈리지. 이상하다. 돈 사먹는다니 무슨 소린가. 그러니까 장에다가 팔아먹는다, 그렇게 알기 쉽게 얘기를 해요.
강혜순	비교가 안 돼서 그러는데 정말 다른 거죠? 우리 메주콩이랑.
오도	이게 학교 것보다 커요.
문수영	우리 학교 거는 동그래요.
오도	동그랗고 요만 해. 땡글땡글 해.
이예이	메주콩이랑 느낌이 달라요,
심재순	이게, 봄에 심는 거 있고 가을에 심는 거 있어요.
오도	이것도요?

심재순	이게 아니라 방금 학생들이 얘기를 하는 게 내가 듣기에 가을콩이라고요.
오도	메주콩은 가을콩.
심재순	근데 나는 이거 갖고 씨 하고, 메주 쑤고, 먹고 그러지. 그 콩은 안 심어갖고. 봄에 심어서 여름에 수확하는 거예요, 장마 오기 전에.
오도	이런 종류가 있는 줄은 몰랐어요. 메주콩을 다 6월에 심어서 10월에 수확하는 줄 알았어요.
심재순	이 동네도 하는 집 많아요.
오도	이걸 받아서요?
심재순	아니, 이게 아니고 지금 학생들이 얘기하는 거.
오도	그럼 이것도 마을에서 좀 많이 하시는 편이에요? 유월태?
심재순	이건 잘 안 하더라고.
이예이	원래 이 유월태 아니고 다른 유월태 가지고도 메주 쓰거나….
심재순	메주 쑤지. 까만콩 메주 쑤면 장이 까만 장이 돼요. 색깔이 그래서 나는 그걸 안 쓰고 항상 이걸 써요.
오도	두부도 그걸로 하는 사람들이 있어.
심재순	사람이 다 성질이 틀리고, 먹어보면 맛이 틀리다 어째다 하는 사람이 있죠.
오도	또 뭐 궁금하신 거 있으세요, 이 콩에 대해서?
이예이	어머니가 주셨다고 하셨잖아요. 그럼 그 어머니의 어머니에게서 계속 이어져 내려온 씨앗인 거예요?
심재순	그렇지.
신은미	어렸을 때 이거 드신 기억이 있어요? 그러니까 나중에 지나고 봐서.
심재순	콩밥이 싫어서. 어렸을 때 콩밥 잘 안 먹잖아요, 애들.
신은미	근데 그게 이거였겠네.
심재순	이건 잘 밥을 안 해 먹고 논둑에 지금 서리콩이라고 있어요. 그걸로 많이 해먹었지. 파랄 때는 조금 해먹는데, 이거는 지금 밥에다 넣어먹는 거는 별로. 팥이나 콩 지금 논둑에 있는 거, 그런 거 따서 밥 해먹죠. 이런 건 잘 안 해먹지, 지금은. 파랄 때나 영글었을 때 그때만 좀 따다가 해먹고 그러지.
김기흥	이 유월태가 홍성 이 지역에서 유명한 거예요? 아니면 전국적으로 다….
오도	나는 장 선생님이 이 유월태를 아주머니가 가지고 계시다고 그래서 처음 들었어요. 유월태라는 말을. 저는 그냥 까만 서리태를 일찍 수확하는 건 줄 알은 거야, 이런 메주콩이 아니라.
심재순	그러니까 6월에 수확하는 거라 해서 유월태예요.
김기흥	주위에 다른 분들도 이런 거를 하시는 분들이 있어요?

심재순	이거 허는 집은 우리 집뿐이에요.
강혜순	이거는 변화가 없는 거예요? 농사를 오래 지으면 씨앗이 작다거나 수확량이 적다거나···.
심재순	그러지를 않아요, 아주 균질하게. 그래갖고 이거 씨를 안 버리기 위해서 그냥 바꾸질 않고 이거를 계속하는 거예요.
이예이	수명이라고 해야 되나. 그게 보통 몇 년 가요, 한 번 따면?
심재순	이거를 한 번 따면 1년을 그냥 놔뒀다가 먹을 수는 없으니까. 햇콩 먹고 싶잖아요, 사람이. 묵으면 맛이 덜하겠지. 그러니까 그 전에 다···.
신은미	묵혀서 심으신 적은 없어요, 씨앗을?
심재순	그렇겐 안 하지. 내년에 뒀다 심으면 씨앗이 잘못될까 이상한 생각 들고, 묵으면 안 날 수도 있고··· 그래서 항상 올해 심은 건 내년에 심고.

(할아버지가 등장하셔서 녹음이 끊겼다. 콩 이야기에서 수수 이야기로 넘어갔다.)

오도	(찰수수) 별로 안 큰 거죠?
심재순	많이 크면 이게 다 이렇게 쓰러지지.
오도	그러면 얘가 다 익었어도 이렇게 서 있었어요? 옛날 거는 왜, 이게 무거워서 이렇게 휘어지잖아. 이건 반듯이 서 있었다는 얘기죠?
심재순	그러니께 그러질 않아 갖고, 그래 갖고 단단하게 서 있어. 그런데 서 있는 걸 보면 새가 냄기지를 않아, 막 따가고. 그래서 양파망 씌워서 안 따가게 하는 거지.
오도	진짜 잘 영글었다.
김기흥	이건 종자로 쓰시려고 이렇게 두시는 거예요?
심재순	먹기도 하고, 이렇게.
김기흥	필요할 때마다 쓰시는 거예요?
오도	아니, 밥에도 넣어 드시고 그렇지.
심재순	이거를 정원 대보름 때 수수밥 같은 거 해먹으면 좋잖여. 오곡밥 해먹잖여.
김기흥	그래서 일부러 남겨 두신 거예요?
심재순	아니, 이거 엊그제 수확해서 갖다 놓은 거예요.
오도	엊그제면, 그 엊그제가 9월 언제일까요?
김기흥	24일?
오도	시골에선 그렇게 엊그제 아니고···.

심재순	그저께.
오도	진짜 그저께?
심재순	농사짓는 농촌사람들은 딱 정확한 날짜는 없고 저게 다 익었다, 다 영글었다는 생각을 하면 수확하는 거지. 그렇잖아요.
오도	익어야 익는 거지, 그죠? 날짜가 정해진 게 아니라.

씨앗농사 자식농사

심재순 어머니의 말씀은 늘 간결하고 명료하다. 스무 살 때부터 친정어머니께 받아서 키워 온 유월태를 설명할 때는 눈에서 빛이 나고, 해마다 쓰시는 농사일지를 가지고 나오실 때는 수줍은 소녀같이 부끄러워 어쩔 줄 모르신다. 그리고 묵혀서 심는 씨앗은 없냐는 질문에는 뚜렷한 어조로 당신의 오랜 경험을 말씀해주신다. 어린나이에, 없는 집에 시집와서 딸 다섯을 야무지게 키워내신 어머니. 딸들이 어찌나 잘하는지 동네에서 제일 부럽기로 소문난 집이라고, 이웃에 사는 분이 말씀하셨다. 씨앗농사만큼 자식농사도 똑부러지게 지으셨을 게 분명하다. 씨앗 마실을 간 우리에게 내어주신 갓 따서 찐 밤과 대추 그리고 감나무 끝에 익어가는 홍시맛을 기억하며 돌아오는 행복한 시간이었다.

40년 전 친정어머님께 받으셨다는 유월태

잘 여문 찰수수

정월 대보름 잡곡밥에 넣어 드시는 찰수수

해마다 기록하신다는 농사일지

손자들 주려고 심어놓은 감나무

고향 할머니의 40일팥

이정재 님의 씨앗

일시 : 2014. 9. 26(금)

장소 : 충청남도 홍성군 홍동면 문당리

수집 씨앗 : 40일팥, 조선오이

"병에 담아서 꼭 막아 놓으면 괜찮어.

이거 바람 들어가면 뒤웅이가 나오거든."

"우리 애들은 안 해, 다 가져 가."

커다란 느티나무의 추억

씨앗 마실을 시작한 지 세 번째 되는 날이다. 동료 교사의 소개로
찾아간 곳은 문당리 마을에 사시는 이정재 할머님 댁이다. 집이
어디쯤인지 대충 설명을 듣고 기억을 더듬어 찾아갔다. 내가 어릴

적 살았던 마을과 바로 붙어 있는 마을이라 풍경을 어렴풋이나마 기억하고 있었다.

우리 동네에서 문당리로 들어가려면 작은 다리를 건너 논과 논 사이에 나 있는 꽤 넓은 길을 가로질러야 한다. 지금은 아스팔트가 깔려 차가 마음껏 달릴 수 있지만 예전에는 경운기 한 대가 겨우 지나갈 정도로 좁고 울퉁불퉁한 길이었다. 새로 난 그 길을 쭉 따라가다 보면 오래된 방앗간이 나온다. 학교 가는 길에 늘 보고 지나쳤던 그 방앗간 앞에는 커다란 느티나무가 두 그루 서 있다. 지금은 제법 자라서 그 옛날 방앗간보다 키가 더 커져버렸다. 여름이면 동네 어른들에게 그늘을 만들어주는 느티나무를 끼고 오른쪽으로 돌아가면 길가로 좁다란 개울이 흐르고 그 개울을 따라 빈틈없이 채소가 자라는 텃밭이 나온다. 콩이며 쪽파며 오이넝쿨이 제멋대로 뻗어 있는 자그마한 텃밭은 자유로우면서도 정갈해서 자꾸만 눈길이 간다.

텃밭이 끝나는 지점에는 위쪽으로는 대여섯 통의 벌통이 있고 오른쪽 옆으로는 소 축사가 보인다. 옛날에는 시골 어디서나 볼 수 있었던 소농 방식 그대로, 나무나 곡식을 쌓아두었던 창고를 개조해서 소를 키우는 작고 허름한 축사다. 축사에는 이제 몇 마리의 소밖에 보이지 않지만, 자녀들이 어렸을 때는 소를 키워 팔아서 학비를 대었을 것이다. 제대로 모양을 갖춘 번듯한 축사는 아니지만 마치 제 할 일을 다 하고 서서히 쓰러져가는 축사와 우리 부모님들의 모습이 겹쳐지면서 괜히 마음이 짠해졌다.

축사와 할머니가 사시는 집은 한 발 정도 떨어져 있다. 집 앞에는 나이가 꽤 들어 보이는 팽나무가 서 있었다. 바로 길가에 있는 집이라 팽나무도 수난을 당했던 모양이다. 가지를 제대로 뻗지 못하고 몸통만 퉁퉁하게 살쪄 있다. 그 아래 서리태랑 갓끈 동부만큼은 아니지만 꼬투리가 제법 긴 콩깍지들이 낡은 포장 위에 널려 있다. 여러 종류의 콩들이 널려 있는 걸 보니 보통 할머니는 아닐 거라는 생각이 먼저 든다. 바로 옆 축사 첫머리에는 철망 사이사이에 쪽파랑 마늘, 양파가 걸려 있다.

'40일팥'을 만나다

집으로 들어서는 첫 머리에서부터 티끌 하나 없이 깨끗한 마당을 지나 대문을 열고 들어가면 비닐로 바람을 막기 위해 만들어놓은 문이 나온다. 요즘 시골에서는 추운 겨울을 나기 위해 비싼 새시(sash) 대신 각목으로 창틀을 만들고 그 위에 비닐을 쳐서 바람을 막는다. 할머님 댁에도 아마 작년에 해두었다가 그대로 두신 것 같았다. 웬만한 젊은 사람들이 하기에도 힘이 들고 번거로운 일이다. 그래서 여름에 좀 답답해도 그대로 두시는 게 아닌가 싶다.

대문으로 들어서며 할머니께 우선 씨앗 마실의 취지를 설명해보았지만 고개를 끄덕이실 뿐 별 다른 대답이 없으시다. 그러더니 나를 물끄러미 보시다가 물으셨다.

"저기 혹시 집이 화신리 아녀?"

"네 맞아요. 그런데 어떻게 아셨어요?"

"딱 보니 엄마를 꼭 닮았구만."

"네, 그런 소리를 많이 듣기는 하는데요. 그래도…."

"내가 그 집에 일하러 많이 다녔어. 그때는 그 집 애들 일 참 많이 했는데. 다들 잘 있지?"

너무 갑작스런 상황에서 옛날 생각이 밀려오는 바람에 나는 더 이상 말을 잊지 못하고 할머니 손을 잡고 집 안으로 들어섰다. 아주 어릴 적이었기에 할머니의 얼굴이 전혀 생각나지 않았지만 왠지 마치 전부터 잘 알고 있었던 것처럼 갑자기 푸근한 마음이 들었다. 덕분에 나는 할머니와의 대화를 매끄럽게 이어갈 수 있었다. 할머니가 우리를 위해 준비해두신 씨앗은 '40일팥'이라는 토종 씨앗이었다. 우리가 알고 있는 팥은 그냥 붉은 색을 띤 빨간 팥이 전부였는데 '40일팥'이라는 게 있다니, 그저 신기할 따름이다.

이정재 님과의 인터뷰

씨앗	'40일팥'이라고 하는 거예요? 할머니, 저희가 여쭤볼 게 몇 가지 있는데요. 이거 언제부터 키우신 거예요?
이정재	마늘 캐구서 심은 거여. 초복 지나잖어, 여름에. 초복 때 심으면 돼.
씨앗	심고 나서 40일이면 수확한단 말씀이예요? 진짜 빨리하는데요?
이정재	빨리 하는 거여. 이거(굵은 팥)는 좀 늦구. 모 심고 나서 하면 이내 되구.
씨앗	굵은 팥은 모 심고 나서? 그러면 이거(40일팥) 할머니가 처음에 어디서, 언제 받으신 거예요? 시집오실 때부터 키운 거예요?
이정재	시집올 때부터 하는 거지. 여태.
씨앗	시어머니가 하시던 거?
이정재	예.

씨앗	그러면 몇 년 전일까요?
이정재	스물다섯에 시집왔으니까….
씨앗	거의 50년이셔. 청양에서 오셨어요?
이정재	청양 운곡.
씨앗	시어머니께서 하시던 거 받으신 거구나.
이정재	대부분 그렇죠, 씨앗이.
씨앗	이걸 어떻게 한 번도 안 빼먹고 계속 받으신 거예요, 해마다?
이정재	계속 이렇게 해서 이거 병에다 담아놓았다가 또 하구 또 하구….
씨앗	팥이 벌레가 잘 먹잖아요.
이정재	병에다 담아서 꼭 막아놓으면 괜찮여. 이거 바람 들어가면 뒤웅이가 나오거든.
씨앗	바람 들어가면….
이정재	바람 들어가면. 공기 들어가면 그래. 그러니까 병에다 꼭 담아 놓구선….
씨앗	바람 들어가면 뒤웅이요?
이정재	팥 파먹는 거. 속에서 나오는 벌레가 있어. 바구미 같은 거.
씨앗	팥 파먹는 벌레를 뒤웅이라고 그래요?
이정재	공기 들어가면 뒤웅이가 나와. 바짝 말려야지.
씨앗	이거 꼭 막아서 어디다 두세요?
이정재	아무 데나 놔두면 돼.
씨앗	방 안이나 방 밖이나 상관없이?
이정재	방은 안 되지. 방은 안 되구 밖에다가.
씨앗	마루 이런 데?
이정재	응.

진짜 오이 맛을 보다

할머니 말처럼 씨앗은 잘 말려서 바람만 들지 않게 해주면 시원한 곳 어디라도 보관이 잘 된다. 그런 기본적인 지식도 없는 우리가 하는 방식 즉 씨앗을 보관하기 위해 냉장고를 사고, 그 냉장고를 돌리기 위해 전기를 쓰고, 심지어 씨앗은행 같은 곳에서는 영하 18도 이하의 냉동창고에 씨앗을 보관하고 있으니 이게 어찌된 일인가. 옛날 어른들이 했던 것만 잘 기억하고 있었더라면 이렇게 고생하지 않아도 되었을 텐데! 뭐든지 책상에 앉아서 책으로 배워야 하는 세상이다 보니 조상들의 지혜로운 전통이 통째로 사라지는 것 같아 아쉽다.

팥 이야기를 하는 내내 할머니의 표정이 진지해지시는가 싶더니, "이렇게 옛날부터 받아온 씨앗 없으세요?"라는 질문에 "있어봐" 하시곤 부엌문을 여신다. 팥에 대한 질문이 이어지고 같이 간 사람들이 사진을 찍고 기록하는 걸 보시고 생각이 바뀌신 게 분명했다. 바쁜 농사철에 찾아온다고 하니 얼마나 한심하셨을까 싶다. 그래서 한 종류만 꺼내놓고 계시다가 대화를 나누는 사이에 마음이 열리신 것 같다.

옛날 부엌을 개조해서 만든 신식 부엌엔 군불을 때던 검은 솥단지가 걸려 있던 자리만 없애고 그 위에 그릇 등을 넣어 두던 찬장은 그대로 사용하고 계셨다. 할머니는 찬장 맨 위 칸을 열고 손을 넣으시더니 꼬깃꼬깃 접어두었던 편지 봉투를 꺼내서 열어 보이셨다. 봉투를 따라 미끄러져 나온 건 새 하얗고 길쭉한 오이씨였다. 그냥 오이가 아니라 '조선오이'라 하신다. 오이 맛이 어떨지 궁금해 여쭈었더니 갑자기 마당 다라이에 담겨져 있던 파란 오이를 가지고 오시더니 그 자리에서 칼로 껍질을 까서 뚝뚝 잘라 주셨다. "그냥 오이 맛하고는 달라. 오이 맛이 나"라고 하신다. 우리는 너나할 것 없이 오이 맛이 궁금해 한 입씩 베어 물었다. 오이 맛은 뭐랄까, 진짜 오이 맛이 났다. 진짜 오이 맛이라고 말하면 다들 웃으며 바라보지만, 실제로 그 맛이 시중에서 파는 오이 맛과 전혀 달랐다. 어릴 적 집 주변에서 따서 껍질만 슥슥 문질러 먹던 그 오이 맛! 참 오랜만에 먹어보는 맛이 머리까지 전달되는 듯했다.

할머니의 씨앗 창고

오이에 이어 우리가 정말 놀란 건 그다음이다. 할머니의 진짜 씨앗 보물창고는 따로 있었다. 마루에서 설명하시던 할머니는 따라오라고 하시며 문 밖으로 나가셔서 축사 옆 처마 밑에서 발길을 멈추셨다. 그리곤 "여기도 있어" 하신다. 자녀분들이 학교 다닐 때 쓰셨을 법한 책꽂이를 눕혀놓고, 여러 종류의 페트병에 종류별로 씨앗을 넣어 옆으로 꽂아두신 것이다. 일명 '씨앗 책꽂이'였다. 그야말로 그 자체로 '씨앗 도서관'인 셈이다. 어안이 벙벙해진 우리는 "우와, 우와" 하며 감탄사만 연발했을 뿐이다. 그런 우리에게 쓱 미소를 던지시며 씨앗을 잔뜩 챙겨주셨다. "할머니, 이렇게 다 주시면 어떡해요?" 했더니 "우리 애들은 안 해, 다 가져 가" 하신다. 우리는 "할머니, 바쁘신데 저희끼리 나가서 보고 갈게요. 오늘 씨앗 잔뜩 주셔서 넘나 감사해요" 하고 인사를 드렸다. 할머니는 "아유, 내년에 많이 심어서 나 주면 돼" 하고 대답하며 웃으셨다.

할머니는 5남매를 두셨다. 지금은 다 결혼해서 손자·손녀들이 전공부 학생들만 하다고 하신다. 그중에 한 분이라도 농사짓는 사람이 없냐고 물었더니 "없다"고 하셨다. 씨앗을 많이 받아 올

그 자체가 씨앗 도서관인 씨앗 책꽂이

마루 위 천장 아래 보관된 씨앗들

길가 자투리땅에서 자라는 조선오이와 토종상추

'오이맛'이 난다는 조선오이 노각

작고 뿌연 토종녹두

김장용으로 심을 쪽파와 마늘

수 있어서 좋기는 했지만 돌아오는 내내 마음이 편치 않았다. 그럼 할머니가 농사를 못 하시면 저 많은, 저 귀한 씨앗은 다 어떻게 하지? 씨앗 마실을 마치고 돌아오는 차 안에서 아무도 말을 하지 않았다. 각자 생각할 시간이 필요했던 것 같다.

대추밤콩 잎에 사랑 열렸네
문병순 님의 씨앗

일시 : 2014. 10.

장소 : 충청남도 홍성군 홍동면 금평리 김애마을

수집 씨앗 : 대추밤콩

"나도 이 콩은 첨 보는디."

"첨보는 콩이여? 어이구, 어디 갔다 오셨간?"

"이건 첨 봐."

"아니, 이거 추석 때 꺾어서 밥 해먹고 많이 안 혀. 두 고랑 심었는디."

가을빛깔 닮은 갈색 콩을 만나다

때는 2014년 시월. 서늘한 바람이 불지만, 여전히 뜨겁고 맑은 햇볕이 내리쬐던 날이었다. 씨앗 마실 장소인 금평리 김애마을로 가

던 중, 안내해주기로 했던 분에게 갑자기 사정이 생겨 원래 가기로 했던 집에 못 가게 되었다. 기왕 온 김에 마을 한 바퀴를 둘러보자며 가을소풍을 나온 듯이 여유롭고 가볍게 발걸음을 움직였다. 걷다 보면 혹시 가기로 했던 집을 찾을 수 있지 않을까 내심 기대하면서.

들뜬 마음으로 온통 노란빛으로 물든 논길을 따라 걷고 있는데, 저 멀리서 오토바이 소리가 들려왔다. 한가득 짐이 실려 있는 걸 보니 밭에 다녀오셨나 보다.

"안녕하세요!"

"잉, 누구여?"

"사실 저희가 여기 할머니들이 가지고 계신 씨앗 구경하러 왔는데, 여차저차해서… 혹시 어르신네 씨앗 가지고 계신 거 구경 좀 해도 될까요?"

"우리 집에 많이 없는디… 그려, 따라와."

우연히 만난 동네 어르신 덕분에 신이 난 우리는 혹시라도 길을 놓칠까 봐 오토바이 연기와 소리를 따라 재빠르게 걸었다. 할머니는 햇빛에 말리고 있던 크고 붉은 앵두팥과 촘촘하게 무늬가 그려진 잿빛의 재팥을 보여주셨다. 그러고선 "우리 집은 이것뿐이야. 우리보다 저기 아랫집에 가면 씨앗이 더 많이 있을 거여"라고 도움을 주셨다.

할머니가 손가락으로 콕 짚어주신 방향으로 내려가니 반짝반짝 빛나는 논 바로 앞에 푸른 집이 있었다. 아랫집 할머니는 투박한 손으로 아주 정성스레 콩을 고르고 계셨다. 크고 작은 콩알이 서로 부딪히면서 차르륵 소리를 냈다. 이런저런 사연으로 씨앗을 구경하러 왔다는 우리의 갑작스러운 방문에도 할머니는 밝은 얼굴로 맞아주셨다. 대문 없이 활짝 열려 있는 집 마당에는 요 며칠간 수확한 햇곡식들이 쭉 널려 있었다. 그중에서 눈길을 사로잡은 것은 이제껏 한 번도 보지 못했던 가을빛깔을 닮은 갈색 콩이었다. "와! 이 콩은 뭐예요? 진짜 예뻐요."

문병순 님과의 인터뷰

문병순   대추밤콩. 이거 어제 내가 뚜드려서 하나 먹어보지도 않은 거여.
씨앗   진짜요? 대추밤콩요? 이런 콩은 처음 봐요!
문병순   이거 씨 할라구 내가 따로 따로 해놓았는데.
씨앗   너무 예쁘다. 보석 같아, 보석. 진주알 같아. 깨끗하게 골라서 이렇게 예쁘구나.
문병순   이놈 하구 꺼먹콩 하구 섞여져 가지구 밤새 골렀어. 불 켜놓구.
씨앗   잠깐… 찬찬히 여쭤볼게요. 할머니, 성함이 어떻게 되세요?
문병순   나? 내 성함, 할아버지 성함?
씨앗   할머니 성함이요.
문병순   문병순이지.
씨앗   할머니 연세는요?
문병순   일흔넷이여. 이거 먹어보지도 않고 이렇게 주네.
씨앗   아주 조금만 주셔도 돼요. 정말 감사합니다. 이 콩은 어디서 나셨어요?
문병순   우리 거. 옛날부터 하던 거.
씨앗   옛날에 시집오니까 여기서 원래 하고 계셨어요?
문병순   잉, 그랬어.
씨앗   시어머니가?
문병순   아니, 그냥 내가 인저 어디서 얻어다 한 거여. 시어머니는 그때 이런 거 안 하시더라구.
씨앗   얻으셨어요?
문병순   잉, 얻어다 한 건디 여태 혀여. 몇 십 년째.

씨앗	그게 몇 년 전인 거 같으세요?
문병순	나 시집온 지 52년.
씨앗	동네에서 얻으셨어요?
문병순	장에서 팔었지. 그렇게 해서 요것이 쬐금씩 해여. 많이 씨 안 밑지구(팔거나 다 먹지 않고 씨앗을 남겨둔다는 뜻). 이게 일러서 추석 때 송편 속 해먹어, 꺾어서 까서.
씨앗	그럼 그때 풋으로 드시겠네요?
문병순	잉, 풋으로. 그냥 까 가지고 소금에 살짝 절여서 설탕 넣구 이렇게 해서 송편 속 넣구서 맹글어. 그렇게 하느라구 씨 안 밑지느라구 쬐끔씩 허여. 많이 안 혀.
씨앗	그럼 언제 씨앗을 뿌리세요?
문병순	이거? 봄이.
씨앗	고추 심을 때요?
문병순	그때 심어서 놔두면 팔월 대목에 누렇누렇혀. 그런데 우리가 인자서 뚜드렸지. 걷어다 놨다.
씨앗	팔월 대목이면 누렇누렇해져요?
문병순	잉, 그때 누렇누렇허면 그때 까서 송편하구 밥 해먹구 그러고서 요거 남었어.
씨앗	송편하고 밥하고 지금 수확해서…?
문병순	지금 수확하간? 접때 했지.
씨앗	9월 즈음에요?
문병순	10월 초인가 9월 말인가 걷었어, 어쨌거나.
씨앗	얘는 병 같은 거는 잘 안 걸려요?
문병순	왜 안 걸려, 걸리지. 약 허야 하는데 약 허나? 안 하니께, 여기는.
씨앗	벌레도 먹어요?
문병순	어제 엄청 벌라지 나왔어. 약 안 허서. 약 허야 하는디 그냥 여는 대루 먹으니께.

"누구여?"할머니를 둘러싸고 모여앉아 도란도란 이야기를 나누는데 할아버지가 마당으로 들어오셨다. 우리는 목소리를 높여서 크게 인사했다.

문병순	풀무학교에서 나왔댜. 학생들이래유.
할아버지	아, 학생이구먼. 근데 학생이 다 아닌 것 같어.
문병순	하하하. 학생도 있고 어른도 있고.
씨앗	하하하.
씨앗	송편이나 밥에 넣어 드시는 것 말고 또 다르게 드시는 거 있으세요?
문병순	장에 갖구 가고 튀어서 먹어두 되구.
씨앗	아, 튀겨서. 뛰밥 하는데 가서요?
문병순	잉, 그거 튀겨서두 먹구… 뭐 콩 암치기나 먹는겨, 다.
씨앗	떡은 안 해드시고요?
문병순	왜 안 혀? 떡두 허게 되믄 무리떡(백설기) 허지. 담궜다.
씨앗	무리떡이요? 이렇게 갈아서….
문병순	아니, 불려서. 무리떡 찔라믄 그냥 통으로 넣어야지.
할아버지	풀무학교가 떡은 잘했더먼. 먹어보믄.
문병순	그거 다 맞춰서 허지.
씨앗	하하. 그거 다 맞춰서 하는 거예요.
할아버지	맞춰서 허는 거여? 풀무학교에서 떡 주면 맛있더라구.
씨앗	이 콩은 땅이 건조해도 잘 자라요?
문병순	너무 저기 건조하믄 되간? 조금 걸어야지(거름기가 있어야지). 너무 맨땅에 심어두 안 되어. 조금 밑거름 있어야지.
씨앗	그러면 키는 얼마나 커요?
문병순	잘 되믄 크고 안 되믄 쪼그맣구.
씨앗	꼬투리는 길어요? 아니면 그냥 콩 같아요?
문병순	콩 같지.
씨앗	메주콩이랑 비슷해요?
문병순	잉, 콩 농사 해봤잖어?
씨앗	네, 그래도 저건 안 해봐서….
문병순	뭘 안 해봐. 콩이 똑같지. 콩 여는 건 다 똑같어.
할아버지	나도 이 콩은 첨 보는디.
문병순	첨보는 콩이여? 어이구, 어디 갔다 오셨간?
할아버지	이건 첨 봐.
문병순	아니, 이거 추석 때 꺾어서 밥 해먹고 많이 안 혀. 두 고랑 심었는디.
할아버지	이거 콩 이쁘네.
문병순	콩 이쁘지, 아주까리마냥. 짜게짜게 자개가지구(콩알이 잘고 작은데도) 잘 영글었어, 올해.

모든 씨앗에는 사연이 있다

문병순 할머니는 바지런히 손을 움직이시며 깨끗하게 골라둔 재
팥, 붉은팥, 찰옥수수, 녹두 씨앗도 한 움큼씩 더 나누어 주셨다.
가을걷이 하느라 바쁘신 와중에도 귀찮아하지 않으시고, 작은 것
하나라도 놓치지 않고 기록하려 물었던 사소하고 서투른 질문 하
나하나에도 정성껏 대답해주셨다. 또 할머니가 이야기하면 만담
하듯이 옆에서 추임새를 넣으며 재밌게 말을 건네주시는 할아버
지의 모습도 인상적이었다. 예정에 없던 만남이었지만, 그래서 더
오래 기억될 시간이었다. 스물다섯, 시집오셨을 때부터 오십여 년
간 이어져온 귀한 씨앗과 그 사연들을 한 아름 품에 안고 돌아가
는 길, 왠지 마음이 벅찼다. 우리가 이 씨앗을 이렇게 쉽게 받아도
되나, 하는 생각에 한없이 감사했다.

씨앗	저희가 나중에요. 잘 키워서 불려서 나누고 그럴 건데 책 빌려주듯이 씨앗을 빌려주고 또 받을 거예요. 그래서 씨앗 도서관이라는 걸 할 건데, 다 되면 꼭 초대할게요.
문병순	그려, 오라구 허여. 오라구 허면 갈 거여.
씨앗	차 가지고 모시러 올게요.
문병순	그려, 우덜 그냥 걸어선 못 가. 허리 아퍼서.
할아버지	배불룽게 걸어선 또 못 간다네.
문병순	걸어서 못 가지. 어치게 거까지 걸어가. 거기 풀무대학교까지 어치게 걸어가, 갓골을.
할아버지	갓골? 갓골이 참 한 오백 리 되지.
씨앗	갓골도 아시네요!
문병순	갓골을 모르나. 우리 손녀딸들 다 갓골유치원 대녔잖여. 손녀딸, 손자 다.
할아버지	거기 한가했었는디 지금 큰 동네 됐어.

문병순 어머님 집 가는 길

호랑이 얼룩만큼이나 얼룩얼룩한 대추밤콩

넉넉한 인심이 답이여
김정자 님의 씨앗

일시 : 2014. 11. 7(금)

장소 : 충청남도 홍성군 홍동면 구정리

수집 씨앗 : 서숙, 땅콩, 반짝이녹두, 동부

"진짜 우리네 무씨, 배추씨 전부 받았었잖아.

그런데 사서 할라니까 돈도 비싸고 너무 안타까운 겨.

내 씨앗을 내가 못 허구. 잉? 사서 한다는 게 무씨, 배추씨만 그려?"

"이런 거(씨앗 마실 팀이 가져간 선물) 하나 안 해도 괜찮어.

우리가 우리 살자고 하는 건데."

"키울 때는 벌레가 물어. 그렇게 해서 남는 거 먹어야지. 어뜩혀."

고향의 맛, 엄마의 손맛

우리 마을에는 농협에서 운영하는 로컬매장이 있다. 지역 농산물을 동네 마트에서 구입할 수 있도록 하는 것이다. 지역 농산물이 진열되어 있는 매대 옆쪽으로는 동네 할머니들이 조합을 만들어서 운영하는 반찬가게가 있다. 대부분 연세 일흔이 넘으신 할머니들이 각자 기른 농산물을 가지고 나오셔서 반찬을 만들기도 하고, 마을에서 나는 채소를 소개 받아 쓰기도 하신다.

반찬을 만들기 위해 머리에는 두건을 쓰시고, 앞치마를 두른 할머니들을 볼 때면 내 마음도 행복하다. 평생 집에서 가족들 밥만 하시느라 고생이 많으셨을 텐데 또 반찬을 하시느라 얼마나 힘드실까 안쓰럽다가도 반찬을 사러 가면 웃으면서 안부를 물어주시고 오늘 갓 나온 반찬을 소개해주실 때 그 반짝이는 눈빛을 보고 있노라면 부럽기도 하다. 그 연세에 할 수 있는 일이 있고, 평생을 해서 너무도 익숙한 일로 용돈까지 벌 수 있으니, 어쩜 큰 행운인지도 모른다. 그 뿐이랴? 할머니들이 하시는 반찬을 먹고 있으면 우리 엄마가 옛날에 해주셨던 맛이 나서 좋다.

오늘 우리가 찾아간 곳은 그 반찬가게 할머니들께서 소개해주신 김정자 할머님 댁이다. 반찬가게 조합원으로 일하시는 김정자 할머니는 오랫동안 지어오신 씨앗들을 아낌없이 내주셨다.

김정자 님과의 인터뷰

오도   저희가 2003년도부터 전공부에서 받았는데 지금은 거의 다 씨앗을 받고
       있거든요. 그런데 배추나 양배추 이런 건 못 받고 있는데, 배추 같은 경우
       는 미국이랑 독일에서 유기농으로 키우는 곳에서 받아다가 했더니 잘 되
       고 있어요. 포기가 생겨. 우리나라 토종은 포기가 안 생기는데. 씨앗 도서
       관을 만들면서 보니, 지역에 있는 어른들이 여기서 쓰고 있는 씨앗이 되
       게 중요한 거예요. 할머니들은 연세도 있고 점점 농사를 못 짓고 계시잖
       아요. 저희가 마을을 다니면서 씨앗을 모아보고 이야기도 듣고…. 그래서
       씨앗 도서관을 만들면 씨앗을 주시는 분 사진이나 말씀해주신 내용이나
       이런 것들을 책으로 해서 씨앗하고 같이 보관하려고 해요. 나중에 저희가
       뭐 어른들 안 계실 때, 이럴 때도 아이들이 이용해서 농사짓고 살 수 있도
       록…. 그래서 시작했어요. 전에 금평리랑 문당리랑 창정마을 다녔는데 오
       늘은 구정리 해서 두 가구, 마을에서 소개시켜준 분이 순이네 윗집이랑
       아주머니 댁에 가면 좋겠다고 말씀해주셔서 온 거예요.

김정자 진짜 우리네 무씨, 배추씨 전부 받았었잖아. 그런데 사서 할라니까 돈도
       비싸고 너무 안타까운겨. 내 씨앗을 내가 못 허구. 잉? 사서 한다는 게. 무
       씨, 배추씨만 그려.

오도   저희가 할 수 있는 건 한 번 해보자…. 씨앗 도서관을 만드는 데 대산농촌
       문화재단에서 사업신청을 받았는데 돈은 얼마 안 되지만 신청이 됐어요.
       그래서 씨앗 주시는 분들에게 감사의 표시로 이렇게 답례하면 좋겠다, 그
       래서 저희가 선물을 조금씩 가져왔어요. 포도주랑 안주랑 치즈.

김정자 이런 거 하나 안 해도 괜찮어. 우리가 우리 살자고 하는 건데.

오도   귀한 씨앗인데…. 저희가 조금씩만 심고 있는 거, 씨 받아서 심고 있는 거
       주시면 학교 옆에 밭 있거든요. 거기서 키워서 불려서 마을 사람들한테
       빌려줘요. 도서관에서 책 빌려주듯이. 그 사람들이 농사지으면 씨앗으로
       갚는 거예요. 씨앗을 가져가면 그만이 아니고, 그걸 키워서 다음 세대들
       이 할 수 있도록 하면 어떨까 해서 하는 게 씨앗 도서관의 운영 목적이랍
       니다. 일반 도서관이 책을 모으는 것처럼 저희는 씨앗을 모으는 거예요.

김정자 홍동지역에서 좋은 거를 많이 해요. 똑똑한 사람들만 들어와 갖고, 진짜
       배운 사람들이 들어와 갖고 우리들은 생각도 못 허는 걸 다 하잖어.

오도   구정리 김정자 아주머니…. 45년생. 아주머니가 씨 받아서 심고 있는 거
       있으면 알려주세요.

김정자	근데 온다 그래서 내가 냄겨봤거든? 내년에 심을라구. 온다구 그러기에 요거를 좋은 걸로다가 뒀어. 우리는 이걸 털어놓았으니까 이걸 줄까? 이거 서숙.
오도	서숙?
김정자	서숙. 기장 아니구 서숙이라 그래.
오도	기장이라고 보통 그러잖아요.
김정자	기장은 요거보다 조금 더 새파라. 이건 기장이 아니고.
오도	기장은 서숙보다 조금 더 새파랗다···. 지역마다 같은 걸 다 다르게 불러요. 이건 어떻게 해서 드세요?
김정자	요거는 이렇게 털면 이게 떨어져.
오도	잘 말렸다가?
김정자	응, 잘 말렸다가 투드리면 쏟아지거든? 그러면 요넘을 갖다가 절구통에다 통통통통 찧으믄 아래 쏙 빠져, 요렇게. 절구통에다가 슬슬슬슬 부실르믄 요게 쏙 나와서 밥해먹으면 돼. 기장 같이.
오도	밥만 해서 드세요?
김정자	밥만 허구 다른 건··· 씨를 줘서 심었거든.
오도	이건 어디서 구하셨어요?
김정자	이거 인터넷으루.
오도	인터넷으로 구하셨어요?
김정자	응, 그래 갖구 내가 재배해봤어. 올해 처음.
오도	그럼 작년에 받으신 거예요?
김정자	응, 그래 갖구 내년에 또 심을 거여. 근데 새가 먹어서 망 씌워주구··· 새가 아주 좋아해.
오도	누가 주셨대?
김정자	요 윗집에 마흔두 살인가 먹은 사람이 요걸 보니까 너무 이삭도 좋고 수확하면 좋다구 이걸 구해와 갖구 우리를 주구 씨를 주더라구. 그래 갖구 요넘으로 계속 허는 거야.
오도	그게 작년에 주셨다고? 그럼 올해 처음 받으신 거네요?
김정자	응, 그래서 내년에 또 할라구 씨를 또 뒀어.
오도	키는 얼만해요?
김정자	이거 별로 안 커. 요 학생(김산) 어깨 정도?
오도	그럼 1.2미터?
김정자	그거보덤두 안 혀.

오도	아, 되게 작네요? 산이 어깨 높이?
김정자	어깨두 다 안 가.
오도	그럼 1.2미터 정도 되겠네. 잘 커요? 병 안 걸리고?
김정자	병 않구 거름두 별 거 안 혔어. 그런데 이렇게 커. 아주.
오도	언제 씨 뿌리셨대?
김정자	봄에. 4월에.
오도	씨 뿌리고 언제 수확하셨어요?
김정자	지금 11월 달이지? 10월… 9월 말경에.
오도	9월 말경에 수확. 꽤 오래 있었네요. 밭에.
김정자	이게 씨를 모를 부었다가, 5월에 모종해서 심어.
오도	심을 때 몇 개씩 구멍에 심으셨어요?
김정자	두 개씩. 모 불 때는 요렇게 해서 두 개씩.
오도	땅콩은 집에서 계속하시던 거?
김정자	땅콩은 심어서 캐서 저렇게 건조시켜. 그러믄 내년 봄에 까서 심어. 심어 계속 그냥. 그런데 될 수 있으면 굵은 것만 심어야 실혀.
오도	굵은 것만 골라서 심는다….
김정자	그거는 한 구덩이에 두 개씩 심어야 혀. 5월에 심어서 3개월만 있으면 캐어.
오도	일찍 캐시네?
김정자	응, 땅콩수확이 제일 일러. 여태 안 캤다구? 까치가 다 파가.
오도	8월 말에 캐신다고?
김정자	28일부터 9월 초.
오도	몇 년 되셨어요? 10년, 20년?
김정자	한 10년 됐어.
오도	그때 당시에 어디 동네에서 주셨나?
김정자	동네에서 구했나봐.
오도	병 같은 건 없어요?
김정자	없어. 별 거 없어.
오도	저거는 볶아서 드시고?
김정자	볶아 먹구, 팔구, 밥에다 넣어 먹구.
오도	기름도 짜세요?
김정자	기름은 안 짜.
오도	저건 그냥 하얀 땅콩이죠?
김정자	검은 것두 있고 하얀 것두 있고.

오도	섞여 있다고… 알이 요즘 것처럼 큰 건 아니죠?
김정자	봐, 인저. 저기 꺼보다 작은가.
오도	또 뭐 있으시대? 채소 이런 건 없으세요?
김정자	(땅콩 고르는 소리) 이거 굵은 거만….
오도	그게 시골에서 하는 게 선발육종이잖아요. 좋은 것만 골라서 하는 거. 말랐는데 엄청 크네.
김정자	내다팔 때 검은 거 드문드문 섞여 있으면 더 비싸게 팔어.
오도	색깔이 예쁘네. 채소 씨 뭐 없으세요? 시금치 이런 거?
김정자	시금치 그냥 계속 받아서 심어.
오도	언제쯤부터?
김정자	시금치 씨는 언제 제일 받기가 제일 좋으냐면 마늘 심을 때… 지금이 마늘 심을 때지? 마늘 심을 두둑에다 심구 요기 고랑에다가 뿌려 놔. 그럼 내년 봄에 비니루 걷으면 시금치가 요만씩 한 게 잔뜩 혀. 그럼 뜯어내구 비어내구 그러다 씨가 이렇게 생기면 1년 열두 달 받아 써. 그거 저기서 한 주먹 줄게.
오도	지금 시금치 씨도 없어요. 받기 쉬운데도 안 하시니까. 요즘에는.
김정자	더울 때는 안 나구 봄에서부터 계속 먹을 수 있어. 여름엔 안 돼. 그러구서 인저 9월 25일경에 다시 갈으야 혀. 더우면 발아가 안 돼.
오도	발아라는 말을 아시네? 한자인데, 그죠?
김정자	그러구 또 마늘. 마늘은 공개적으로 다 알으니께.
오도	또 뭐 받아쓰시는 거 있으세요?
김정자	붉은 갓, 청 갓. 요거는 맨 널려 있어. 그냥 받아서 갈으면 되어.
오도	이건 봄쯤에 받으러 와야 되겠다.
김정자	그러구 또 상추 같은 거는 받아서 안 써. 사서 써, 다.
오도	토종상추는 좀 다르더라고요. 이파리가 질기더라고요.
김정자	뻣뻣혀. 금방 새 씨를 받을래두 어려워.
오도	그리고 또 채소 씨 뭐 없으시죠?
김정자	도라지.
오도	음… 도라지.
김정자	그놈은 씨 받어서 또 삐고 또 삐고.
오도	집 주변에 심으시는 거예요? 그리고 몇 년 있다 캐세요?
김정자	2년 있다가 캐.
오도	고추씨 이런 것도 다 사서 쓰시죠?

김정자	응, 그리고 또 달래.
오도	달래도 심으세요?
김정자	응.
오도	이건 먹으려고 심으시는 거예요?
김정자	팔기도 하고 먹기도 하고. 씨 줄게. 그것두.
오도	이거는 어떻게 해서 드세요? 무침 해서 드시고?
김정자	요건 요만하면 10센티 되나? 그럼 캐. 그럼 짱짱짱 썰어서 간장에 넣으면 달래간장이여. 갖다 팔기도 하고. 향긋하니 냄새가 아주 좋아. 그거 씨 줄 테니께 가지구 가. 동부 저거 줄 테니께 좀 가지구가. 이만혀.
오도	꼬투리가 엄청 길다. 저거 언제 뿌리세요?
김정자	저거 5월에 심어서 6월, 7월, 8월이면 따먹어.
오도	5월에 심어서 8월에 따서 드시고? 풋으로 드시는 거죠?
김정자	씨 두었다가 6월에 또 심으면 지금 또 난 거여.
오도	6월에 심으면 지금 10월에 따신 거예요?
김정자	응, 좀 갖구 가.
오도	저건 어디서 나셨어요?
김정자	저런 건 다 좋다 하면 나도 심고 나눠 심고.
오도	언제부터 심으셨어요? 한 10년?
김정자	아녀, 한 5년.
오도	동부는 밥해서 드시고 떡 해서 드시고?
김정자	떡고물 해먹구 저걸루 묵 쒀먹으면 동부묵. 맛있는 거여.
오도	어머, 묵을 쒀 드세요? 처음 들었어.
김정자	약력으로 5월 20일경에 심어. 심어서 석 달 있다가.
오도	이건 어디서 나셨대?
김정자	심었다 뒀다 나면 또 심었다….
오도	이건 수영아, 하얀 동부다.
김정자	하얀 동부야, 이건. 걸게 잘되면 이렇게 허여.
오도	아이고, 예쁘다.
김정자	이건 크지? 이게 한 10년은 됐을 겨. 적어졌어.
오도	그거는 강낭콩이네? 울타리강낭콩?
김정자	묵 쒀먹을라구.
오도	묵 쑤는 거 다음에 알려주세요. 이건 어디서 나셨어요?
김정자	옛날부터 구해서 쓰는 거여. 반짝이녹두여.

오도	진짜 반짝거려요.
김정자	씨는 바짝 말려서 두었다가 심는 거여.
오도	이거 어떻게 보관해요?
김정자	말리면 괜찮여. 잘 말리면 (벌레) 안 생겨.
오도	얼마나 되셨대? 이거는?
김정자	이것두 오래돼. 10년 됐어.
오도	이것도 (동네에서) 얻은 거?
김정자	이건 아마 10년 전인가, 15년 전인가 농촌지도소에서 신품종이라고 심으라구 해서 우리가 심었거든. 그 씨 갖구 또 하구 또 하구 하는 거여. 갖구 가.
오도	이거는 그냥 녹두죽 해서 드시고?
김정자	녹두죽 허구 삼계탕 헐 때. 닭맛두 좋아.
오도	벌레 잘 안 나요?
김정자	말리면 안 나.
오도	아뇨, 키우실 때.
김정자	키울 때는 벌레가 물어. 그렇게 해서 남는 거 먹어야지. 어뜩혀.
오도	언제 뿌리세요?
김정자	그것두 봄에, 5월에 심어. 5월에 심어서 8월쯤엔 따. 그게 젤 일러. 이건 옛날 깨. 맛있는 재래종이야.
오도	이건 언제쯤 되셨어요?
김정자	기억두 안 나.
오도	한 20~30년 됐겠네요?
김정자	한 10년이라구 혀.
오도	이것도 얻어서 쓰시는 거예요?
김정자	응.
오도	언제 뿌리세요?
김정자	그것두 5월 20일경에 심어. 심어서 8월에(수확).
오도	키는 많이 안 커요?
김정자	어지간혀. 메수수인데 키는 적어두 아주 이삭은 이만 혀. 저기 절구통에다 베껴야 먹잖어. 이건 그냥 받아먹어. 까부르질 않아서 그렇지, 그냥 이대루 받아먹어.
오도	그러면 이건 언제부터 키우셨어요?
김정자	이건 작년에 어떤 사람이 모심으러 오는데, 자기 집이 이게 너무 좋은 거라구 심어보래. 그전에 거는 키가 이만큼 커 갖구 근데 이거는 요만해 가지구…

오도   그럼 한 1.2미터밖에 안 하겠네.
김정자   아유, 이제 일해야지.
오도   그만할게요. 바쁘신데… 또 마늘 심으셔야지.

누가 진짜 철든 사람일까?

한참 마늘을 심고 계시다 우리를 맞이해주신 할머니가 다시 밭으로 가셨다. 이제 해가 짧아져서 5시쯤이면 해가 기울어 보이지 않기에 가을 농사는 때를 잘 맞추는 게 정말 중요하다. 하루 늦게 심으면 일주일이 늦고, 일주일 늦게 심으면 한 달이 늦어진다고 어른들은 말씀하신다. 그러니 '철 따라 농사를 지을 줄 알아야 철든 사람'이라는 말이 있는 게 아닐까!

할머니는 뭐든 있는 씨앗은 다 가지고 가라고 하신다. 당신도 이웃에서 얻어 심었으니 얼마든지 가져가라고. 어찌 보면 지금까지도 토종 씨앗들이 남아 있는 이유는 그 넉넉한 인심 때문인지도 모른다. 나도 받아서 썼으니 얼마든지 가져가라는 것이다. 얼마나 현명한 방법인가. 그래야 내가 혹시라도 씨앗을 밑지면 농사를 잘 지은 누군가에게 또 얻어 쓸 수 있는 것이다. 지금처럼 냉장고에 보관이 어려웠던 시절에는 꼭 필요했던 '씨앗 보관법'이었을 것이다. 돌아오는 내내 '할머니가 오늘 중으로 마늘을 다 심을 수 있으실지' 하는 걱정에 마음이 가 닿았다.

김정자 어머님 표 서숙

삼계탕에 넣으면 맛있다는 반짝이녹두

보관하기 쉽게 여러 가지 동부를 섞었다.

처마 밑에 걸어서 말리고 있는 동부. 동부는 꼬투리가 길어서 엮을 수 있다.

씨앗은 이야기를 품고
이금남 님의 씨앗

일시 : 2014. 11. 19(수)

장소 : 충청남도 홍성군 홍동면 운월리 개월마을

수집 씨앗 : 시금치, 아욱, 선비콩 외 (총13종)

"파란콩인디 요 있잖여, 요거. 이거는 선비가 인자 먹글써를 쓰고 앉았
는디, 엄마가 콩을 골랐디야. 콩 고릉께 '이게 뭐여'하고 한 번 집어본
게 이렇게 돼서 이게 선비콩이여, 이름이. 선비콩."
"지저분한 건 밥 해먹고, 이건 이제 밥 해먹을라고. 씨는 또 따로 뒀지.
나는 원체 씨부텀 딱 두고 써."

<u>토종 할머니의 토종씨앗</u>

씨앗 하나하나마다 옛날이야기와 함께 설명해주시는 이금남 할머

니는 대천에서 시집오셔서 대부분의 농사를 토종으로 짓고 계시다. 운월리로 귀농해 사는 분으로부터 소개를 받아 찾아뵙게 되었다.

　체구가 작은 할머님은 당신 자신이 토종이란 느낌이 들 정도로 단단해 보이셨다. 씨앗도 여기저기 조금씩 보관하는 게 아니라 작은 장 하나를 아예 씨앗 창고로 쓰고 계셨다. 토종씨앗으로 농사를 지으셔서 장에 내다 팔기 때문에 씨앗도 꽤 많이 보관하고 계셨다. 시금치랑 아욱 씨앗을 설명할 때는 하우스에 팔려고 심어 놓은 것들이 있으니 가보자고 하셔서 따라가서 보기도 했다. 9월경에 이미 뿌려서 손바닥 크기만큼 자란 시금치는 땅에 딱 붙어서 겨울 날 준비를 하고 있고, 잎이 쪼글쪼글한 토종 아욱은 그 자체로도 예뻐서 먹기가 아까울 정도였다. 가지고 계신 씨앗이 모두 옛날 어릴 적부터 키워왔다는 이금남 할머니와 이야기를 나누어 보았다.

이금남 님과의 인터뷰

이금남	이거 담어, 그럼. 서리태. 봉지 내놔 봐.
오도	네? 아, 서리콩.
이금남	이거는 씨 할라고 많이는 안 했어.
오도	조금씩만. 저희가 증식하려고.
이금남	그려, 이건 서리태여.
오도	서리태?
이금남	이게 섞어지긴 했는데.
오도	파란콩이에요, 이게?

이금남	파란콩인디 요 있잖여, 요거. 이거는 선비가 인자 먹글씨를 쓰고 앉았는디, 엄마가 콩을 골랐디야. 콩 골른 게 이게 뭐여 하고 한 번 집어본 게 이렇게 돼서 이게 선비콩이여, 이름이. 선비콩.
오도	아, 이렇게 잡은 자국이 까맣게 있다고요.
이금남	잉, 먹 묻은 손으로 잡아서 이렇게 생겼디야. 옛날부터 있는 거여. 이게 우리 어려서부터 선비콩이라고 있거든.
오도	먹을 쥔 손으로….
이금남	콩을 집어서 이렇게 됐다. 이거 갖고 가.
오도	이게 선비콩이라고 하는 거예요?
이금남	이게 선비콩.
오도	아, 제가 얘기를 많이 들었는데 이거구나.
이금남	옛날부터 이게 그래서 선비콩. 먹 묻은 손으로 뭐여, 그래서 이걸 집어봤댜. 이렇게 생겨서 선비콩이고, 이건 그냥 파란콩이고.
오도	섞였네요?
이금남	이건 이제 섞였어, 밥 해먹느라고. 이건 그냥 파란콩.
오도	밥에만 해서 드세요?
이금남	이건 아무것도 다 할 수 있어요. 볶아먹어도 되고, 저기 뭐여. 콩조림 해먹어도 괜찮고, 아무치게나 먹어도 괜찮고. 맛있어요, 이게.
오도	이게 할머니, 언제부터 재배하셨는지도 알려주시면 좋은데.
이금남	그건 옛날부턴가를 아남. 이제 다 잊어버렸지, 늙어서. 젊어서, 어려서부터.
오도	어려서부터? 그러면은 여기가 고향이세요?
이금남	아니여, 대천.
오도	고향은 대천이시고,
이금남	예.
오도	그럼 여기서는 시집오셔서부터 있었어요?
이금남	이런 거 있었지. 우리나라 옛날 어려서 쬐끄말 때부텀 이게 있었시유. 그래서 일러주더라고, 어른들이. 요게 선비가 이렇게 콩 고르는데 옆에 앉았다가 그게 뭐여, 하고 먹 묻은 손으로 집어서 선비콩이다. 옛날 우리 어려서 애들 때부터 이게 있었던 거여, 선비콩이라는 건. 이 파란콩도 그전부터 있었어.
오도	파란콩을 저기 창정 가니까 주시더라고요.
이금남	그럼 이건 갖고 가서 요것만 골라내고 밥 해먹어. 내놔, 좀 더 줄게.
오도	저희는 씨앗 도서관이라는 걸 만들 거예요.

이금남	그러면 요것을 인자 따로 골라서 따로 놓고.
오도	파란 거 따로 놓고.
이금남	예, 지저분한 건 밥 해먹고. 이건 이제 밥 해먹을라고, 씨는 또 따로 됐지. 나는 원체 씨부텀 딱 두고서.
오도	그러시죠. 씨 할 건 딱 챙겨 놓고.
이금남	예, 예. 그러고 먹고 그러니까. 여기다 창고에다 이렇게 됐잖여, 강낭콩.
오도	그게 씨앗 창고예요? 할머니, 잠깐만. 저 좀 사진 찍어도 돼요?
이금남	아이야, 어디 갔다 놨어. 이게 뭐여. 강낭콩 심을 거 내년 봄에. 며느리강 낭콩.
강혜순	그거는 율무다.
이금남	율무, 며느리강낭콩, 이거는 호랭이콩.
오도	호랑이강낭콩. 그거는 빨간….
이금남	빨간강낭콩, 저 이쁜이. 다 있슈. 여기 다 있잖아.
오도	수영아, 네가 이쪽에서 찍을래?
이금남	요것은 율무네.
오도	아주 깔끔하시다.
강혜순	그러니까.
이금남	깔끔하긴 뭐 깔끔혀.
오도	아주 씨앗 좋은 것만 다 두셨네.
강혜순	근사해요, 씨앗창고가.
이금남	요거, 요거는 아주까리 있잖아. 피마자라고.
강혜순	그거는 그거대로 여기다 덜까요?
이금남	그려, 이거대로만. 이거 우리 씨여.
강혜순	몇 개만 주시면….
이금남	아니, 종자 담아달라면 담아줄게.
강혜순	여기다 써놓자. 여기다 할머니 이름 좀 적어놓을게요.
이금남	아주까리. 피마자, 피마자라고 적어.
강혜순	피마자라고 할까요?
이금남	피마자라고 적어. 옛날 이름이 아주까리였어. 피마자는 쌈 먹는 거고….
강혜순	잠깐만요, 피마자.
이금남	피마자는 쌈 이름 없는 게 피마자고 이게 이파리 먹는 거.
강혜순	피마자는 이파리 먹는 거, 쌈으로.
이금남	이거는 그냥 씨여.

강혜순	할머니, 그게 피마자예요?
이금남	예, 씨.
오도	이파리 쌈으로 먹는 거?
이금남	예. 이파리 먹는 게 피마자라고 혀. 아주까리 이파리도 피마자라 하고. 이건 아주까리씨.
오도	옛날에 아주까리씨….
이금남	옛날에 기름 짰지.
강혜순	맞아요.
이금남	다 이런 건 다 기름 짰지.
오도	근데 이파리를 먹어도 된다고요?
이금남	예, 이게 얼마나 맛있는데.
강혜순	이거 맛있어요.
오도	못 먹는 줄 알았어요.
강혜순	데쳐 가지고….
오도	살짝 데쳐서?
강혜순	보름에도 이거 피마… 아주까리 먹었는데.
오도	몰랐어, 그거는.
이금남	요걸 참. 줘 봐, 요걸 다 가져가세요.
오도	이걸 다 가져가도 돼요?
강혜순	그건 뭐예요?
이금남	옛날이, 옛날부터 이걸 개파리동부.
오도	동부.
이금남	예. 동분디.
강혜순	할머니, 어려서부터…?
이금남	예, 어려서부터 있던 거여. 이런 동부는 개파리동부라고 그러고.
오도	응?
이금남	개파리동부, 이름이.
오도	해파리?
이금남	개파리.
오도	개파리?
이금남	개파리동부라고 하데, 이거 보고는. 그리고 이렇게 조금 잘고 하얀 거는 각시동부라고 그랬죠, 그때는. 이건 개파리동부라고 그러고, 하얀 건 각시동부라고 그렇게 했거든.

오도	이건 재팥이다, 그죠?
이금남	재팥. 가지가여. 재팥인데… 여기서 빨간팥 골라야 하나?
오도	빨간팥? 아뇨, 저희가 알아서 고를게요. 조금만 주시면.
이금남	그러면 밥 해먹어요.
오도	네, 저희가 골라서 씨앗 할게요.
이금남	이거는 저기 옛날부터 있던 건디, 이게 적두팥이라고도 하고… 지금 뭐라
	했지?
오도	재팥.
이금남	재팥이라고도 했어.
오도	네, 이게 잿빛이라서 재팥이라고 한다던데 적두팥이라고도 해요?
이금남	적두는 왜 그렇냐 하면, 마귀 있잖아. 마귀 쫓는 데 적두디야.
강혜순	아, 마귀 쫓는.
이금남	적, 적 있잖여. 우리나라는 적 있잖여, 따로. 그래서 적두팥이라고 했디여.
	옛날 어른들이 그러더라고.
오도	죽 쒀서 이렇게 뿌리면….
이금남	잉, 그 마귀가 다 나간다, 적을 몰아낸다 그래서 적두팥.
오도	이게 재팥이 귀하다고 그랬는데.
이금남	그게 더 맛있어.
오도	어이구, 많아. 됐어요. 그만그만.
이금남	밥 해먹으라고.
오도	할머니 거 남겨놓으셔야지.
이금남	이거나 그러면. 지저분하니께. 갖다 돌려서 밥 해먹고. 봉지 또 줘.
오도	그럼 이게 옛날부터, 시집왔을 때부터 있었다는 얘기세요?
이금남	오기 전부터 있지, 어려서부터. 이런 거 다 어려서부터 있는 거고. 저기 섞어
	졌잖여, 이거. 먹을라고 막 지저분하게 해놔가지고. 이렇게 줄게. 밥 해먹어.
오도	팥도 옛날 거예요?
이금남	팥도 옛날부터 있는 거여, 아주 옛날부터. 팥죽 쒀서 정월보름날이면 막
	저기 마귀 나가라고. 밥 해먹어. 지저분한 거 고르고.
오도	재팥은 밥에 넣어서 드시고 또 어떻게 드세요?
이금남	고물을 해도 좋고 암치게나 먹어도 이게 맛있는 거여.
오도	밥에 넣고… 고물? 떡고물이요?
이금남	예, 예.
강혜순	할머니, 이 빨간 팥 작고 큰 게 있는데 그거는 뭘까요? 다 같은 종자죠?

이금남	이거는 이제 지저분해, 덜 영글어서. 큰 놈은 제대로 영근 거고 이거는 덜 영글어갖고 마르면 작어.
강혜순	아, 예. 마르면.
이금남	마르면 작어. 덜 영글어갖고. 다 했지, 씨앗? 저쪽 가면 깨 같은 것도 다 하나? 참깨나 들깨.
오도	참깨랑 들깨? 조금만….
이금남	그것도 달라고?
오도	네, 저 빨간콩 궁금한데… 이거 뭔지 궁금해요, 할머니.
이금남	이게, 저거… 이쁜이강낭콩.
문수영	예쁘게 생겼다.
이금남	이쁘잖아.
오도	이거 언제 심어요?
이금남	이거는 봄에, 강낭콩 심을 때.
강혜순	빨갛네요.
오도	그러니까. 너무 예뻐서. 이게 넝쿨져요?
이금남	아니여, 안 져. 이건 넝쿨강낭콩 아니여.
강혜순	이렇게 주시면 손해나는 거 아니에요?
오도	그러니까. 농사 지셔야지, 내년에 또.
이금남	씨 둥그려놔도 이래. 이거 쪼금밖에 안 줬어.
오도	이건 어떻게 드세요?
이금남	이것도 삶아서 밥 해먹고 그러지 뭘. 삶아서 해먹어야 맛있어.
오도	삶아서? 삶아서 밥에 넣어야 돼요?
이금남	삶아야지, 이것도. 마른 건 삶아야 하고 풋것은 그냥. 시퍼런 건.
오도	물에 담가놓는 걸로는 안 돼요?
이금남	담가도 붓지는 않겠지.
강혜순	그건 무슨 씨예요, 배추씨? 무씨?
오도	그러니까. 그런 종류 같은데,
이금남	이건 가동채씨여, 가동채.
오도	가동채. 유채 같은 거죠?
이금남	줘요, 이것도?
오도	그거 지금 뿌리는 거죠? 그죠? 지금 뿌려도 안 늦어요?
이금남	날 테죠.
오도	조금만 주세요, 할머니.

이금남	이거 많이 나요. 이거 내년에 심을라고.
오도	뿌려놓으면 내년 봄에 나물로 먹으면 좋은데.
이금남	그것처럼, 저 뿌리처럼.
오도	우리 어려서 많이 먹던 거, 뿌리 채 먹던 거.
강혜순	아욱이에요?
오도	아, 우리 아욱씨 없는데.
이금남	그럼 가져 가.
오도	네, 이게 잘 안 받아두니까 금세 없어지더라고.
이금남	저기 뿌린 게, 하우스에 뿌린 게 이거 뿌린 거거든? 잘 났어. 내가 받아서 뿌린 거여, 이게. 옛날 거. 지금처럼 큰 것도 아니고.
오도	잎이 좀 더 작죠, 지금 거보다?
이금남	지금 거보다 잎이 오글오글해. 오글오글해 갖고 이게 덜 쇠요, 시금치보다. 지금 새로 난 건 넓적해.
오도	맞아요. 씨도 작아.
이금남	배추씨도.
오도	배추씨 있으세요? 무슨 배추? 개성배추?
이금남	아니, 이건 갓.
오도	갓도 조금 주세요.
이금남	갓도 달라고(웃음)? 이것도 저기 회관 가서 올해 많이 받아 갖고… 김장할 때 넣는 갓. 많이 가져가. 회관 가서 많이 줘.
오도	씨를 사다 쓰거든요. 이거 청갓이에요?
이금남	잉, 새파란 거. 저기 난 거.
강혜순	이것도 옛날부터 씨 받으신 거예요?
이금남	받아서 쓰요.
오도	할머니 밭에 가면 이것저것 많겠어요, 1년 내내.
이금남	1년 내내 먹어. 파씨, 대파씨 줘?
강혜순	아, 대파씨요. 있으세요?
이금남	그걸 나도 받아 써, 나도.
오도	오, 파씨 좋아. 파 올해 잘됐어요?
이금남	잘된 게 아니라 가을에 뿌려놓으면 이렇게 났다는 거지.
오도	옛날 대파씨는 작아요.
이금남	아니여, 거름 많이 하면 부드럽지. 파도 거름 많이 하면 커. 이것도 줘?
오도	이게 집집마다 조금씩 다른가? 조금씩 다르겠죠, 대파가?

이금남	저기 장에 가서 파는 애 있잖여. 장에서 파 사먹으면 대파들 있잖아. 이거 받아서 하면 파가 커도 부드러, 연하고. 우리 저놈이 이제 크면 거기다 심어서 봄 되면 이래 팔어. 팔으라고 심어.
오도	이것도 옛날부터 하신 거죠, 그러니까?
이금남	예, 옛날부터. 아주 옛날부터.
오도	어떻게 이렇게 오래 보존하실 수가 있어. 대단하셔, 할머니, 하다 보면 막 못 하고 이러잖아요.
이금남	못 하면 인자 여기 서로가 한집들 얻어다 써, 얻어다가. 시골은 다 신식으로 어서 그런 종자가 아니고. 요거, 요건 산 것 같다. 상추씨 같은 거. 여기 들었나 모르겠네. 상추도 난 받아 써.
오도	어머, 상추 좀 주시면 안돼요?
이금남	긴가 모르겠네. 상추씨가 어디가 있나. 이건 산 거여, 이건 사서 쓰는 거고.
오도	이건 오이래요, 할머니. 여기 쓰여 있네. 이거 조선오이에요?
이금남	예, 노각 되는 건데.
오도	몇 개 주셔도 돼요?
이금남	드려도 되는디 묵은 놈이라서. 묵은 놈은 나기는 나는데… 이게 그거요, 옛날 노각. 우리는 신식 오이 그런 거 없어. 그거 해서 노각 해먹고.
오도	옛날 오이지?
이금남	예, 그런데 이게 정신이 없어갖고 지금쯤….
강혜순	될 것 같아요. 이 정도면 싹 날 것 같아.
오도	많이 가져가는데 몰르면 또 심어야지. 이 놈 갖다 심어.
이금남	그게 무슨 오이에요?
오도	노각, 노각.
이금남	햇노각. 큰 놈 받은 거여. 누가 줬어. 따로 해놔요, 저놈하고는. 저놈은 작년 건지 몰라. 이건 무슨 할머니가 갖다 줬어. 맛이 좀 달라, 이게.
오도	언제부터 받으셨는데요, 이거는?
이금남	노각은 옛날부터지.
오도	옛날부터?
이금남	지금은 한국 거면 되야, 국산이면은. 옛날에 하던 거면 되야. 자꾸 하나하나 받아서 쓰니까.
문수영	아까 오이랑 두면 안 되겠다.
이금남	긴가 아닌가.
오도	도라지씨네.

이금남	아, 이거 도라지씨네.
오도	이건 홍화씨.
이금남	그려, 내가 써놨어. 정신이 없어서 이렇게 금방… 아까 그거 안 써놔서 모르는 거 봐.
오도	도라지씨.
이금남	예, 씨 받은 거.
오도	이거 옛날 도라지씨죠?
이금남	도라지는 다 옛날부터 있던 거여.
오도	도라지는 몇 년 키우세요?
이금남	그거는 나 하고 싶은 대로 해여. 잘 되면 1년도 캐먹을 수 있고. 올해 또 약이라도 할라면 씨는 2년 돼야 받어. 많이 받았지, 쬐끔 심었는데.
강혜순	진짜 많이 하셨네.
이금남	작년에 누가 줬어, 도라지를. 누가 씨를 이맨치 주더라고. 그래서 뿌렸더니 났어. 작년에는 못 받고 2년 되니께 씨가 많이 열었어.
오도	도라지가 1년 되면 옮겨 심으라고 그러던데, 맞아요?
이금남	아녀, 아녀.
오도	안 그래도 돼요?
이금남	예, 그냥 놔두고서… 내가 녹두 찾다가 쬐끔 넣어 놨는데, 홍화씨는 달라고?
오도	네, 홍화씨는 뭐할 때 쓰세요?
이금남	뼈가 튼튼해진다고, 이거.
오도	맞아, 옛날 어른들이.
이금남	지저분하게 났어.
오도	아유, 예쁜데요. 이거 씨를 갈아서 약으로 쓰는 거예요?
이금남	예, 씨만 갈고.
오도	씨를, 껍질을 안 벗기고 그냥 갈아요?
이금남	이게 옛날에는 화초로 심었어, 꽃밭에다. 노랗게 꽃 볼라고, 그게 좋다 해서들 이렇게 퍼졌어. 이것도 외국산 많어.
강혜순	아, 이건 국산이에요?
이금남	외국산은 더 굵고 더 커.

할머님은 천상 농사꾼

우리는 2014년에 모두 열네 분의 할머니를 만났다. 그중에서 제일 많은 종류의 씨앗을 가지고 계시고, 가장 많은 종류의 씨앗을 나눠주신 할머니. 그리고 가지고 계신 씨앗과 작물의 특징을 알기 쉽게 가장 잘 설명해주셨다. 팔순이 넘은 연세에도 또렷하게 기억하고 계신 모습을 보며 천상 농사꾼이라는 생각이 들었다.

농사를 지으시면 제일 좋은 것부터 씨앗 창고에 쟁여놓고, 조금만 달라고 해도 남는 건 갖다 밥에 넣어 먹으라고 하시며 움푹움푹 퍼 주신다. 몇 해 전에 "김치를 주는 사람은 인심이 좋은 사람이래요"라는 말을 들은 적이 있다. 나는 씨앗 마실을 다니면서 씨앗을 나눠주는 사람이 진짜 인심이 좋은 사람이라는 생각이 들었다.

할머니가 챙겨주신 열세 종류의 씨앗이, 몇 십 년 동안 할머니의 손에서 자란 씨앗들이, 옛날 조상들과 지금, 그리고 앞으로 태어날 아이들 사이를 연결해주는 매개체 역할을 할 게 틀림없다고 기대해보며 돌아왔다.

어려서부터 키우셨다는 선비잡이

마귀를 쫓아준다는 적두

끝없이 나오는 씨앗들

잎이 오글오글한 토종 쪼글이아욱

토종씨앗으로 가득 찬 서랍장

철원에서 홍성으로
정영희 님의 씨앗

일시 : 2014. 11. 28(금)

장소 : 충청남도 홍성군 홍동면 지정리

수집 씨앗 : 검은찰옥수수, 콩나물콩

"아니, 이유가 뭐냐면 할머니를 따라서 콩밭 중간에 심었거든."

"응, 그래서 우리 아버지가 콩 좋다고 나 주신 거거든. 이건 안 터져. 각
자 장점이 있으니까 살아남는 것 같아."

귀농농부 정영희샘을 찾아서

2014년 씨앗 마실 팀에서는 마지막으로 정영희샘 댁을 찾았다. 성
남에서 8년 전 홍동으로 귀농해 지금껏 농사를 지으며 두 아이를
키우며 살고 있다. 농부이자 엄마인 정영희샘은 오래전부터 '씨

앗'에 대한 관심이 지대하여 함께 씨앗 마실을 다니기도 하고, 동네 할머니들께 받은 토종씨앗으로 직접 농사를 짓기도 한다.

정영희샘이 사는 마을은 장곡면으로 홍동면과 장곡면의 경계 지점에 있는 지정리라고 하는 곳이다. 어릴 적 친구들이 살고 있던 마을이기도 해서 오며가며 봐왔던 곳이다. 행정구역상으로는 장곡면이지만 초등학교나 중학교가 홍동에 더 가까워서 대부분의 친구들이 우리와 같은 버스를 타고 학교에 다녔다.

홍동면 면소재지에서 장곡면이 시작되는 지점까지의 거리는 약 4킬로미터 정도이다. 4킬로미터…. 〈아리랑〉 노래 중에 '나를 버리고 가시는 님은 10리도 못 가서 발병 난다'라는 구절이 있다. 어릴 때는 10리가 엄청 먼 거리인 줄 알았다. 발병이 날 정도니 말이다. 그런데 커서 알고 보니 4킬로미터가 10리라는 것 아닌가? 나는 그 얘기를 듣고 깜짝 놀랐다. 내가 어릴 때만 해도 4킬로미터를 매일 걸어서 초등학교를 왔다 갔다 했기 때문이다.

왜 10리도 못 가서 발병 날까?

마을에 버스가 들어온 게 지금 기억으로 5학년 정도니까 그 전까지는 어린아이의 발걸음으로 1시간 정도면 4킬로미터를 걸어서 갈 수 있었던 것이다. 그런데 왜 '10리도 못 가서 발병'이 난다고 했을까? 어느 날은 밭에서 김을 매다가 문득 이해할 수 있겠다는 생각이 들었다.

옛날에는 교통편이라고는 소나 말이 전부였고, 면 단위마다 장이 서고, 그 안에서 자급자족할 수 있는 모든 여건이 다 되었다. 걸어서 다닐 수 있는 범위 내에 장도 서고, 이발소랑 점방, 방앗간도 다 있었으며, 그 이상 멀리 갈 때는 가마나 말을 타고 지금 말하는 '여행'을 떠났으리라. 그러니 10리를 넘어 간다는 얘기는 생활권이 바뀌는 동네로 넘어 간다는 것이고, 그렇게 되면 먹는 거며, 말이며 모든 게 바뀌게 되는 셈이다. 씨앗 마실을 다녀보면 홍동면에는 14개 리(작은 마을 단위, 부락이라고도 한다)가 있는데 대부분이 면소재지를 중심으로 4킬로미터 안에 다 분포되어 있음을 알 수 있다.

더 신기한 부분은 벌들의 행동 범위가 4킬로미터라는 것이다. 벌들도 10리 이상 벗어나지 않는다는 것! 벌은 식물의 꽃가루를 옮겨주는 역할을 하기 때문에 씨앗과도 중요한 관계가 있다고 할수 있다. 만약 벌이 4킬로미터 이상의 거리를 날아가서 꽃가루를 옮겨 온다고 하면 지금과 같은 식물의 다양성은 상상도 하지 못했을 것이다. 지금은 많이 사라졌지만 우리나라 토종벼의 종류가 1,400가지도 넘었다고 한다. 그 말은 각 마을마다 다른 품종의 벼를 심었다는 뜻이다. 지방마다 기후가 다르고 마을마다 토질이 다르니 당연한 일이었을 것이다.

농사의 역사는 지혜의 역사다

여러 가지 사실들을 모아 생각해보면 '우리 조상들의 지혜로움'에 감탄하지 않을 수 없다. 마을마다 자급자족하는 공동체를 이루고, 멀리 차를 타고 이동할 일도 없으니 저절로 환경을 지켰고, 아이들은 자라서 마을에 남아 자기가 하고 싶은 일을 어른들에게 배우며 살았다. 씨앗은 시어머니나 친정어머니가 물려주신 걸 받아서 썼으니 돈 주고 살 일도 없었을 것이다. 그야말로 우리가 지금 다시 찾고 싶은 생활방식이 아닐까라는 생각마저 든다.

다시 씨앗 마실 이야기로 돌아오면 정영희샘이 홍동과 장곡의 경계지점에 살고 계심으로 해서 우리는 같지만 조금은 다른 마을 풍경과 농사방법을 엿볼 수 있었다. 씨앗 마실을 하기에는 너무나 젊은 분이기는 하지만 동네 할머니들에게 씨앗을 받아서, 할머니들이 가르쳐주시는 방식으로 농사를 짓는 중요한 일을 하고 있다는 점에서 분명 배울 게 있었다. 더군다나 정영희샘의 부모님은 강원도 철원에서 줄곧 농부로 살아오신 터라 아버지께 받은 귀한 콩도 중요한 역할을 해내고 있었다.

가까이서 보니 생각보다 알갱이가 작다.

동네 할머니한테 얻어서 심고 있는 검정옥수수

검정옥수수와 토종찰옥수수. 검정옥수수가 두 배는 크다.

'늦은깨'와 토종감
서용숙 님의 씨앗

일시 : 2016. 11. 21(월)

장소 : 충청남도 홍성군 홍동면 월현리 종현마을

수집 씨앗 : 늦은깨, 토종감, 토종생강

"감이 이렇게 생겼는디 이게 아주 옛날 토종이여. 이런 감 못 봤쥬?"

"할머니가 심으신 감나무여요?"

"이것도 나 시집왔을 때. 이건 우리밖에 없어."

농사는 더 이상 짓지 않지만

코끝이 시려오는 겨울날처럼 쨍하게 푸른 하늘이 떠다니는 낮 시간, 2016년의 첫 씨앗 마실을 앞두고 묘한 긴장감과 설렘이 점점 커지고 있었다. 사실 지난주에 지역 주민의 제보를 받고 창정마을

회관에 갔지만, 때마침 수지침을 놓는 선생님이 오셔서 할머니들과 깊게 이야기를 나눌 수 없었다. 새로운 씨앗과 사람을 만난다는 기대감에 부풀어 있다가 아무것도 하지 못하고 돌아오니 괜히 마음이 작아지고 자신이 없어졌다. 그래도 오늘만큼은 어떤 이야기라도 펼쳐지지 않을까 하며 마을 구석구석을 돌아다닐 생각에 단단히 채비를 하고 길을 나섰다. 이번 씨앗 마실의 목적지는 홍동면 월현리 종현마을이다. 갓골에서 종현마을이라고 적혀 있는 표지판을 넘어 쭉 뻗어 있는 길을 따라가면 나오는 이 마을은 걸어서도 쉽게 갈 수 있었지만 마을에 아는 분이 없어 그동안 한 번도 찾아가보지 못했던 곳이었다.

빈 들녘을 풍경 삼아 천천히 걷다 보니 종현마을 입구에 다다랐다. 혹시 종현마을회관에 누군가 계실까 해서 들여다봤지만 회관은 비어 있었다. 씨앗 마실 팀원인 이예☆ 양이 출퇴근길에 지나가다 종종 보았던 집이 있다며 그쪽으로 발걸음을 옮겼다. 갈색 벽돌집에 살고 계신 아저씨와 아주머니는 밭에 남아 있는 농작물들을 갈무리를 하느라 바쁘게 일하고 계셨다. 홍동에서 태어나고 자란 토박이 주민 아저씨의 집에서 대물림되어온 가동채(유채) 씨앗을 조금 얻고선 길을 여쭈어봤다. 어디로 갈지 막막하던 차에 저 멀리 은행나무를 따라 뒷집으로 가보라는 아저씨의 말씀을 듣고 오솔길을 걸었다. 아주 멀리서 볼 때는 낮은 언덕과 숲뿐이었는데 안쪽으로 걸어가니 크고 작은 집들이 붙어 있었다. 은행나무가 곳곳에 있어 길을 헤매다가 담벼락 너머로 깨끗한 마당과 줄맞춰 걸려 있는 농기구들, 꽃과 작은 나무가 심겨진 화분이 있는 소담한 파란지붕을 발견했다. 왠지 저 집이라면 오랜 세월을 견뎌온 씨앗이 있을 것 같은 느낌이 들었다. 그 느낌에 이끌려 나는 현관문으로 다가갔다.

똑똑똑. 희미한 인기척이 들렸다. 한 번 더, 이번에는 초인종을 눌렀다. 얼마 지나지 않아 문이 열리고 흰머리가 지긋하신 할머니 한 분이 나오셨다. 안녕하세요, 하고 인사를 드리고선 우리를 소개했다. 하지만, 할머니는 나이가 많아 이제 더 이상 농사를 짓지 않아서 남아 있는 씨앗을 다 버렸다고 하셨다. 분명 무언가 있을 것 같았는데 진한 아쉬움이 남았다. 감사하다는 말씀을 드리며 돌아가려는데 갑자기 할머니가 우리를 다시 부르셨다.

"들깨 씨앗은 있슈. 늦은깨."

들깨(늦은깨)

할머니가 스물한 살이었던 그해, 광천읍에서 시집오실 적에 이 마을에 있는 모든 집이 전부 늦은깨를 심고 있었다. 그때는 신품종이 따로 없고 늦은깨 한 종류만 있었다고 한다. 시어머니가 심어오시던 것을 자연스럽게 이어받아서 농사를 지으셨는데 30년 전부터 마을에 있는 사람들이 서서히 신품종으로 들깨 씨앗을 바꾸기 시작했다.

"나도 아는 사람이 좋다고 해서 신품종으로 바꿔다 1년을 해봤슈. 근데 맛이 없어."

늦은깨는 신품종에 비해 알이 잘고(작고) 수확시기가 늦지만, 기름을 짜면 더 맛있기 때문에 오랫동안 계속 이 들깨 씨앗으로 농사를 지어오셨다. 연세가 많으시고 몸이 좋지 않아 예전만큼 농사를 짓지 못하지만, 들깨는 올해 간신히 심으셔서 아드님이 털어 주셨단다. 알고 보니 아드님은 풀무학교 고등부를 졸업하셨고, 지금은 서울에 살며 직장에 다니신다고 했다.

늦은깨는 이른깨, 중깨와 똑같은 시기(6월 말~7월 초)에 심어서 11월 초순에 바심을 한다. 이른깨 같은 경우는 추석 즈음, 중깨는 10월 중순에 바심을 할 수 있어서 남들보다 빨리 들깨를 수확할 수 있다. 그럼에도 불구하고 할머니는 계속 말씀하셨다.

"이른깨는 맛이 없으니께. 늦은깨는 늦어도 맛이 있어유."

농사를 짓는 이유. 사람마다 제각기 다른 무수한 이유가 있겠지만, 맛있는 음식을 함께 나누고 싶은 그 소박하고 따뜻한 마음이 깊은 울림으로 다가왔다.

토종감

"감이 이렇게 생겼는디 이게 아주 옛날 토종이여. 이런 감 못 봤쥬?"

토종감이라니! 이제껏 보았던 감과 생김새가 달랐다. 마루 한쪽 상자 안에 담겨 있는 토종감은 열매가 아주 작고 굴곡이 있었다. 꼭지만 빼면 토마토처럼 보이기도 했다.

"할머니가 심으신 감나무에요?"

"이것도 나 시집왔을 때. 이건 우리밖에 없어."

오래 전, 할아버지가 계실 때 이웃집에 심겨져 있던 감나무 나뭇가지를 꺾어다가 접목하셨다고 한다. '대(대나무)' 빼고는 어느 나무에나 접목할 수 있단다. 이제는 이웃집에 있던 감나무도 없어지고 할머니 집에만 고스란히 한 그루 남아 있다. 요즘 다들 대봉감이니, 신품종이니 하는데 누가 이런 옛날 감을 심겠냐고 묻는 말씀에 기나긴 시간과 공간, 그리고 오래된 것을 지켜온 단단함과 자랑스러움이 전해져왔다. 따뜻한 햇살이 비추는 창가에서 할머니가 주시는 토종감을 먹었다. 참 달고 맛있었다. 감에서 나온 씨앗들을 밭둑에 따로 심어보고 봄이 오면 나뭇가지를 얻으러 다시 찾아오기로 약속했다.

재미있는 이야기 하나. 토종감을 이야기하다가 옛날에 토마토가 우리나라에 처음 들어왔을 때 '1년 감'이라고 불렸다는 사실을 들었다. 우리가 보았던 토종감이 토마토와 비슷하게 생겼다는 생각을 했는데 옛날 어르신들이 알고 있는 감 모양은 굴곡이 있었으니 토마토를 보며 감과 비슷하다고 생각했던 것이다.

생강

들깨(늦은깨) 씨앗을 찾으러 광에 갔다가 발견한 토종생강. 할머니는 농사를 짓지 않아서 씨앗을 다 버렸다고 하셨음에도 불구하고 정말 필요한 것들, 차마 버릴 수 없는 것들을 조금이나마 지어오고 계셨다. 날씨가 추워 겨울을 나기 위해 작은 스티로폼 상자 속에 흙과 함께 씨생강을 담아두셨다. (생강을 수확해서 보관하는 방법은 스티로폼 상자에 흙을 넣고 생강을 쌓고 또 흙을 넣어 뚜껑을 닫은 상태로 13도가 넘는 장소—보일러실이 가장 좋다—에 둔다.)

"이것도 옛날 거. 중국산이나 신품종은 알이 엄청 굵고 맛이 적은데 토종은 안 그려."

생강 또한 시어머니로부터 받은 씨앗이었는데 시집오기 전에도 토종생강이 고향집에 있었단다. 생강은 싹이 늦게 나는 편이라서 4월에 심으면 보리밭을 거두는 6월에서야 싹이 난다고 한다. 또 다른 상자에는 올해 먼저 심었던 씨생강인 종강을 차로 끓여먹기 위해 알뜰하게 따로 모아두셨다. 우리는 귀한 생강 씨앗 네 개를 얻어서 할머니를 따라 흙과 팽연왕겨(벼의 겉껍질을 벗겨낸 것/팽연왕겨는 얼지 않는다)를 섞어 스티로폼 상자에 넣고 따뜻한 보일러실에 보관해두었다. 이듬해 봄에 이 생강을 심고 또 심어 다른 사람들에게 더 많이 나누어지길 바라면서.

신품종에 비해 작지만 더 고소한 늦은들깨

향이 좋은 토종생강

동네에 한 그루만 남아 있는 토종감

농기구 창고와 풍경

할머니와 호박들
손봉운 님의 씨앗

일시 : 2016. 11. 28(월)

장소 : 충청남도 홍성군 홍동면 원천리

수집 씨앗 : 호박, 취나물

"그런 것두 이제 못 허겠대. 꼬부라져서 널 수가 있어야지.

어제 그거 하느라구 죽을 똥 쌌네."

"취나물. 뜯어다 팔지. 그런 거 혀야지, 어쩔 수 있간?

쌀은 너무 싸니까 쌀 허여? 그런 거나 해서 쓰지."

소박한 농촌마을을 만나다

따뜻한 햇볕이 내리쬐던 11월. 씨앗 마실 팀이 나선 곳은 홍동면
원천리라고 하는 마을이다. 행정구역상으로는 홍동면에 속하지

만 인근 소도시인 광천읍과 홍성읍에 가까워 옛날부터 읍내로 장을 보러 다니셨다고 한다. 생활권이 다르다 보니 홍동과는 왕래가 적은 마을인 듯했다. 홍동국민학교를 다닐 때 원천리에서 오는 친구들이 있기는 했지만 놀러가거나 그 동네 아이들이 우리 동네로 놀러오는 일도 별로 없어서 어디에 있는 마을인지 잘 모르고 자랐다. 그러다 이번 씨앗 마실을 통해 처음 발걸음을 하게 되었다.

홍동에 있는 밝맑도서관과 풀무학교생협 맞은편으로 나 있는 논 샛길로 쭉 따라가다 보면 월현리 개월마을이 나온다. 구불구불한 농로를 따라가다 보면 개월마을이 끝나는 지점에 큰 개울이 나오고, 오른쪽으로 난 길 쪽으로 방향을 틀면 개울을 건너는 작은 다리가 있다. 큰길에서 쭉 들어간 마을이다 보니 아직도 그 옛날에 만들었을 법한 오래된 다리를 건너면 버스가 다닐 수 있을 정도로 큰 도로가 있는데 그 도로를 따라 오른쪽으로 크게 자리를 잡은 마을이 원천리 마을이다.

언뜻 보기엔 20여 가구가 모여 사는 곳처럼 보이지만 실제로 들어가 보면 골목마다 집이 붙어 있어서 생각보다 더 많은 가구가 살고 있다는 걸 알 수 있다. 마을로 들어서면서부터 주변이 깨끗하고 새로 지은 집들이 별로 없는 걸로 보아 소박한 농촌마을이었음이 분명하다. 크게 부자도 없고 그렇다고 엄청 가난한 사람도 없을 것 같은 마을. 그래서 마을로 들어갈 때부터 마음이 편했는지도 모른다.

사라지는 씨앗

겨울이라 일을 하시는 분들이 거의 눈에 띄지 않았지만, 햇빛이 잘 드는 쪽으로 따라가다 보니 마당에서 풍구질을 하시며 콩을 고르는 분들이 있었다. 일흔 넘어 보이는 어머니와 마흔 중반쯤으로 보이는 아드님이 함께 일하고 계셨다. 가을 내내 미뤄두었던 서리태를 바람에 날리신다. 새까맣고 반짝거리는 서리태가 어찌나 예뻐 보이는지 할머니께 가까이 가서 여쭤봤다. 신품종이라고 하신다. 몇 해 전부터 씨를 바꿔서 농사를 짓고 계시다고 한다. 어디서 왔냐며 궁금해 하셔서 "씨앗 도서관을 만들거예요"라고 말씀드렸다. 그랬더니 "이 동네는 옛날 거 없어. 다 신품종으로 바꿨어"하시며 안타까워하셨다.

한 해 한 해 씨앗 마실을 갈 때마다 씨앗이 사라지고 있다는 걸 피부로 느끼고 있지만, 꽤 오래된 듯한 마을에서, 꽤 오랫동안 농사를 지어오신 이런 분들마저 옛날 씨앗을 갖고 있지 않다는 걸 확인하고 마음이 편치 않았다. "그래도 혹시 소개시켜주실 분 없으세요?"하고 여쭈어보았지만 "여기는 없으니 딴 동네로 가보라"고 하시며 다시 일에 몰두하신다. 겨울이라 해도 짧고 추우니 계속 여쭙기도 죄송했다.

늙은호박이 주렁주렁

아쉬운 마음을 뒤로 하고 천천히 마을을 둘러보며 나오는데 마을 위쪽으로 해가 잘 드는 곳에 기다란 꽂이용 호박이 주렁주렁 널려 있는 집이 보였다. 규모가 큰 게 옛날에는 농사도 제법 많이 지으셨나 보다. 곧바로 가는 길이 없어 집만 보면서 길을 따라가다 보니 어느새 마을이 다 내려다보이는 꼭대기에 도착해 있었다. 손으로 짜서 만든 나무문 앞에는 의자 하나가 놓여 있고, 지금은 비어 있는 축사 앞에 걸린 빨래 줄에는 가늘고 길게 자른 노란색 늙은호박이 주렁주렁 매달려 있다. 떡에 넣어 드시려고 껍질을 벗겨 말리고 계신 모양이다. 옛날엔 시골에 가면 어느 곳에서나 흔히 볼 수 있는 풍경이었지만 지금은 이마저도 잘 볼 수 없다.

집으로 들어서는 길목은 오솔길이었다. 집 앞에 펼쳐진 넓은 마당엔 티끌 하나 보이지 않을 만큼 깨끗하다. 농기구도 깨끗하게 보관되어 있다. 처마 밑에는 옥수수가 몇 자루씩 다발로 매달려 있다. 마당이 너무 깨끗해서 발을 들여놓기 민망할 정도였다. 3년째 씨앗 마실을 다니며 우리가 터득한 것이 있다면, 씨앗을 잘 챙겨놓는 할머니 치고 집이 지저분한 분은 없었다는 것! 씨앗을 잘 받으시는 분은 집도 깨끗하다. 그래서 약간 긴장하며 문을 두드렸다. '설마 옛날 씨앗을 받는 분이 한 분도 안 계시지는 않겠지' 하는 마음으로 말이다.

손봉운 님과의 인터뷰

인기척은 없었지만 대문이 열려 있어 안으로 들어가며 누가 계신지 여쭈었다. 세 번째 불렀을 때야 할머님이 나오셨다. 바로 오늘의 주인공인 연세 여든둘의 손봉운 할머니시다. 스물두 살에 이 마을로 시집오셔서 여태껏 농사를 짓고 계신다. 이야기를 시작하자 할머니께서 먼저 질문을 던지셨다.

손봉운	씨앗은 왜 받으로 대녀?
씨앗	저희가 학교에서 농사를 오래하다 보니까요. 옛날 씨가 자꾸 없어지는 거예요, 사다가 심다 보니 그래요. 게다가 요새 씨앗은 심으면 씨를 받아서 쓰기가 어렵잖아요? 저희가 공부해보니까 씨앗을 받아쓰는 게 정말 중요하더라구요. 요즘 거는 큰 회사에서 씨앗을 다시 못 받게 만들어요. 외국에서 들여오기도 하고.
손봉운	밤콩 같은 것두 다 이상해진다고 하데. 옛날 거, 서리태나 밤콩 같은 거 달구 맛있지.
씨앗	그래서 나중엔 옛날 게 없어지게 생겼더라고요. 올해가 3년짼데 이쪽 동네는 처음이에요. 할머니들이 주신 거를 가지고 씨앗 도서관을 만들었어요. 도서관 가면 책을 빌려주는데, 씨앗 도서관에선 씨앗을 빌려줘요. 농사지어서 씨앗을 도로 갚는 거죠.
손봉운	없어지지 않게끔 하는 거구먼.
씨앗	그런데 할머니 두 분 만났는데, 다 신품종 심었다고 하세요.
손봉운	장에서 신품종 사다 심는대. 굵고 좋다구.
씨앗	팥이나 깨 이런 거라도 할머니들이 키워서 하시는 분 있으면…. 그냥 가려다가 할머니 집 앞에 호박이 주렁주렁 걸려 있기에 들러봤어요.
손봉운	(호박은) 먹구서 씨 집어넣으면 내년에 또 나. 지가 얼어서 죽고서 날 놈들은 나. 그래서 아까워서 썰어 널었지. 그런 것두 이제 못 허겄데. (허리가) 꼬부라져서 널 수가 있어야지. 어제 그거 하느라구 죽을 똥 쌌네.

할머니의 씨앗 보관법

여든 넘으신 할머니가 씨를 보관하는 곳은 '땅속'이었다. 이제 허리가 꼬부라지고 몸을 마음대로 움직이실 수 없으니 거두어들일 힘도 없으신 것이다. 모든 걸 전기(기계나 냉장고)에 의존하면서 사는 우리와는 전혀 다른 방식이다. 굳이 씨를 받지 않아도 되는 놈들은 그냥 두면 살 놈만 살아남아 다음 세대를 이어간다고 한다. 특히 호박은 씨앗 수명이 길어서 몇 년에 한 번만 씨를 받아두면 5년 동안은 심을 수가 있다. 잎에서 열매, 씨앗까지 먹을 수 있는 호박이 사라지지 않고 지금까지 우리 곁에 남아 사랑을 받을 수 있는 배경이다.

할머니께서 주신 두 번째 씨앗은 취나물이다. 시멘트를 바른 마당 가장자리에는 빈틈이 없을 정도로 취나물이 심겨져 있다. 8년 전에 할아버지께서 돌아가신 후 대부분의 농사를 접고 할머니는 주로 집에서 드실 수 있는 채소나 나물만 가꾸신다고 한다. 그중 하나가 취나물이다.

이 동네는 들어오면서부터 길 양옆으로 비닐하우스가 여러 동 있었다. 그런데 비닐이 벗겨져 있는 게 이상했다. 여쭈어보았더니 취나물을 재배한다는 것이다. 언젠가부터 농사로 먹고살기 힘들어지면서 하우스에 취나물을 심어서 자식들을 학교에 보냈다고 하신다. 취나물은 한겨울 빼고는 잎을 계속 뜯어 먹을 수가 있고 향이 좋다 보니 우리나라 사람들이 누구나 좋아하는 나물이기도 하다. 할머니도 예전에는 하우스에서 재배하다가 이제는 다 없애고 자식들 오면 줄 거랑 당신 드실 것만 하신다고 했다. 다년생이 라서 한 번 심어놓으면 계속 수확할 수 있어서 손이 덜 가면서 쓸 모가 많다고 하신다.

"이 동네에선 다른 채소나 쌀농사는 안 해요?"

"쌀은 너무 싸니까 쌀 허여? 그런 거(취나물)나 해서 쓰지."

이야기를 듣고 마음이 착잡해졌다. 더 이상 말을 잇지 못하고 대문 앞에서 할머니와 사진을 찍고 인사를 드렸다. '할머니, 그래 도 쌀농사는 해야 되지 않아요?'라고 말하고 싶었지만, 그냥 나 혼자 머릿속으로만 중얼거렸다. 동행했던 사람 누구 하나 말을 잇지 못했다. 싸니까 안 하는 농사. 비단 쌀농사뿐만이 아닐 것이다. 그래서 결국 토종씨앗들도 사라지고, 씨앗을 사서 쓰게 되는 것이 아닐까? 그래서 결국은 우리 식탁이 비료와 농약으로 버무려진 GMO 작물로 차려지고, 결국엔 원인을 알 수 없는 희귀병과 암으로 생을 마감하게 되는 것 아닐까?

밭둑 한쪽에서 발견한 호박에서 꺼낸 토종호박 씨앗

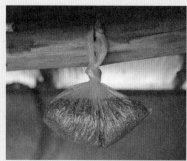

취나물 씨앗   할머니가 좋아하시는 찰옥수수

할머니의 농기구 창고

씨앗은 누가 지키나
최희섭 님의 씨앗

일시 : 2016. 12. 6(화)

장소 : 충청남도 홍성군 홍동면 효학리

수집 씨앗 : 단수수, 고구마

"옛날엔 열일곱, 열여섯에 많이 왔어. 일본 집에 정신대 끌려간다구."

"시골도 갖고 나가는 게 그러잖아요, 굵고 보기 좋고.

속이 어떻게 됐던지 간에 일단 보기 좋아야만 판로가 좋으니까."

"못생긴 할매 뭐더러 자꾸 사진을 찍어."

효학리를 찾아서

홍동에 오래 살았지만 효학리라는 마을에 와 보긴 처음이다. 대략
어디쯤 있다는 정도는 알고 있었다. 그러나 마을까지 찾아 나선

건 이번이 처음. 그러다 보니 차를 몰고 오는 내내 여긴가 저긴가 하며 두리번거리다가 결국 길가에 세워진 커다란 비석을 보고 확신할 수 있었다. 평소 같으면 마을마다 입구에 세워진 커다란 비석을 보면서 불편하고 부담스럽게 느꼈을 텐데 오늘은 왠지 반가웠다.

효학리 마을은 문당리와 금평리 뒤로 있는 나지막한 산을 넘어가다 보면 청양과 홍성으로 갈라지는 길 중 홍성 쪽으로 내려가는 길가에 자리 잡은 아늑한 동네다. 큰길과 떨어져 있어서 소음도 없고 해도 잘 드는 조용한 마을이었다.

처음 찾아가는 동네로 들어설 때는 늘 조심스럽고 긴장이 된다. 낯선 동네에서 어른들께 실례하면 안 될 텐데, 모르는 사람이라고 면박을 주시면 어쩌지… 하면서 괜한 걱정을 하게 된다. 효학리 마을에 들어 설 때도 그랬다. 겨울이라 어른들이 잘 보이시지 않아 더더욱 걱정이 되었다. 그러다 큰길에서 위쪽으로 난 샛길을 따라 올라가다 보니 나지막하고 정갈한 집 한 채가 눈에 들어왔다. 집 옆에 있는 창고에는 수확하고 난 콩대랑 깻대가 쌓여 있고 대문은 살짝 열려 있었다. 대문을 열고 들어가 거실 문을 두드리는데 아무런 인기척이 없었다. 동네 마실을 가셨나 보다 하고 일단 밖으로 나왔다. 그 사이 작은 개 두 마리가 도둑이 들었다고 오해했는지 이리저리 뛰며 짖고 난리다. 뭔가 분명히 있을 것 같은 집인데… 하면서 아쉬운 마음으로 돌아 나왔다.

소녀 같은 할머니를 만나다

이틀 후, 우리는 다시 효학리를 찾아가 돌기 시작했다. 그러다 밭에서 잿팥을 수확하고 계신 아주머니를 발견하고 반가운 마음에 가까이 다가가 여쭤보았다. 그랬더니 저 아랫집에서 받은 씨앗이라며 손으로 가리키신다. 거기 가면 옛날 씨앗이 있을 거라고. 돌아봤더니, 엊그제 다녀왔던 바로 그 집이었다. 문은 열려 있는데 인기척이 없어 그냥 나왔다고 하니 할머니가 귀가 잘 안 들려서 못 들었을 수 있으니 다시 한 번 가보라고 하신다. 그 말씀에 힘을 얻어 다시 찾아가 보니 택시 한 대가 서 있고 오히려 문은 잠겨 있었다. 다시 문을 두드리며 안으로 들어서니 오십대 중반으로 보이는 아저씨 한 분이 문을 열고 나오신다. 반가운 마음에 어제 다녀갔던 이야기와 씨앗 마실 다니는 취지를 말씀드렸다. 아저씨는 우리에게 안으로 들어오라 하시면서 방으로 안내하셨다. 방에는 연세 지긋한, 아마도 구십 가까워 보이는, 할머니 한 분이 앉아계셨다. 빨간색 털조끼를 입고 계신 모습이 정말 고왔다. 꼭 소녀 같으시다.

홍성에서 택시 운전을 하시는 막내아드님이 어머님을 뵈러 오신 터라고 했다. 엊그제는 할머니가 귀가 안 좋아서 우리가 부르는 소리를 못 들으셨을 거라고 하신다. 아드님은 할머니 귀 가까이에 입을 대시고 말씀을 하셨다. 그래야 알아들으시고 대답을 하신단다. 귀가 잘 안 들려서 그렇지 말씀은 또박또박 알아들을 수 있게 잘 하셨다. 우리는 아드님의 도움으로 인터뷰를 할 수 있게 되었는데, 첫 질문은 "언제 시집오셨어요?"로 시작되었다.

최희섭 님과의 인터뷰

오도   언제 시집오셨어요?

이선학   어머니 열 몇 살에 오셨으니까, 지금 거의 90이니까… 어머니, 시집 여기
                  몇 살에 오셨어? (최희섭 님이 귀가 불편해서 아드님이 대신 대답해주심)

최희섭   열일곱에 왔어.

이선학   70년 됐네.

최희섭   옛날엔 열일곱, 열여섯에 많이 왔어. 일본 집에 정신대 끌려간다구.

오도   정신대로 끌려간다고 그래 갖고….

이선학   (우리 어머님은) 부지런하셔.

최희섭   너무 오래 살아서 걱정이여.

오도   여기 오니까 집 앞이 엄청 깔끔하고요. 꽃도 있고 그래서 할머니가 씨앗을
                  받을 거 같았어요. 그래서 엊그제 갔다 안 계셔서 그냥 갔는데 다시 왔어요.

이선학   옛날에는 우리 집이 진짜 우리 밀, 그것도 많이 길러가지고 국수도 내먹
                  고 그랬는데, 옛날에 우리 국수 먹었을 땐 맛이 굉장히 좋았거든요. 국수
                  내가지고 여름 내내 먹었는데 그 맛이 안 나더라고. 수수도 옛날 수수가
                  콩밭에다 심어서 그놈 잘라다가 떡도 해먹고 그랬는데 그 수수가 다 없
                  어졌어. 산 같은 데, 밭 같은 데 저기 묵은 데는 옛날엔 다 밀 심었던 데인
                  데 이제 할 수가 없어요.

오도   저희 학교에서도 앉은뱅이밀이라고 심었어요. 어디서 구했어요.

이선학   그 밀이 우리 어려서는 오래 씹으면, 보들보들 누르스름할 때 비벼가지고
                  씹으면 껌이 된다고…. 껌 대용으로 먹고 그러던 기억이 나거든. 단물이
                  좀 있고 그래서 그렇게 먹었던 기억이 많이 나요.

김영숙   단물이 나왔어요?

오도   달짝지근해요. 껌이 귀하니까.

이선학   그때는 단말이라는 게, 지금 설탕 이런 단맛이 아니라 그냥 달짝지근한
                  맛이라고 해도 단맛이라고 그래요.

김영숙   전 사탕 먹고 학교 갔는데(웃음)….

오도	저도 나이가 많지 않은데 밀꿈 먹었어요.
이선학	그리고 단수수라고 아실랑가 모르겠는데, 옥수수 말고 수수마냥 생긴 거 집 도랑에다 심어서 여름에 따먹고 단물 채취를 했어요. 옥수숫대는 많이 먹었고.
오도	홍동중학교 나오셨어요?
이선학	그렇지.
오도	저는 17회.
이선학	어디시간?
오도	저는 홍동이 집이에요, 화신리. 중학교를 다녔는데 저희 친구들이 여기서 몇 명 왔었어. 동네는 어딘지 모르고.
최희섭	왜 이렇게 집집마다 다니매 조사허유? 뭐 헐러구 그러신댜.
이선학	옛날 씨앗 찾느라고.
최희섭	아….
이선학	지금은 다 개량종이라 옛날 씨앗 찾아서 보존할라고 그런댜. 좋은 일 하시는 거여.
오도	아드님 성함은 어떻게 되세요?
이선학	저는 이선학이유.
오도	연세가…?
이선학	지금 오십 팔세.
오도	할머니, 자녀 몇 분이나 두셨어요?
이선학	3남 1녀.
오도	할머니 고향은 어디시래요?
이선학	저기 금마면 장성리. 아니, 신곡리. 방곡.
김영숙	이 집이 시집오실 때부터 사신 집이에요?
이선학	여적 사셨죠. 옛날에는 이 집이 초가집이었는데, 막 진짜 그 무슨 살구나무 같은 거로 기둥을 해가지고 기둥이 반듯반듯 선 게 아니라 꼬부러지고 뒤틀린 집에 사셨다니까. 이거 뒤에는 대밭이었구. 그거 다 개간하구.
김영숙	자제분들이 새로 다시 하셨구나.
이선학	이 집 다시 한 지는 35년, 40년 됐는데 그냥 어머니 여기가 좋으시다고…. 난 읍내로 나오시라 그러는데 안 오실라 그래유, 여기가 좋다구. 그래서 내가 왔다갔다 하구 그러지. 그래서 반려견도 두 마리 멕이구. 처음엔 싫다구 허드니 어디 가면 그거 찾느라고 정신 없어유. 안 들어오면 그거 챙기느라고.

최희섭	난 귀 안 들리고 안 보여서 암것두 못 혀.
이선학	그래도 농사짓고 밭 매고 그런 거, 옛날 허던 거 그런 거 허시니까 건강하셔. 그래서 난 일하시지 말라고 안 허여. 허실만 하면 취미삼아 하시라고 하지. 고구마도 몇 두둑 심어서 자손들 부쳐주고 그런 재미지.
오도	그래도 자식을 많이 두시진 않으셨네, 그 당시에(비하면).
이선학	두 분 돌아가셨지. 어려서 한 분 돌아가시고 연세 드셔서 한 분 돌아가시고. 아버지는 일찍 돌아가시고. 나 다섯 살 때 돌아가셨으니까.
김영숙	그럼 농사지셔서 자제분 키우신 거네요?
이선학	아버지가 일찍 돌아가셨으니까 집안이 기울었잖아요. 어떤 집이던지 가장이 계속 있어야 뭐가 되는데… 가장이 돌아가셨으니까, 큰형님들 열여섯 이때 돌아가셨으니까 그러니까 형편없지. 그러니 공부를 제대로 했겠어요, 뭐를 했겠어요. 둘째형 같은 분들은 그때 풀무학교 2등으로 합격을 했는데, 입학금까지 냈는데 학교를 못 다녔어요. 기울어갖고. 그래서 입학금 도로 달라 그래서 가져왔다고 그 얘기를 지금까지 하시는 거여. 그러니까 그때만 해도 풀무학교만 나왔어도 괜찮으셨는데 그렇게 됐지. 그러니까 재주들은 다 있는데 그때 어머니가 깨셨으면 여기를 정리를 하고 나가셔서 자손을 가르쳤으면 괜찮았을 텐데 그걸 못 허셨어요. 여기 떠나면 큰일 날 줄 알고. 그래서 여기에서 텃밭 일구고 맨날 그것만 하신 거여. 고생만 허시구 사신 거여. 그래서 먹는 것만 저거 했지, 다른 거 공부라든가 그런 개념이 없이 사신 거라구.
김영숙	몇째 아드님이세요?
이선학	저, 막내요.
김영숙	막내 덕 보시면서 사시네.
이선학	지금은 그려, 지금은.
오도	따님은요?
이선학	딸은 천안 살구 그래서… 지금은 한 30년은 편하게 사시지. 하고 싶은 대로 내버려두거든. 관여 안 해. 허지 말라 안 해. 그리고 깔끔하셔서 지금도 꼭 목욕 가셔, 나보고 태워 달라 그래서. 홍성 온천 가서 혼자 목욕하신다니까.
김영숙	아주 고우세요. 연세에 비해 고우셔.
이선학	옷 같은 것두 저렇게 깔끔하게 해놓구서 그렇게 사셔. 욕심이 없으셔, 어머니가. 손님만 오면 뭐 줄라 그러고 베풀려고 그러시고.
최희섭	마침 아들이 와서… 추운디 이런 거 하러 다니느라 얼마나 어려워.
오도	저희도 학교에서 농사지어서 겨울에만 이렇게 다니거든요.

이선학	옛날 씨앗 같은 게 다 없어졌어. 수수, 기장 같은 거 옛날에 그런 거 좋았는데. 토종깨, 그런 거 다 없어졌어. 지금은 다수확만 생각해서…. 그래도 늦게나마 이렇게 하시니까 다행이네. 콩 같은 것두 유전자 저거 되가지고 좋지 않을 겨, 사람 몸에.
오도	아직은 유전자 조작된 콩 같은 거는 수입을 안 해요. 식품에서는 많이 해요, 마트에서 먹는 음식들. 그런데 씨앗은 다행히 아직 없는데, 내년부터는 유전자 조작한 씨를 보급한다고 그래요. 그러면 시골에 순식간에 들어갈 것 같아서 마음이 급해졌어요.
이선학	시골도 갖고 나가는 게 그러잖아요, 굵고 보기 좋고. 속이 어떻게 됐던지 간에 일단 보기 좋아야만 판로가 좋으니까. 우리 집만 해도 깨도 그려, 깨두. 작년에 어머니가 그것 좀 얻어다가 심으라 해서 그러니께 엄청 나오드라구, 수확. 그런데 깨 맛이 토종깨하고 비교해보면 맛이 안 나. 깨를 볶아서 빵궈가지고(빻아가지고) 가지 같은 거 양념해서 무칠 적에 먹어보면 지금 깨는 고소한 맛이 안 나. 수확이야 좋지, 뭐. 무게 달아보면 배씩은 더 날걸. 그리고 병이 안 나니까. 토종은 병이 나.
오도	다른 마을도 보니까 다른 건 다 바꿔도 깨는 안 바꾸시더라고, 맛이 없다고요.
최희섭	내가 놀기 싫어서 공연히 자꾸 돌아다니기만 하기는 마냥 저기혀. 호된 일은 못 해두, 애비가 다 허지만서두 그냥 놀기가 싫어. 자꾸 움직이지.
이선학	고구마순도 어머니가 손수 옛날마냥 밭에다 이렇게 종 박아서 비닐 씌워서 하지, 사다 심어서 안 혀.
오도	고구마 혹시 물고구마예요?
이선학	옛날 호박고구마. 우리는 먹어보면 저거 허질 안 혀. 어머니가 계속 종 박아서 허는 거여, 그게. 이게 잘라보면 이렇게 빨갛잖아. 잘라보면 더 빨간 것도 있어요. 이렇게 노르스름하게 노란 것도 있고.
오도	할머니들은 목 막히시니까 물고구마를 드시는데 요즘에 그걸 구하기가 그렇게 어렵대요.
이선학	이건 찌면, 옛날에 우리 어려서는 소 먹는 여물 썰 적에 그 가운데 속에다 고구마를 넣어서 찌면 진짜 물고구마 되는 거야. 물컹물컹 허니 맛있게 쪄지는 거야. 이 고구마도 그렇게 찌면 그렇게 나와요. 포실거리는 게 없어, 이건.
오도	어, 그럼 진짜 옛날 거네.

이선학	이게 시장에서 그거 고구마순을 갖다 심으면 그건 다 개량종이여, 고구마순은. 그거는 인위적으로 하우스에다 키워서 파는 거지. 이건 먹구먹구 해서 어머니가 종 박아서 키운 거여. 밤고구마는 포실포실하고 목 막히죠. 다른 집들은 하우스에서 대대적으로 하는데, 우리는 그냥 옛날마냥 봄에 땅에다 박아가지고 왕겨 넣구 그냥 그렇게 해요. 그래서 우리는 맨날 늦지. 넘들은 하우스에서 빨리 키워다 빨리 파는데, 우리는 남들 몇 가닥 나올 적에 뾰족뾰족 나오거든. 그래서 우리는 나중에 심느라구…. 10일이나 15일 늦게. 원래 고구마가 우기 때 심잖아요. 우리는 꼭 그런 식이요. 우리는 비닐도 안 씌워, 그냥 흙에다 옛날 마냥. 비니루 씌우면 고구마 땅의 온도가 일찍 해서 일찍 내는 사람들이야 비니루 씌울까. 먹는 데는 옛날 그대로 그게 제일 좋아요. 바닥은 투박하고 다른 곡식들 안 자라는데, 그런 데가 박한 데가 좋더라구.
오도	옛날에 농사지셔서 잘 아시나 봐요.
이선학	허는 거 보고 그랬죠. 어머니 도와주다보니까 자연적으로 보아왔기 때문에 습득이 된 거지. 그러잖아도 나도 들어올러구 마음먹고 있어. 우리 집이 금평리랑 경계거든. 요 넘어가면 진짜 청정지역이여. 아무도 안 살아요, 요 너머는. 민가도 없고 축사도 없고 암것도 없다구.
오도	축사가 없어요. 특이해요, 이 동네는.
이선학	그래서 정리를 할라 그래요.
김영숙	종자도 지켜가면서 하세요.
이선학	저는요, 원래 성격이 그런 걸 좋아해요. 신품종 갖다가 하지 않고, 도라지 같은 것도 이렇게 가만히 산에 돌아다니다 보면 도라지가 한 덩어리씩 눈에 띄거든요. 그럼 그거 종자 받아다가 심는 거요. 그런데 풀이 치여서 죽더라고. 어머니가 예전에 귓속을 앓으셔가지고 귓속이 좀 좁아요. 그거를 수술을 해야 허는디.
최희섭	나 머리도 이렇게 하야요.
오도	예쁘신데요, 숱도 많으시고.
최희섭	머리도 다 빠지고 머리도 없어.
오도	많으신데요, 뭘.
김영숙	머리 두상이 예쁘셔요. 귀도 아주 좋으시고.
최희섭	못생긴 할매 뭐더러 자꾸 사진을 찍어.
오도	예쁘세요, 할머니.

님아, 토종씨앗을 지켜주오

막내아들 다섯 살 때 남편을 여의시고 그저 자식들 키우느라 정신 없이 살아오신 할머니. 정신대 끌려가지 않으려고 열일곱에 시집 오셔서 지금껏 이 터에서 농사만 짓고 사신다. 없는 살림에 사남 매 키우시느라 얼마나 힘드셨을 것이며, 열일곱에 고향 떠나 낯선 곳으로 시집와서 사느라 얼마나 고향이 그립고 마음이 아프셨을 까. 인터뷰하는 내내 마음이 시리다.

몇 해 전 〈귀향〉이라는 영화를 본 적이 있다. 그때 충격은 이루 말할 수가 없었다. 물론 정신대와 위안부는 조금 다른 부분이 있지만 꽃다운 나이의 어린 소녀들의 인생이 짓밟힌 지옥 같은 시대였음이 분명하다. 그 아픈 시대를 견디고 살아남으신 할머니들

오랜 세월 할머니 손에 의해 지켜진 물고구마

물고구마

열일곱 살에 시집와서 살고 계신 집.
집 앞의 텃밭엔 여러 종류의 작물이 자라고 있다.

최희섭 할머니와 아드님. 대문을 열고 들어가면 마당에 화단이 있다.

이 토종씨앗을 지키고 계시다. 어느 마을에 가도 80대에서 90대 가까운 할머니들이 지켜온 씨앗들은 더 튼실하고 빛난다. 할머니들의 역사와 우리 민족의 얼이 살아 움직이고 있기 때문일 터다. 그래서 토종씨앗이 소중하고 귀한 것인지도 모른다.

우리들이 씨앗 마실을 끝내지 못하고 계속 다니고 있는 이유도 어쩌면 여기에 있을 것이다. 이 할머니들이 돌아가시고 나면 누가 이 씨앗들을 지킬 것인가? 우리 할머니들의 이야기를 누가 귀 기울여 들어줄 것인가? 미래의 우리 아이들에게 우리는 무엇을 물려줄 수 있을 것인가? 나는 이 물음들에 답해주고 싶다. 그냥 솔직하고 담담하게 말이다.

인터뷰가 끝나고 할머니 사진을 찍었다.

"못생긴 할매 뭐더러 자꾸 사진을 찍어?"

"예쁘세요, 할머니!"

3부는 충남발전연구소의 지원으로 조사한 내용을 정리한 것입니다.

자료조사/정리 문수영(홍성 씨앗 도서관 실무자)
자료조사/번역도움 박여연

3부

외국의 씨앗 도서관을
소개합니다

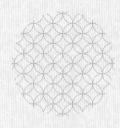

연구 목적

1장

씨앗은 역사이자 삶이다

교환과 전파

아주 오랜 옛날부터 우리 조상들은 씨앗을 뿌렸고, 그 씨앗에서 나온 채소와 곡식들을 먹었으며, 이듬해 농사를 위해 건강하고 좋은 식물체 일부를 남겨 다시 씨앗을 받았다. 지역과 기후에 따라 심는 씨앗이 달라서 각 지역의 고유한 음식문화가 있었고, 집집마다 대대로 전해져 내려오던 특별한 씨앗들이 있었다. 때로는 담벼락 너머의 이웃들과 서로의 씨앗을 교환하기도 했으며, 새로운 세대를 통해 자신이 키운 씨앗들이 마치 그물망처럼 이 땅 곳곳에 전해지기도 했다. 그렇게 씨앗은 우리 삶을 풍요롭게 해주는 먹을거리이기도 했지만, 그 자체가 하나의 역사이자 삶이었다.

받는 씨앗에서 사는 씨앗으로

농업이 급격하게 산업화되면서 조상들이 가지고 있던 농사기술 또한 대가 끊겨버렸고, 모두의 공유자산이었던 씨앗도 자본에 의해 독점되었다. 그로 인해 땅과 사람에 의해서 대물림되어오던 수많은 토종씨앗들이 사라졌고, 씨앗을 교환하고 대물림하는 행위 또한 잃어버렸다. 종묘회사들은 농민들이 더 이상 씨앗을 받을 수 없도록 씨앗을 조작해서 F1종자(우수한 유전자를 가진 종자를 교배해 만든 잡종 1세대로, 씨앗을 받아서 다시 심으면 똑같은 품질이 나오지 않는다)와 불임종자(발아 능력을 없앤 종자)를 만들어 판매하고 있다. 또 우리나라 종묘회사들이 해외 다국적기업으로 인수되면서 우리 종자에 대한 대규모 로열티를 지급해야 하며, 씨앗은 일종의 상품으로 전락했다. 씨앗 가격이 계속 오르고 그에 따라 농민들의 부담감이 더더욱 커졌지만, 종묘회사에 의존하며 매년 씨앗을 구입할 수밖에 없는 상황이 되었다.

GMO 종자

그리고 우리가 모르는 사이에 이미 오래 전부터 다국적기업에 인수된 종묘회사들이 하나의 생물체가 가진 DNA를 다른 생물체 DNA에 밀어 넣어서 자연 상태에서는 절대로 엮일 수 없는 종(種)을 변형한 GMO(유전자조작생물체) 종자를 만들어내고 있다. 우리나라에서는 아직까지 GMO가 상용화되고 있지 않다고 하지만, 매년 100여 종 이상이 넘는 식용 GMO를 수입하여 공장에서 대량 생산하는 가공식품의 형태로 유통되고 있고, 제대로 된 안전성 검사를 거치지 않은 채로 정부와 산하기관인 농촌진흥청은 세계 최초로 주식인 쌀을 GMO로 만들어 상용화시키려고 하고 있다.

토종씨앗의 부활

씨앗 보존은 공공의 몫이다

종자주권이 끊임없이 위협받고 토종씨앗이 소멸될 위기에 처해 있는 상황 속에서 그럼에도 불구하고 토종씨앗을 꾸준히 심고 지켜온 농민들과 토종씨앗을 수집하고 보존하려는 채종가들의 노력으로 남겨진 토종씨앗들이 다시 심겨지고 보급되고 있는 것은 정말 다행스러운 일이다. 또한 최근에 텃밭이나 정원을 가꾸는 개인이나 모임, 단체들이 생겨나고, 스스로 건강하고 안전한 먹을거리를 키우려는 사람들이 늘어나면서 농사의 첫 시작인 씨앗에 대한 관심도 증가하고 있다.

이러한 현상들을 비롯하여 전국적으로 토종씨앗과 재래종씨앗을 대여해주는 씨앗 도서관을 개관하거나 각 도마다 토종씨앗과 토종농산물에 대한 조례안이 점차적으로 만들어지고 있다. 이미 제주특별시, 수원시, 광명시, 안양시에서 자체적으로 지역 씨앗 도서관을 개관하여 활동하고 있으며, 홍성 씨앗 도서관도 그중의 하나이다. 이전에는 토종씨앗을 지키는 일이 개인에 의한 '수집', '저장', '보관'의 차원에서 이루어졌다면, 이제는 다양한 사람들과 방식에 의해서 씨앗이 '공유'의 개념으로 확대되고 있다.

외국 사례를 참고하는 이유

이 불씨가 꺼지지 않고 지속적으로 이어지려면 무엇보다 지역을 기반으로 토종씨앗 보존 활동을 전개하고, 지역에 알맞게 씨앗을 교환하거나 보급할 수 있는 네트워크를 만들고, 그 네트워크를 통해 실제로 농사를 짓고 씨앗을 채종하는 사람들, 씨앗을 나눔 받는 사람들과 함께 소통할 수 있는 '관계'를 만드는 것이 중요하다. 이러한 고민에 앞서서 우리나라보다 먼저 토종씨앗을 수집하고, 보존하고, 교환하며 지역의 씨앗 채종가들을 위한 네트워크와 교육 활동을 펼치고 있는 국외의 다양한 사례를 살펴보고자 한다.

연구 내용

2장

미국

베이 에이리어 씨앗 교환 도서관
(Bay Area Seed Interchange Library, BASIL)

지역 : 캘리포니아주 버클리

설립시기 : 2000년

설립자 : 샤샤 알트만 듀브럴(Sascha Altman
Dubrul), 크리스토퍼 쉐인(Christopher Shein)

단체형태 : 비영리단체, 씨앗 도서관

미션 : "BASIL은 지역 씨앗 품종들을 퍼트리고 기념하며, 씨앗의 중요성에 대한 인식을 높이고, 생물학적 다양성과 문화적 다양성 사이의 관계에 대한 인식을 기르는 일에 종사하는 단체입니다."[001] "씨앗 채종과 식물 번식 기술에 대한 전통적인 지식은 날

○ **001** Christopher Shein and Julie Thompson(2013), *The Vegetable Gardener's Guide to Permaculture: Creating an Edible Ecosystem*(p. 248), Portland, OR, Timber Press.

이 갈수록 더 소수의 사람들과 소수의 공동체들 안에만 존재하고 있습니다. 지구를 위한 긍정적이고 생태적인 미래를 열기 위해서, 우리는 직접 씨앗을 받는데 필요한 기술을 서로에게 가르치기 시작해야 합니다. 우리는 전통적인 농업지식과 관계를 맺어야 하며, 미래 세대에 무엇이 필요할지 예측하면서 일해야 합니다."[002]

웹사이트 : http://ecologycenter.org/basil/

가. 회원제도

베이 에이리어 씨앗 교환 도서관(Bay Area Seed Interchange Library, BASIL)은 무료 회원제로 운영되고 있으며, 후원은 에콜로지 센터를 통해서 할 수 있다. BASIL은 상근자를 두지 않고 자원봉사를 통해 운영하고 있기 때문에 회원들은 셀프 서비스 제도로 도서관을 이용한다. 셀프 서비스 제도는 스스로 카드를 작성해서 씨앗을 대여하는 방식으로, BASIL은 이 제도를 최초로 도입한 씨앗 도서관이다.[003]

○ **002** Bay Area Seed Interchange Library, "WHY SAVE SEEDS?"(http://ecologycenter.org/basil/)

○ **003** Bay Area Seed Interchange Library, "Check Out Procedures"(http://ecologycenter.org/basil/)

나. 활동내용

BASIL 프로젝트는 다양한 원예가들을 한데 모아서 지역 씨앗 재배자들 네트워크의 기반을 조성하려는 시도의 일환으로, 이들은 농작물을 개발하고 그것들을 지역 생태계에 적응시키는 일을 도맡아서 할 수 있는 사람들이다.[004] BASIL은 채소, 꽃, 허브의 씨앗을 수집해서 대중들에게 무료로 제공하고 있다. 또한 무료 채종 강좌, 자료 제공, 숙련된 채종가의 1대 1 강습을 통해서 재배기술의 향상을 증진시키고 있다.[005]

BASIL은 캘리포니아 에콜로지 센터(California Ecology Center) 내부에 위치하고 있으며, 책을 빌려주는 공립 도서관과 비슷한 형태로 운영되고 있다. 지역의 텃밭농부들은 채종한 씨앗의 일부를 계절 말에 반납하겠다는 약속을 하고 나서 자신에게 필요한 씨앗들을 대여해갈 수 있다.[006]

BASIL은 직접 재배한(homegrown) 건강한 채소, 꽃, 허브의 씨앗을 제공한다. 대여 가능한 씨앗들은 에콜로지 센터 내부에 있는 커다란 나무 서랍에 저장되어 있다. 서랍에 들어가지 않은 씨앗들은 라벨이 붙여져서 서랍 옆 선반 유리병에 담긴다. 씨앗은 종류에 따라서 채소, 허브, 콩과 식물, 꽃, 벼과 식물, 캘리포니아 토종

○ **004** Bay Area Seed Interchange Library. "BASIL Seed Library"(http://ecologycenter.org/basil/)
○ **005** 위의 글.
○ **006** BASIL Seed Library. "HOW DOES THE SEED LIBRARY WORK?"(http://ecologycenter.org/basil/)

BASIL의 씨앗 저장 서랍(출처:Saving Our Seed 웹사이트)

BASIL의 씨앗 대여 서식(출처:BASIL 웹사이트)

식물로 분류된다. 또한 채종 난이도를 기준으로 '매우 쉬움', '쉬움', '어려움'으로도 나뉜다.

씨앗을 빌려가고자 하는 사람은 씨앗 대여 카드를 작성한 다음 자신에게 필요한 씨앗을 찾는다. 씨앗을 반납할 때는 BASIL에서 제공하는 씨앗 반납 봉투 스티커에 씨앗의 일반명, 종명, 채종한 날짜, 채종한 장소 등을 기입한다. BASIL에서 씨앗을 대여해가는 사람들은 자신이 빌려간 씨앗을 심고 재배해서 반납하겠다는 약속을 하며, 유전자 조작 씨앗이나 식물을 알면서 구매하지 않겠다는 '안전한 씨앗 서약(Safe Seed Pledge)'을 한다.[007]

다. 단체의 역사

공동설립자인 샤샤 알트만 듀브럴(Sascha Altman Dubrul)은 미국의 운동가이자 작가, 농부이다. 그는 브리티시컬럼비아에 있는 공동체 지원 농업(CSA) 농장에서 인턴으로 일하던 중, 퍼머컬처와 재배종 작물들이 그 야생 사촌들과 섞일 경우에 나타나는 유전적인 관계에 매료되었다. 2000년에 샤샤는 퍼머컬처 원예가인 친구 크리스터 쉐인(Christopher Shein)과 함께 캘리포니아 에콜로지 센터에 씨앗 도서관을 열었다. 에콜로지 센터는 40년 이상 생태 및 사회 운동의 중심지가 되어온 곳이다. BASIL은 미국에서 가장 오래된 씨앗 도서관으로, '허드슨 벨리 씨앗 도서관(Hudson Vally Seed

○ 007 BASIL Seed Lending Library Membership Information, "The Safe Seed Primise"

library, HVS)'을 비롯해서 미국에 있는 다른 씨앗 도서관들이 생겨
나는 데 많은 영향을 주었다.[008]

참고자료

1. Bay Area Seed Interchange Library 웹사이트(http://ecologycenter.org/
   basil/).
2. Christopher Shein and Julie Thompson(2013), *The Vegetable
   Gardener's Guide to Permaculture: Creating an Edible Ecosystem*,
   Portland, Timber Press.
3. "Sascha Altman DuBrul."*Wikipedia, The Free Encyclopedia*. 2 June,
   2016.
4. "Seed Library."*Wikipedia, The Free Encyclopedia*. 10 December,
   2015.

○ **008** "Sascha Altman DuBrul."*Wikipedia, The Free Encyclopedia*. 2 June, 2016.

시드 세이버스 익스체인지
(Seed Savers Exchange, SSE)

지역 : 아이오와주 데코라

설립시기 : 1975년

설립자 : 다이안 오트 윌리(Diane Ott Whealy), 켄트 윌리(Kent Whealy)

단체형태 : 비영리시민단체

미션 : "우리는 씨앗과 식물들을 수집하고, 기르고, 나눔으로써 미래 세대를 위해 문화적으로 다양하지만 위험에 처해 있는 미국의 정원과 농작물 자원을 보호합니다."[009]

웹사이트 : http://www.seedsavers.org/

가. 회원제도

'시드 세이버스 익스체인지(Seed Savers Exchange, SSE)'의 회원들은 대물림된 재래종 씨앗들을 개인적으로 채종하고 있는 수많은 사람들이다. 이들은 씨앗을 재배하고 SSE를 통해 씨앗 교환을 하면서 미국의 재래종 씨앗들을 보존한다.

SSE는 기부금의 액수에 따라서 다양한 회원 등급제를 운영하고 있다. 25달러를 기부하면 '종이 없는(paperless)' 회원이 되는

○ **009** Seed Savers Exchange. "Mission"(http://www.seedsavers.org/mission)

데, SSE의 발행한 출판물들을 디지털로 이용할 수 있다. 50~500 달러를 기부한 사람은 일반 회원이 된다. 회원은 온라인 상점에서 10%를 할인받고 그 외에도 다양한 이벤트와 워크숍을 할인받을 수 있다. 또 SSE의 씨앗 교환을 통해서 다른 사람들이 재배한 씨앗을 교환하거나 요청할 수 있다. 회원용 계간지인 ≪The Heritage Farm Companion≫을 받아볼 수 있고, 매달 e메일로 새로운 정보를 받아볼 수 있다.[010] 1,500달러를 기부하면 평생회원 자격을 얻는다.

SSE는 단기, 장기 자원봉사제도를 운영한다. 자원봉사자들은 헤리티지 팜에서 연구하고, 씨앗을 뿌리고, 관광객들을 안내하고, 이벤트에 일손을 제공하는 등의 일을 한다.[011]

나. 활동내용

SSE는 갱신(regeneration: 저장된 씨앗을 심고 재배해서 새로 채종한 씨앗으로 대체하는 것)과 배포, 그리고 씨앗 교환을 통해서 재래종과 자연적으로 수분된 식물 품종들을 보호하는 활동을 하는 단체이다. 이 단체는 미국에서 가장 커다란 민간 씨앗은행 중 하나다.[012]

회원들의 씨앗 교환은 1975년 단체가 만들어졌을 때부터 시

○ **010** SSE, "Member Benefits"(http://www.seedsavers.org/join)
○ **011** SSE, "Volunteer"(http://www.seedsavers.org/volunteer)
○ **012** "Seed Savers Exchange"*Wikipedia, The Free Encyclopedia*, 9 March, 2016,

작되었으며, 지금도 SSE 활동의 중심축을 이루고 있다. SSE 웹사이트의 설명에 따르면, 씨앗 교환은 전국에서 온 정원사들이 직접 재배한 씨앗들을 제공하는, 회원과 회원의 씨앗 물물교환이다.[013] 13,000명이 넘는 수의 회원들이 씨앗 교환을 통해서 직접 기른 씨앗을 다른 이들과 나누고 있다.[014] 세대를 막론하고 모든 채종가들이 참여할 수 있도록, 씨앗 교환은 온라인과 인쇄물을 통해서 이루어진다. 2015년에는 교환 목록이 23,000개에 이르렀다.[015] 누구나 웹사이트에서 SSE의 회원들이 제공한 과일과 채소에 대한 설명을 읽거나 사진을 보며 씨앗 교환을 구경할 수 있다. 그러나 다른 회원에게 씨앗을 요청할 수 있는 것은 오직 회원들뿐이다.[016]

또한 SSE는 1975년부터 매년 회원들이 기증한 씨앗에 대한 연감을 출판해왔다. 2016년 연감에는 시중에서 구할 수 없는 16,422개 품종의 목록이 실렸다.[017] SSE는 〈정원 씨앗 목록〉과 〈과일, 견과, 베리류 목록〉도 출판하고 있다.[018]

SSE의 회원 주도 활동 중에는 회원-재배자-평가 네트워크(Member-Grower-Evaluation Network, M-GEN)가 있다. M-GEN의 참

○ 013 SSE. "What is seed exchange?"(https://exchange.seedsavers.org/page/about)

○ 014 SSE. "Sharing seeds."(http://www.seedsavers.org/mission)

○ 015 앞의 글.

○ 016 SSE. "What is seed exchange?"(https://exchange.seedsavers.org/page/about)

○ 017 http://blog.seedsavers.org/blog/2016yearbook

○ 018 "Seed Savers Exchange"*Wikipedia, The Free Encyclopedia.* 9 March, 2016.

여자들은 SSE가 수집한 품종들을 기르고, 식물의 특징을 기록하며, 북미의 다양한 재배 조건에서 작물을 시험한다. 이렇게 수집된 기록은 SSE가 씨앗 재배에서 지역적 특성을 파악하는 데 많은 도움이 된다.[019]

1994년부터는 비회원들이 씨앗을 구매할 수 있도록 해마다 컬러 카탈로그를 발행하고 있다. 카탈로그에 소개되는 품종들은 SSE의 채종포인 '헤리티지 팜(Heritage Farm)'에서 재배된 씨앗들이다. 600종이 넘는 품종이 소개되는 SSE의 카탈로그는 무료로 신청해서 우편으로 받아보거나 PDF 파일로 다운받을 수 있다.[020] 카탈로그에서는 식물의 외형적 형태, 맛, 재배기간 외에도, 작물을 기증한 사람과 그 작물이 가진 고유의 역사를 간략하게 소개하고 있다. 텃밭 원예가들뿐만 아니라 농부들, 소매업자들, 종묘회사들 등도 SSE 카탈로그를 통해서 씨앗을 구입하고 있다.[021]

또한 SSE는 헤르만 바쉬(Herman Warsh)와 그의 아내 마리안 모트(Maryanne Mott)가 SSE의 본부를 지을 때 준 재정적 도움을 기리기 위해 '헤르만의 정원 씨앗 기부 프로그램'을 만들었다. 이 프로그램을 통해서 SSE는 공동체와 교육단체, 비영리 민간단체, 커뮤

○ **019** Beth Ryan, Seed Savers Exchange "SSE 2016 Yearbook Released" (http://blog.seedsavers.org/blog/2016yearbook) February 15, 2016.

○ **020** SSE, "Sharing seeds"(http://www.seedsavers.org/mission)

○ **021** SSE, 2016 Catalog of Heirloom, Untreated, Non-Hybrid, Non-GMO Seeds, Retrieved from (http://www.seedsavers.org/catalog)

○ **022** SSE, "Community Seed Donations"(http://www.seedsavers.org/seed-donation-program)

Lillian Goldman 방문자 센터에서 판매하는
씨앗들(출처:SSE 페이스북)

SSE의 카탈로그(출처:SSE 웹사이트)

니티 가든, 씨앗 도서관 등에 무료로 씨앗을 기부한다.[022] 이런 기
부 프로그램은 미국의 여러 주에서 다양한 형태의 씨앗 도서관들
이 생겨나는 데 많은 영향을 미치고 있다.

    SSE는 웹사이트를 통해서 씨앗을 왜 받아야 하는지, 씨앗을
어떻게 받는지, 씨앗을 어떻게 나누는지, 씨앗의 이야기들을 어떻
게 나눌지에 대한 가이드라인을 제시할 뿐 아니라, 각 종별로 재
배 방법과 채종 방법에 대한 정보를 제공한다. SSE가 운영하는 페
이스북과 블로그에서도 SSE의 소식과 행사, 각종 원예와 채종 정
보를 얻을 수 있다. 또 웹사이트에서는 정원을 가꾸는 사람들을
위해서 정원 디자인용 '가든 플래너'프로그램을 구입할 수 있다.
SSE는『씨앗에서 씨앗으로: 텃밭 정원사들을 위한 씨앗 채종과 재

배 기술(Seed To Seed: Seed Saving and Growing Techniques for Vegetable Gardeners)』이라는 책도 출판한 바 있다.[023]

헤리티지 팜에서는 매년 후원 음악회, 지역 감사제(Community Appreciation Day), 추수 축제 등의 다양한 농장 방문 프로그램을 진행하고 있다. 뿐만 아니라 정원 학교와 씨앗 학교 등의 교육 프로그램, 토마토 시식회나 재래종 씨앗을 이용한 요리수업 등의 체험 프로그램도 활발하게 진행하고 있다. 토마토 시식회에서 우승을 차지한 품종은 카탈로그를 통해서 소개된다.

다. 단체의 역사

SSE는 1975년, 다이앤 오트 윌리(Diane Ott Whealy)와 그녀의 전 남편인 켄트 윌리(Kent Whealy)에 의해 미주리 주에서 설립되었다. 다이앤의 할아버지는 두 사람이 결혼할 때 토마토와 나팔꽃 씨앗을 선물로 주었다.[024] 그 씨앗들은 그의 할아버지가 유럽의 바바리아 지역에서 아이오와 주로 이민을 올 때 가져온 씨앗이었다.[025] 다이앤이 씨앗을 받고 얼마 지나지 않아 그녀의 할아버지는 세상을 떠났다. 다이앤과 켄트는 그 씨앗들이 얼마나 소중한지 깨달았고, 그 씨앗들과 씨앗들에 담긴 이야기를 지켜야 한다는 책임

○ **023** "Seed Savers Exchange"*Wikipedia, The Free Encyclopedia.* 9 March, 2016.

○ **024** Sarah Boden. "Heirlooms Passed Down By Seed Savers Exchange."*Harvest Public Media.* 10 September, 2014.

○ **025** 위의 글.

○ **026** Jessica Kellner. "Saving Our Seeds: The Story Behind Seed Savers Exchange."*Mother Earth Living.* July/August, 2012.

감을 느꼈다.[026]

다이앤과 켄트는 1975년에 30명 정도의 정원사들과 씨앗을 거래하면서 SSE를 시작했다. 그들이 만든 단체는 재래품종들을 지키고, 씨앗을 나누는 일에 관심이 있는 원예가들을 위한 네트워크였다. 다이앤의 할아버지가 주신 씨앗들은 SSE의 첫 번째 수집품이 되었다. 처음 몇 년 동안 직원은 그들 두 명과 친구들 그리고 자원봉사자들뿐이었지만, 그런 소규모 단체의 특성을 살리며 정원사들과 지속적인 교류를 한 덕분에 그들은 이전까지 알려지지 않았던 수많은 씨앗들에 대해서 더 손쉽게 조사할 수 있었다.[027] 그들이 제공한 씨앗은 콜로라도에 있는 '국립 종자 보관소(National Seed Storage Lab in Lab)'의 수집품이 되기도 했다.[028]

1981년에 SSE는 연방 정부의 승인을 받은 정식 비영리 단체가 되었다.[029] 1984년에는 SSE의 원래 본부가 있던 미주리 주를 떠나 아이오와주로 이주했고, 1987년에는 아이오와주 데코라에 있는 57에이커의 농장을 구입해서 헤리티지 팜과 씨앗은행을 만들었다. 오늘날 SSE는 미국 전역에서 가장 규모가 크고 활발히 활동하는 씨앗 단체로 성장했으며, 자체 씨앗은행 외에도 SSE는 노르웨이 스발바르에 있는 국제 씨앗 저장소와 미국 농업 연구청의 씨

○ **027** 앞의 글.
○ **028** SSE, "Our Story"(http://www.seedsavers.org/story)
○ **029** Jessica Kellner, "Saving Our Seeds: The Story Behind Seed Savers Exchange,"Mother Earth Living, July/August, 2012.
○ **030** Beth Ryan, "Seed Savers Exchange deposits seeds at Svalbard" (http://blog.seedsavers.org/blog/svalbard) March 09, 2016.

앗 저장소에 씨앗을 위탁 보관하고 있다.[030]

라. 채종포/씨앗은행

SSE는 데코라에서 6마일 떨어진 곳에 위치한 작은 마을에서 '헤리티지 팜'이라는 이름의 채종 농장을 운영하고 있다. 다이앤의 말에 따르면 헤리티지 팜은 "SSE의 회원들이 방문해서, 정원들 사이를 걸어 다니면서 우리가 계속 말해온 유전적 다양성을 보고 맛보며, 우리처럼 경외감을 느낄 수 있도록" 하기 위해서 만든 농장이다.[031] SSE의 본부가 위치한 헤리티지 팜은 현재 약 890에이커(3.6km²)의 규모이다. 민족 식물학자이자 '네이티브 시드/서치(Native Seed/SEARCH, NS/S)'의 공동 설립자인 게리 나반(Gary Nabhan)은 인증 받은 유기농장인 헤리티지 팜을 "세상에서 가장 풍부한 다양성을 가진 농장"이라고 부른 바 있다.[032]

헤리티지 팜에서는 25,000종 이상의 희귀한 과일, 채소 그리고 식물 품종들이 재배되고, 냉장 보관되며, 중심 수집소에서 보존되고 있다. SSE는 온도가 섭씨 0도 이하인 자체 지하 씨앗 저장고를 가지고 있다. 기부나 씨앗 교환을 통해서 받은 씨앗들을 매년 선별된 후 헤리티지 팜에서 다시 재배된다. 씨앗들은 종자 보관소의 보관량을 늘리기 위해서 재배되며, 또한 정원을 장식하기 위해서, 식물의 키와 크기, 향, 그리고 색깔을 평가하기 위해서, 그

○ **031** Jessica Kellner. "Saving Our Seeds: The Story Behind Seed Savers Exchange."Mother Earth Living. July/August. 2012.

○ **032** "Seed Savers Exchange"Wikipedia, The Free Encyclopedia. 9 March. 2016.

헤리티지 팜의 모습과 SSE의 활동가들(출처:SSE 웹사이트)

SSE가 보존하고 있는 다양한 재래종 토마토들(출처:SSE 페이스북)

리고 회원들과 씨앗 교환을 통해서 나눌 씨앗을 확보하기 위해서도 재배된다.[033] 헤리티지 팜에서는 재래품종 과일나무 보호를 위해서 과수원도 운영하고 있다. 과수원에서 재배하는 과일나무 중에는 1,900종이 넘는 재래종 사과나무가 포함된다.[034]

또 SSE는 씨앗 재고품을 새롭게 보충하기 위해 해마다 품종을 선발해서 헤리티지 팜에 심는다. 각 품종의 특성에 대해서 정확한 기억을 남기기 위해서, 시험팀은 서로 다른 종류의 품종을 길러보며, 그것들을 신중하게 추적하고, 설명서를 새로 갱신한다. SSE의 씨앗 역사가들은 각 품종의 역사와 그것을 기증한 사람의 삶에 대해서 기록한다.[035] 그래서 헤리티지 팜은 자신들이 보관한 각 품종에 대한 역사적 기록을 보유하고 있다. 헤리티지 팜 내부에는 다양한 행사와 교육 프로그램을 제공하는 방문자 센터도 운영되고 있다.[036]

○ **033** SSE. 2016 Catalog of Heirloom, Untreated, Non-Hybrid, Non-GMO Seeds. Retrieved from http://www.seedsavers.org/catalog
○ **034** Jessica Kellner. "Saving Our Seeds: The Story Behind Seed Savers Exchange."Mother Earth Living. *July/August, 2012.*
○ **035** SSE. "Our Mission"(http://www.seedsavers.org/mission)
○ **036** "Seed Savers Exchange"*Wikipedia, The Free Encyclopedia.* 9 March, 2016.

참고자료

1. Seed Savers Exchange 웹사이트(http://www.seedsavers.org/).

2. "Seed Savers Exchange" *Wikipedia, The Free Encyclopedia*. 9 March, 2016.

3. Sarah Boden. ※Heirlooms Passed Down By Seed Savers Exchange. Harvet Public Media. 10 September, 2014.

4. Jessica Kellner. "Saving Our Seeds: The Story Behind Seed Savers Exchange." Mother Earth Living. July/August, 2012.

5. SSE. 2016 Catalog of Heirloom, Untreated, Non-Hybrid, Non-GMO Seeds. Retrieved from http://www.seedsavers.org/catalog

6. Suzanne Ashworth. *Seed to Seed: Seed Saving and Growing Techniques for Vegetable Gardeners, 2nd Edition*. Decorah, IA. Seed Savers Exchange.

7. SSE 블로그(http://blog.seedsavers.org/).

허드슨 밸리 씨앗 도서관
(Hudson Vally Seed library, HVS)

지역 : 뉴욕주 아코드

설립시기 : 2004년

설립자 : 켄 그린(Ken Greene)

단체형태 : 재래종 씨앗을 판매하는 사회적 기업

미션 : 1. 정성스런 원예가들의 공동체가 지켜온, 지역에 적응한 씨앗들을 쉽고 저렴하게 제공할 수 있는 공급원을 만든다. 2. 미 북동부의 예술가들이 디자인한, 선물로 쓸 수 있는 품질의 씨앗 봉투 표지를 만들어서 재래종 식물 원예의 아름다움을 기린다.[037]

웹사이트 : http://www.seedlibrary.org/

가. 활동내용

HVS는 직접 채종한 재래종 채소, 꽃, 그리고 허브 씨앗들을 판매한다. 이런 씨앗들 중 많은 것들은 HVS가 직접 작은 농장에서 재배한 것들이다. 나머지는 지역 농부들이나, 다른 지역에 사는 농부들, 혹은 다국적 생명공학 회사가 소유하거나 관여하지 않는, 신뢰할 수 있는 도매 종묘상에서 구입한다. HVS는 안전한 씨

○ **037** HVS 페이스북.

HVS의 아트 팩(출처:HVS 페이스북)

앗 서약에 서명했으며, 반다나 시바의 '씨앗 자유 선언'을 지지하고 있다. 2013년 5월에는 유기농 농장 인증과 유기농 기술자(handler) 인증을 받았다.[038]

HVS는 예술가들과 협력해서 씨앗 포장지를 디자인한다. 예술가들이 디자인한 씨앗 포장지에 담긴 씨앗을 '아트 팩(Art Pack)'이라고 부른다. 아트 팩은 씨앗과 씨앗을 길러온 사람들의 다양한 이야기들을 기념한다. HVS는 해마다 예술가들을 공개 모집해서 수집품을 발전시켜나가고 있다. 웹사이트에서는 북미 전역에서 아트 팩을 구입할 수 있는 가게들의 목록과 지도를 제공하고 있다.

웹사이트에서는 시즌마다 카탈로그를 발행하고 있으며 아트 팩 씨앗을 비롯해서 철마다 각종 채소, 허브, 꽃 씨앗을 판매하고 있다. 또 텃밭에 필요한 간단한 농사용품과 채종 도구, 지피식물 등도 판다. 회원들에게는 회원 전용 시험 키트를 판매하고 있는데, 시험 키트에는 카탈로그에 실리지 않은 새로운 작물 2종이 들어간다. 회원들은 시험 키트를 재배해보고 HVS에 의견을 줄 수 있으며, 의견은 이듬해 카탈로그에 반영된다. 시험 키트를 재배하는 회원들은 당해 카탈로그에 있는 모든 씨앗들을 10% 할인된 가

○ **038** HVS. "About Us-About Our Seeds"(http://www.seedlibrary.org/about-us-hvsl/)

격으로 구매할 수 있다.[039]

나. 단체의 역사

HVS의 설립자인 켄 그린(Ken Green)은 2004년에 씨앗 도서관을 시작했다. 당시 그는 뉴욕주 가디너(Gardiner) 공립 도서관의 사서였다. 재래종 씨앗의 다양성에 큰 관심을 가져온 켄은, 그런 씨앗들을 도서관 카탈로그에 집어넣어서 회원들이 씨앗을 검색하고, 집에 있는 정원에서 그것들을 기른 다음, 계절이 끝날 무렵 반납할 수 있도록 했다. 이 프로그램은 작지만 성공적인 노력이었으며, 시골 지역에서 처음으로 이루어진 이런 종류의 시도였다. 4년 동안 도서관에서 이와 같은 씨앗 프로그램을 진행한 다음, 켄과 그의 파트너 더그(Doug)는 도서관을 소규모 농장에 기반을 둔 작은 사회적 기업으로 만들어 보기로 했으며, 그들의 사업은 오늘날까지 이어지고 있다.[040]

다. 채종포/씨앗은행

허드슨 밸리 씨앗 도서관의 핵심은 뉴욕주 아코드의 론다우트 계곡(Rondout Valley)에 있는 작은 농장이다. 이곳에서 HVS는 3에이커의 생산 농장과 시험포를 운영하고 있다. HVS는 매년 수백

○ **039** HVS. "About Us-Membership"(http://www.seedlibrary.org/2016-membership-program.html)
○ **040** HVS. "About Us-How We Started"(http://www.seedlibrary.org/about-us-hvsl/

HVS 채종포의 모습(출처:HVS 페이스북)

HVS의 2016 씨앗 카탈로그(출처:HVS 웹사이트)

파운드의 씨앗을 수확하고, 카탈로그를 통해서 판매할 수 있는 새로운 품종에 대해서 연구하며, 식물 육종가들이 전통적으로 사용해온 방법으로 육종을 하는 프로젝트를 진행한다. HVS는 농장에서 유기농업 방식만 이용하며, 2013년에는 유기농 인증을 받았다. 농장에서는 시험포를 운영하고 있다. 시험포에서는 카탈로그에 아직 실리지 않은 작물들을 기른다.[041]

참고자료

1. Hudson Valley Seed Library 웹사이트(Internet: http://www.seedlibrary.org/).

2. "Seed Library."Wikipedia, The Free Encyclopedia. 10 December, 2015.

3. HVS 페이스북(https://www.facebook.com/seedlibrary/).

○ 041 HVS. "About us—The Seed Sanctuary"(http://www.seedlibrary.org/about-us-hvsl/)

네이티브 시드/서치
(Native Seed/SEARCH, NS/S)

지역 : 애리조나주 투손

설립시기 : 1983년

설립자 : 게리 나반(Gary Nabhan), 바니 번스
(Barney Burns), 마이나 드레스(Mahina Drees), 카렌
레이하르트(Karen Reichhardt)

단체형태 : 씨앗을 보존하고 나누고 판매하는 비영리 민간단체

미션 : "지역의 환경에 적응한 다양한 종류의 재배종 씨앗들과 그
들의 야생 변종들, 그리고 이 씨앗들이 미국 남서부와 멕시코 북
미의 문화권에서 수행하는 중요한 역할들을 보존하고, 퍼트리고,
기록하는 것."[042]

웹사이트 : http://www.nativeseeds.org/

가. 회원제도

NS/S는 연간 후원회원제로 운영되고 있다. 회원 등급은 30달
러에서 시작하는 '호박'등급에서, 후원금이 500달러인 '옥수수'등
급과, 1000달러에 이르는 '해바라기군'등급까지 다양하다. 학생

○ **042** NS/S, "Mission Statement"(http://www.nativeseeds.org/about-us/
missionvalues)

들과 저소득층을 위해서는 20달러짜리 회원 등급이 준비되어 있다.[043]

NS/S의 회원이 되면 비회원에게는 제공되지 않는 씨앗을 구할 수 있고, 1년에 세 번 발행되는 소식지인 〈시드헤드 뉴스(Seedhad News)〉를 구독할 수 있다. 또한 연간 씨앗 목록 카탈로그를 받아볼 수 있고, 모든 생산물들을 10% 할인된 가격에 구입할 수 있다. 그 밖에도 워크숍과 연속 강좌 수업료를 할인받고, 씨앗 은행과 농장, 그리고 매장에서 열리는 특별한 이벤트에 초대받으며, NS/S 식물 세일에 먼저 참여하는 등 다양한 혜택을 누린다.

나. 활동내용

NS/S는 애리조나 투손에 기반을 둔 비영리 씨앗 보존 단체다. 'SEARCH'는 '서남부의 위협받는 불모지 자원 저장 센터(Southwestern Endangered Aridland Resource Clearing House)'의 약자이다.

미국 남서부와 멕시코 북서부에서 전통적으로 길러온 재배작물의 씨앗을 관리하고, 수집하고, 배급하기 위해서 설립된 NS/S는 이 지역의 작물 유전자원을 보존하기 위해서 두 종류의 접근법을 이용한다. '현장 외 접근법(ex situ approaches)'은 오랜 기간 동안 발아력을 유지할 수 있는 냉동 저장 환경에서 작물의 종자 표본을

○ **043** NS/S. "Memberships & Renewals"(http://shop.nativeseeds.org/products/mmbr)

○ **044** NS/S. "Seed Bank"(http://www.nativeseeds.org/our-approach/seed-bank)

보존하는 것이다.[044] NS/S가 운영하는 씨앗은행은 현장 외 접근법에서 핵심적인 부분을 차지한다. NS/S는 '현장 내 접근법(in situ approaches)'도 이용하고 있는데, 이 방식은 사람과 식물 사이에서 진행되면서 새로운 작물 품종을 개발하고 있는 사람과 식물 사이의 관계를 자연 선택과 인위적 선택을 이용해서 지원하고 장려하는 것이다.[045] NS/S는 현장 내 접근법을 수행하기 위해서 농부들과 일반인들을 상대로 다양한 프로그램을 운영하고 있다.

그중 하나로 미국 남서부와 멕시코 북서부의 토종 씨앗들을 찾아내고 보존하기 위해서 아메리카 원주민들을 지원하는 특별 프로그램이 있다. 이 프로그램을 통해 미국 남서부 지역에 거주하고 있는 아메리카 원주민들은 매년 10꾸러미의 씨앗을 무료로 주문할 수 있으며, 남서부 외부 지역에 거주하고 있는 원주민들은 10꾸러미의 씨앗을 반값에 구입할 수 있다.[046] 규모가 큰 농장을 운영하는 아메리카 원주민 농부들에게는 일부 씨앗에 한해 토종 씨앗 대량 교환 프로그램을 운영한다. 이 프로그램을 이용하는 농부들은 자신이 가진 땅의 규모에 맞춰서 씨앗을 요청할 수 있다. 재배에 성공할 경우, 대여해간 씨앗량의 1.5배를 NS/S에게 돌려주게 된다.[047] 또한 NS/S는 사람들이 지역 씨앗들에 쉽게 접근할

○ **045** 앞의 글.
○ **046** NS/S "Native American Seed Request" (http://www.nativeseeds.org/get-seeds/native-american-free-seed-program)
○ **047** NS/S. "Native American Bulk Seed Exchange Program" (http://www.nativeseeds.org/get-seeds/bulk-seed-exchange-program)

수 있도록 하기 위해서 웹사이트에서 'ADAPTS' 검색 시스템을 지원하고 있다. 이 시스템을 이용하면 NS/S 씨앗은행이 보유한 재래종과 토종 씨앗들 중 자신이 사는 지역에 맞는 품종들을 상세한 설명사진과 함께 검색할 수 있다.[048]

독특하고 희귀한 품종들을 재배하고 있는 농부들을 위해서, NS/S는 '씨앗 안전 백업 프로그램'을 운영한다. 이 프로그램은 농업 생물다양성의 상실을 막기 위한 안전장치로, 개별 농가나 단체들은 자신이 재배하는 씨앗의 일부를 섭씨 영하 18도를 유지하는 씨앗은행에서 안전하게 보관할 수 있다. 백업 프로그램으로 맡겨진 씨앗들은 농부의 권리를 존중하기 위해서 NS/S의 씨앗 수집품에 포함되지 않는다.[049]

NS/S는 지역 단체들에게 씨앗을 기증하는 '지역 씨앗 기부(Community Seed Grants)'도 진행하고 있다. 씨앗을 제공받을 수 있는 단체는 미국 남서부와 멕시코 북서부에서 교육, 식량안보 혹은 지역 발전 프로젝트를 진행하는 단체들이다.[050]

NS/S는 일반인들을 대상으로 두 종류의 씨앗을 온라인 목록과 연간 카탈로그, 오프라인 매장으로 판매하고 있다. 먼저 NS/S 씨앗은행에 저장된 씨앗 품종이 있다. 이런 씨앗들은 오랫동안 미

○ 048 NS/S. "Adapts"(http://www.nativeseeds.org/get-seeds/adapts)

○ 049 NS/S. "Seed Security Backup Program" (http://www.nativeseeds.org/get-seeds/seed-security-backup-program)

○ 050 NS/S. "Community Seed Grant"(http://www.nativeseeds.org/get-seeds/communityseedgrants)

국 남서부, 멕시코 북서부 지역과 역사적으로 연결되어 온 토착품종이나 재래품종이다. 다른 하나는 씨앗은행의 수집품 목록에 포함되지 않는 품종으로, 비록 오랜 역사를 지니고 있지는 않지만 지역에서 잘 자라는 씨앗들이다. NS/S가 제공하는 모든 씨앗들은 자연 수분된 품종으로, 발아능력 테스트를 거쳤고 소독을 하지 않았으며, 유기농업에 적합하다. 대부분의 씨앗들은 NS/S의 채종 농장에서 유기농업 방식으로 재배되었다.[051]

NS/S가 운영하는 오프라인 매장은 투손 카운티에 있다. NS/S 매장에서는 재래종 씨앗들과 함께 지역에서 생산한 식품과 공예품들을 판매한다. 매장 한쪽에는 주민들이 자유롭게 이용할 수 있는 씨앗 도서관이 마련되어 있다. NS/S는 보존 센터와 채종 농장에서 채종과 원예에 대한 연중 연속 강좌와 워크숍을 열고 있다. 또 농장 방문의 날, 지역 음식 나눔 파티, 정기 세일 등을 통해 농장으로 사람들을 초대하고 있다. NS/S는 안전한 씨앗 서약을 지지하며, 유전자 조작 작물을 사고팔거나 이용하지 않는다.[052]

다. 단체의 역사

NS/S는 1983년에 공동설립자인 게리 나반과 마이나 드레스(Mahina Drees)가 '백만인을 위한 식사'프로젝트에 참여하면서 만들어졌다. 이들은 미국 남서부 원주민인 토호노담 부족(Tohono

---

○ **051** NS/S. *Seedlisting 2016*. Retrieved from http://www.nativeseeds.org/pdf/Seedlisting2016web.pdf

○ **052** 위의 글.

파타고니아에 있는 NS/N의 채종포
(출처:NS/S 웹사이트)

투손 카운티에 있는 NS/S의 매장 내부
(출처:NS/S 웹사이트)

O'odham Nation)을 도와서 그들이 사는 지역의 지속가능한 식량 공급을 위한 텃밭을 만들었다. 이때 토호노담 부족의 노인들은 이들에게 "우리가 정말로 찾고 있는 것은 조부모들이 기르곤 했던 작물의 씨앗들이다."[053]라고 말했고, 이 말은 NS/S가 위험에 처한 전통 작물들을 수집하고 보존하는 지금과 같은 단체가 되는데 많은 영향을 미쳤다.

1997년 NS/S는 애리조나주 파타고니아에 있는 채종 농장을 구입했으며, 1998년부터 농장에서 작물을 재배하기 시작했다. 처음에는 1에이커에서 40종류의 수집한 작물들을 재배했으며, 이후 경작하는 땅의 면적과 재배하는 작물의 숫자를 매년 늘려왔다.[054]

또 NS/S는 남서부 지역의 다년생 토종식물 품종을 보호하기

○ 053 NS/S. "Our Story"(http://www.nativeseeds.org/about-us/our-story)
○ 054 NS/S. "Conservation Farm"(http://www.nativeseeds.org/our-approach/conservationfarm)

위해서 2001년부터 레지스-트리(Regis-Tree) 운동을 벌여왔다.[055]
2012년에는 투손 카운티 NS/S 매장 안에 주민들이 자유롭게 씨앗
을 대여해갈 수 있는 씨앗 도서관을 열었다.

라. 채종포/씨앗은행

씨앗은행은 씨앗을 보존하려는 NS/S의 노력에서 핵심적인 역
할을 한다. 씨앗은행은 씨앗 보관소로, 더 이상 농부의 밭에서 자
랄 수 없는 농작물들의 종자를 냉동 창고에서 보존한다. 씨앗은행
의 첫 번째 기능은 오랜 세월 동안 농부의 손으로 채종되며 독특
한 성질을 보유하게 된 씨앗들의 유전적 다양성을 미래 세대를 위
해서 보존하는 것이다.

씨앗은행에는 다양한 북미 원주민 부족들의 문화에서 음식,
섬유, 염색재로 이용되었던 약 1,900품종의 서로 다른 전통적 작
물들이 저장되어 있다. 옥수수, 콩, 그리고 호박 품종이 저장된 작
물의 절반 이상을 차지한다. 이 세 가지 품종을 제외하고도 씨앗
은행에는 진기하고 때로는 희귀한 변종들이 포함된 100가지 가량
의 작물종과 그 야생 사촌들이 보존되어 있다. 각각의 수집된 종
자들은 특정한 농부가 기른 고유한 작물 '품종(Variety)'을 의미하
며 하나하나 보존되고 검사된다.[056]

씨앗은행에서 수집된 각 종자의 밀봉된 샘플들은 냉동 저장고

○ **055** "Native Seed Search"*Wikipedia, the free encyclopedia*. 18 July, 2014.
○ **056** NS/S, "Seed Bank"(http://www.nativeseeds.org/our-approach/seed-
　　bank)

안에 보관되어 있다. 샘플들이 발아력 감소를 보이기 시작하면 그 것들은 NS/S의 채종 농장에서 갱신된다. 중복된 샘플들은 종자를 채종에 실패할 경우를 대비한 예비품으로 쓰인다.

성공적인 갱신을 위해서는 수집 품종이 유전적 순수성과 본모습을 유지하도록 하는 일이 매우 중요하다. NS/S는 각 샘플들에 정확한 표시를 붙이는지, 바닥에 떨어진 씨앗이 자라지는 않는지, 사용하는 장비가 청결한지 등을 확실히 하기 위해 많은 주의를 기울이고 있다.[057] 그리고 NS/S는 서로 다른 많은 모체 식물에서 씨앗을 채종하며, 저장고에 들어갈 표본 씨앗을 무작위로 선별하는 등의 기본적인 표본 선발 방법을 이용하고 있다. 이런 방법들은 각 품종이 유전적으로 완전함과 순수함을 유지할 수 있도록 해주며, 유전적 병목 현상을 예방한다.

한때 소바푸리(Sobapuri) 인디언들이 거주했던 NS/S의 채종 농장은 토심이 깊은 사양토와 풍부한 여름 강우량, 그리고 온화한 기후로 씨앗은행에 보관된 광범위한 작물들을 기르기에 이상적인 장소라는 것이 입증되어 왔다.[058] 현재 채종 농장에서는 매 시즌마다 12~15에이커에서 200~350가지의 품종들을 기르고 있으며, 표본을 갱신하고 수량을 늘리기 위한 씨앗 외에도 원주민 농부들이나 새로운 씨앗은행을 위한 씨앗 등 특정한 프로젝트에 필요한 작물을 재배한다. 남은 땅은 지피식물에 덮인 채로 두는데, 토양에

○ 057 앞의 글.
○ 058 NS/S. "Conservation Farm"(http://www.nativeseeds.org/our-approach/conservationfarm)

NS/S가 보존하고 있는 다양한 옥수수 품종들(출처:NS/S 페이스북)

영양분과 유기물을 더하기 위해서 종종 곡류와 두류를 혼합해서 뿌린다.[059]

채종포는 아직 유기농 인증을 받지 못했으므로 생산되는 씨앗에 유기농 표시를 붙일 수는 없다. 이전에 채종포에서는 통합 병충해 관리법을 통해 유기농법에서 인정하지 않는 화학물질들을 최후의 수단으로서 한정된 목표에 제한적으로 이용했었다. 그러나 2011년부터 NS/S는 유기농 생산체계에서 허용하는 상품만을 이용하고 있다. 또 화학 질소비료를 사용하지 않으며, 토양의 비옥함을 유지하고 개량하기 위해서 지피식물과 녹비, 그리고 돌려짓기를 이용하고 있다.[060]

○ 059 앞의 글.
○ 060 앞의 글.

참고자료

1. NS/S 웹사이트(http://www.nativeseeds.org/).

2. "Native Seed Search" Wikipedia, the free encyclopedia. 18 July, 2014.

3. NS/S. Seedlisting 2016(pp 4). Retrieved from http://www.nativeseeds.org/pdf/Seedlisting2016web.pdf

4. NS/S 페이스북(https://www.facebook.com/NativeSeedsSEARCH/).

피마 카운티 씨앗 도서관
(Pima County Seed Library, PCSL)

지역 : 애리조나주 투손, 피마 카운티 공립 도서관

설립시기 : 2012년

설립자 : 저스틴 헤르난데즈(Justine Hernandez)

단체형태 : 공립 도서관 내부의 씨앗 도서관

미션 : 1. 지역사회가 정원 가꾸는 일을 시작하게끔 격려한다.

2. 맛있고 건강한 먹을거리를 기르는 전통이 지역사회에 다시 이어지도록 한다.

3. 지역사회에서 재배, 수확, 채종을 교육한다.

4. 지역 보존 씨앗(communitysustained seed)을 만들어낸다.

5. 나눔과 풍요의 문화를 양성한다.[061]

웹사이트 : http://www.library.pima.gov/seed-library/

가. 회원제도

피마 카운티 공립 도서관의 회원제도와 같다.

○ **061** PCSL. Seed Library Borrow Brochure(2015). Retrieved from https://pima.bibliocms.com/wp-content/uploads/sites/6/2015/05/seed-library_borrow-brochure_042015_final.pdf

나. 활동내용

피마 카운티 씨앗 도서관(Pima County Seed Library, PCSL)은 사람들이 집에서 기를 수 있는, 자연 수분된 재래종 씨앗들을 보유하고 대여해주고 있다. PCSL은 사람들이 지역의 건조기후에 적응한 식물들을 재배해서 풍요롭고 유전적으로 다양한 경관을 만들 수 있도록 도와주고 있다.

피마 카운티 공립 도서관의 회원 카드를 만든 사람들은 8개의 피마 카운티 도서관 분관들 중 집 근처에 있는 곳을 방문해서 씨앗을 대여해갈 수 있다. 또는 도서관이 소장하고 있는 씨앗들 중 자신이 지금 빌려가서 심을 수 있는 씨앗을 인터넷으로 확인하고, 분관이 본관에 씨앗을 요청하도록 예약할 수 있다. 씨앗 검색 시스템은 도서 검색 시스템과 동일하게 운영되기 때문에 찾고자 하는 작물종의 이름을 책 이름처럼 검색할 수 있다. 또 도서관은 2015년부터 계절별 씨앗 검색 서비스도 제공하고 있다.[062]

회원들은 1달에 10팩의 씨앗을 빌려갈 수 있으며, 한 팩에는 5~10그루의 식물을 기를 수 있는 씨앗이 들어 있다.[063] 씨앗 반납은 자신이 사는 곳에서 가까운 어느 도서관 분관에든 할 수 있다. 반납할 때는 도서관에 비치되어 있거나 웹사이트에서 출력할 수 있는 반납 전표를 작성한 다음, 씨앗을 용기에 담아 근처에 있는

○ **062** PCSL, "Fresh Seed Library news: find seeds by searching for the planting month,"Pima Blogs, 15 December, 2015.

○ **063** PCSL, "Seed Library FAQs"(http://www.library.pima.gov/faq/seed-library/)

PCSL의 씨앗 관리법
(출처:PCSL 웹사이트)

피마 카운티 공립 도서관 내부에 있는 PCSL의
씨앗 저장 서랍(출처:PCSL 웹사이트)

씨앗 도서관 분관으로 가져간다. 책과는 다르게 반납 기일을 어기거나 반납을 하지 못해도 벌금은 없다. 도서관이 보유하고 있는 씨앗은 사람들의 기증, 재배 성공 여부, 계절의 변화에 따라서 달라진다.[064] 도서관이 빌려주는 씨앗의 등급은 전형적인 재배 난이도가 아니라 채종 난이도에 따라서 '초급'에서 '상급'단계까지 나뉜다. 도서관은 초보 원예가들에게 처음에는 채종을 걱정하지 말고 자신이 기르고 싶은 씨앗을 빌려간 다음, 즐겁게 정원 일을 배우라고 조언하고 있다.[065]

다. 단체의 역사

PCSL은 피마 카운티 공립 도서관의 사서인 저스틴 헤르난데

○ **064** PCSL, *Seed Library Borrow Brochure*(2015).
○ **065** 위의 글.

즈(Justine Hernandez)의 아이디어로 만들어지게 되었다. 그녀는 어떻게 하면 공립 도서관과 지역 먹거리 운동, 그리고 텃밭 정원사들을 연결시킬 수 있을지 고민하던 중에 공립 도서관에서 씨앗을 빌려준다는 아이디어를 떠올리게 되었다.[066] 그녀의 제안으로 피마 카운티의 공립 도서관 본관에서 시작된 씨앗 도서관은 지역에 있는 여덟 군데의 도서관 분관들과 연결되었다. PCSL은 시드 세이버스 익스체인지, 네이티브 시드/서치를 비롯해서 많은 단체들에게 씨앗을 후원받고 있다.

참고자료

1. "Seed Library."Wikipedia, The Free Encyclopedia. 10 December, 2015.

2. Pima County Public Library 웹사이트(https://pima.bibliocms.com/).

3. PCSL. Seed Library Borrow Brochure(2015). Retrieved from https://pima.bibliocms.com/wp-content/uploads/sites/6/2015/05/seed-library_ borrow-brochure_042015_final.pdf

4. Library Journal. "Justine Hernandez. Movers & Shakers 2014—Community Builders"March 11, 2014.

○ **066** Library Journal. "Justine Hernandez. Movers & Shakers 2014—Community Builders"March 11, 2014.

리치먼드 그로우스 씨앗 대여 도서관

(Richmond Grows Seed Lending Library, RGSLL)

지역 : 캘리포니아 리치먼드 공립 도서관 본관

설립시기 : 2010년

설립자 : 레베카 뉴번(Rebecca Newburn)

단체형태 : 공립 도서관 내부의 씨앗 대여 도서관

미션 : "우리의 미션은 지역 주민들이 기르고 제공한 지역에 적합한 식물 씨앗에 쉽게 그리고 무료로 접근할 수 있는 공급원이 됨으로써 지역이 건강한 음식을 스스로 자급자족할 수 있는 능력을 기르게 하는 것입니다. RGSLL은 유서 깊은 씨앗 채종 전통을 통해서 생물다양성을 지키고, 지역에 적합한 식물 품종들을 육성하고, 지역과 개인의 자립 그리고 나눔 문화를 양성합니다. 우리는 봉사와 수집을 통해서 지역 사람들의 다양성을 기릅니다. RGSLL은 두 가지 활동에 초점을 맞춤으로써 미션을 수행하기 위해 노력하고 있습니다.

1. 리치몬드 주민들이 이용할 수 있는 씨앗 도서관을 세우고 기르는 것. 씨앗 도서관은 회원들을 위해서 씨앗을 위탁 보관하는 장소입니다.

2. 지속가능한 유기 원예에 대한 정보와 훈련, 교육을 제공하는 것."[067]

웹사이트 : http://www.richmondgrowsseeds.org/

가. 회원제도

무료 회원제이다. 온라인이나 오프라인으로 회원가입 서식을 작성한 다음, 씨앗을 대여할 수 있다. 도서관은 자원봉사와 후원으로 운영되며, 자원봉사자들을 상시모집하고 있다.[068]

나. 활동내용

리치몬드 그로우스 씨앗 대여 도서관(Richmond Grows Seed Lending Library, RGSLL)은 모든 사람에게 열려 있으며, 씨앗과 함께 채종과 유기원예에 대한 교육을 제공한다.[069]

도서관의 씨앗들은 곡류, 채소, 꽃과 관상용 식물, 허브, 지역 품종 등으로 개인이나 단체, 종묘회사 등이 기부한 것들이다. 분류된 씨앗들은 리치몬드 공립 도서관 내부에 있는 서랍에 보관되어 있다. 씨앗은 채종 난이도에 따라서 '매우 쉬움(초록색)'과 '쉬움(파란색)' 그리고 '어려움(노란색)'으로 나뉜다. '어려움'에 속하는 씨앗들에는 인공수분이 필요한 품종들이 포함되어 있다. 회원들은 모든 종류의 씨앗을 빌려갈 수 있지만, 채종에 초보인 사람들은 오직 '매우 쉬움'이나 '쉬움'에 속하는 씨앗들만을 반납할 수 있다.[070]

○ **067** RGSLL "Mission"(http://www.richmondgrowsseeds.org/hours-and-location.html)
○ **068** RGSLL. "Volunteer"(http://www.richmondgrowsseeds.org/get-involved.html)
○ **069** RGSLL. "About us"(http://www.richmondgrowsseeds.org/about-us.html)
○ **070** RGSLL. "On-line Orientation to Library"(http://www.richmondgrowsseeds.org/how-to-use-library.html)

Richmond Grows Seed Lending Library

Common name: _____
Scientific name: _____
Variety: _____
Grower's name: _____
Location of harvest: _____
Year: _____ Days to maturity: ____
Notes: _____
_____
_____
_____

Difficulty of seed to save:
☐ Easy ☐ Difficult ☐ Hand-pollinate
Seeds saved from _____ (Qty.) plants.

Thank you for saving seeds!
Please return some at the end of the season.
RichmondGrowsSeeds.org

RGSLL의 씨앗 대여 서식(출처:Shareeable)

RGSLL의 씨앗 저장 서랍(출처:Pinterest)

RGSLL은 채종뿐만이 아니라 유기원예와 육묘에 대한 다양한 강의들을 제공하고 이에 따라 강의 자료들을 제공하고 저작권 이용 약관을 따르며, 일반인들에게 무료로 배포된다. 영리를 목적으로 하는 기업들은 약간의 사용료를 내고 자료들을 이용할 수 있다.[071] 도서관은 씨앗별로 채종 방법을 교육하는 영상물을 유투브 채널로 제공하고 있다.[072]

또한 RGSLL은 지역에서 씨앗 도서관을 만들려 하는 사람들에게 정보와 도움을 주고 있다. 웹사이트의 '씨앗 도서관 만들기' 항목에서는 사람들을 모으고, 씨앗을 분류하고, 로고를 만드는 등 씨앗 도서관을 시작하기 위해서 필요한 정보들을 무료로 열람할 수 있다.[073] 씨앗 교환을 주최하려는 사람을 위해서도 항목을 따로 제공하고 있다.[074]

다. 단체의 역사

레베카 뉴번(Rebecca Newburn)은 퍼머컬처 농부이자 수학과 과학 선생님이다. 레베카의 말에 따르면 그녀는 BASIL 씨앗 도서관에서 자원봉사를 하는 동안 자신의 지역에서 씨앗 도서관을 세워야겠다는 마음을 먹게 되었다고 한다.

○ **071** RGSLL, "Courses"(http://www.richmondgrowsseeds.org/courses.html)
○ **072** RGSLL, "Vidios"(http://www.richmondgrowsseeds.org/seed-saving.html)
○ **073** RGSLL, "Create Your Own Library"(http://www.richmondgrowsseeds.org/create-a-library.html)
○ **074** RGSLL, "How to Organize an Seed Interchange(Swap)" (http://www.richmondgrowsseeds.org/how-to-organize-a-seed-swap.html)

2010년 그녀는 빌 맥도만(Bill Mcdorman)의 씨앗 학교에 참여해서 씨앗 채종을 공부했으며, 그해 리치몬드에 씨앗 도서관을 열었다. 도서관을 시작할 때 그녀는 재래종 씨앗을 취급하는 종묘회사들에게 편지를 써 씨앗 기부를 요청해서 5,000여 달러어치의 씨앗을 기부 받았으며, 기부는 지금도 계속되고 있다.[075] RGSLL은 미국에 있는 다양한 씨앗 도서관들과 자매결연 하였으며, 전 세계 씨앗 도서관들의 네트워크를 지원하는 'Seed Libraries'를 통해서 다른 씨앗 도서관들과 활발하게 교류하고 있다.

참고자료

Richmond Grows 웹사이트(http://www.richmondgrowsseeds.org/).

○ **075** RGSLL, "Co-Founder and Coordinator"(http://www.richmondgrowsseeds.org/about-us.html)

캐나다

시드 오브 다이버시티 캐나다
(Seed of Diversity Canada, SoDC)

지역 : 토론토

설립시기 : 1984년

설립자 : 캐나다 유기농업 협회(Canadian Organic Growers)

단체형태 : 자선단체

미션

1. 위험에 처한 재래종 농작물 품종들, 특히 캐나다 식물의 재배를 조사하고, 보존하고, 영속시키고, 연구하고, 장려한다.

2. 위험에 처한 농작물 품종들과 재래종 씨앗의 중요성, 그리고 그것들을 지속적으로 재배하고 보존하는 일의 중요성을 대중들에게 교육한다.[076]

웹사이트 : http://www.seeds.ca/diversity/seed-library

가. 회원제도

시드 오브 다이버시티 캐나다(Seed of Diversity Canada, SoDC)는 연간 유료 회원제로 운영된다. 매년 25달러를 내면 매년 1월에 온라인으로 씨앗 명단을 받아볼 수 있고, 40달러를 내면 온라인과 오프라인으로 명단을 받을 수 있다. 이 목록에는 회원들이 해마다 씨앗 교환을 통해서 나누는 3,000종 이상의 품종이 실린다.[077] 그 외에도 회원들은 연 4회 발행되는 단체 소식지를 받아볼 수 있다. 기부를 하지 않은 무료 회원은 매달 e메일로 소식지를 받아볼 수 있다. SoDC의 회원들은 뒷마당 원예가들, 농부들, 사적지들, 박물관들, 원예 역사학자들, 식물원들, 과학자들, 식물 육종가들 등이다.[078]

나. 활동내용

SoDC 프로젝트의 하나인 '캐나다 씨앗 도서관'은 2,300품종 이상의 지역에 적합한 품종들과 희귀한 씨앗 품종들을 보유한 비영리 프로젝트다. 일반인들이 기증했거나 심각한 위험에 처한 품종, 그리고 작은 씨앗 상점에서 구입한 씨앗들을 보유하고 있다. 이 씨앗 도서관은 회원인 채종가들과 캐나다 재래종 씨앗 회사들

○ **076** SoDC. "Our Objectives"(https://www.seeds.ca/about/objectives)
○ **077** SoDC. "Annual Member Seed Exchange"(https://seeds.ca/diversity/member-seed-directory)
○ **078** Suzanne Ashworth. *Seed to Seed: Seed Saving and Growing Techniques for Vegetable Gardeners. 2nd Edition*(pp 222). Decorah, IA. Seed Savers Exchange.

의 활동을 지원하며, 일반인을 대상으로 한 씨앗 보급보다는 주로 미래 세대의 원예가들과 농부들이 사용할 수 있도록 씨앗을 발아 가능한 상태로 보존하는 역할을 한다.

SoDC에서는 저습 냉동 창고에 씨앗을 장기 보관한다. 회원들은 씨앗 도서관에 자신이 가진 씨앗을 위탁해서 종신 보관하거나, 저장된 씨앗을 재배한 다음 채종한 씨앗의 일부를 돌려주거나, 자신이 가진 씨앗들 중에서 다양한 품종들을 기증할 수 있다.[079] 현재 도서관은 3,600종 이상의 씨앗 샘플들을 보유하고 있으며, 보존 씨앗의 15%가 영구 보존 품종들이다.[080] 도서관은 매년 자원 활동가들을 모집해서 보관한 씨앗들 중 일부를 채종하고 도서관에 반납하도록 하는 프로젝트를 진행한다. SoDC는 2016년을 '토마토의 해'로 정하고, 도서관이 보유한 839개의 토마토 품종들을 집중적으로 보급했다.[081]

SoDC의 중추는 농부와 원예가들로 이루어진 회원 네트워크다. 이들은 위험에 처한 품종들을 정원에서 증식시키고, 적절한 채종 기술을 이용해서 품종을 순수하게 유지하고, 씨앗을 채종해서 다른 회원들과 교환한다.[082] SoDC가 매년 출간하는 '회원 씨앗 목록'에는 3,000종 가량의 채소, 과일, 곡식, 허브와 관상용 꽃 목록

○ **079** SoDC "Canadian Seed Library"(https://seeds.ca/diversity/seed-library)
○ **080** 위의 글.
○ **081** SoDC. "Seed Library Grow-Outs - Tomato Project 2016"(https://seeds.ca/node/154)
○ **082** Suzanne Ashworth. 앞의 글.

이 실리는데, 이 중 3분의 2는 종묘상에서 구할 수 없는 것들이다.[083]

SoDC는 '바우타 가족 주도의 캐나다 씨앗 안보(Bauta Family Initiative on Canadian Seed Security)'의 '씨앗 종 다양성 보존 프로젝트'에 협력한다. 또 '캐나다 꽃가루 수분'운동을 통해 꽃가루 매개 생물들을 지원하고, '벌 친화적인 농업'을 교육하고 보급하며, 숙련된 재배자들과 채종가들의 네트워크를 지원하는 등 해마다 다양한 활동들을 펼치고 있다.

또한 SoDC는 캐나다 전역의 채종가들이 주말에 모여서 지역 품종이나 재래종, 농가에서 채종한 씨앗을 교환하고 판매하는 행사인 '씨앗의 토요일/일요일(Seedy Saturday/Sunday)'에 대한 정보를 제공하며, 새로운 모임을 조직하거나 자원봉사를 하려는 사람에게 가이드라인을 제공하고 모임을 홍보해주는 등의 도움을 주고 있다.[084]

SoDC는 씨앗 채종 핸드북인 『어떻게 직접 씨앗을 받을까(How to Save Your Own Seeds)』와 재래종 씨앗에 얽힌 이야기를 소개하는 『모든 씨앗에는 이야기가 있다(Every Seed Tells a Tale)』를 출간했다.[085] 또한 웹사이트와 워크숍을 통해서 대중들에게 채종을 교육하고 있다.

○ **083** SoDC. "Annual Member Seed Exchange"(https://seeds.ca/diversity/member-seed-directory)

○ **084** Judy Newman. "Seedy Saturdays Across Canada". SoDC. 13 November. 2014.

○ **085** SoDC. "Our Books"(https://seeds.ca/diversity/publications)

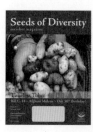

SoDC의 회원 계간지(출처:http://seeds.ca/magazine)

다. 단체의 역사

SoDC는 캐나다 유기농업 협회(Canadian Organic Growers)의 주도로 조직되었다. 1984년에 협회는 농작물의 유전적 다양성 상실에 대한 회의를 조직했다. 미국의 시드 세이버스 익스체인지를 설립한 켄트 윌리가 기조연설을 한 이 회의에서 캐나다의 농작물 자원을 구조하는 '재래종 씨앗 프로그램'이 시작되었으며, 알렉스 카론(Alex Caron)이 담당했다. 프로그램이 중지된 지 2년째 되던 해인 1978년 말, 카론의 요청으로 유기농업 협회 소속 유기농 원예가이자 시드 세이버스의 일원이기도 했던 헤더 애플(Heather Apple)이 합류해서 프로그램을 재조직했다. 새로운 프로그램은 1988년 시드 세이버스 익스체인지를 본보기로 삼은 풀뿌리 채종 조직으로 발전했다. 1989년에 '재래종 씨앗 프로그램'가필드 웨스턴(W. Garfield Weston) 재단으로부터 5년 지원금을 받았다. 1995년에는 법인 조직이 되었으며, 영어 이름을 'Seeds of Diversity'로 바꾸었다.[086]

○ **086** "Seed of Diversity."*Wikipedia, the free encyclopedia*. 21 June, 2016.

참고자료

1. Judy Newman. "Seedy Saturdays Across Canada". SoDC. 13
   November, 2014.

2. "Seed of Diversity."Wikipedia, the free encyclopedia. 21 June, 2016.

3. Seed of Diversity 웹사이트. Internet: https://www.seeds.ca/

4. Suzanne Ashworth. Seed to Seed: Seed Saving and Growing
   Techniques for Vegetable Gardeners, 2nd Edition. Decorah, IA. Seed
   Savers Exchange.

토론토 씨앗 도서관
(Toronto Seed library, TSL)

지역 : 토론토

설립시기 : 2012년

단체형태 : 씨앗을 대여해주는 비영리민간단체

미션 : 최대한 많은 사람들이 유기농작물을 기를 수 있도록 건강하고 접근이 용이한 씨앗을 무료로 제공한다. 또한 씨앗 채종을 장려하고, 인식과 교육 그리고 채종 문화 되살리기를 목표로 한 지역 축제를 통해서 사람들이 씨앗을 채종할 수 있도록 한다.[087]

웹사이트 : http://www.torontoseedlibrary.org/

가. 회원제도

현재 특별한 회원제도는 없다. 다만 당사자가 동의할 경우, 씨앗 도서관은 명부에 씨앗을 빌려간 사람의 이름을 올려서 도서관 사용자들과 연락을 유지한다.[088] 사람들은 온라인 기부 펀드나 도서관 분관에 있는 오프라인 기부 상자를 이용해서 후원할 수 있다. 도서관은 기본적으로 자원봉사제와 많은 이들의 협력으로 운

○ **087** TCL. "How Do Seed Libraries Work?"(http://www.torontoseedlibrary.org/about/)

○ **088** TCL. "How to Use Toronto Seed Library?"(http://www.torontoseedlibrary.org/about/how-to-use-the-seed-library/)

영된다. 자원봉사자들은 씨앗 도서관의 행사들을 조직하고, 소셜 미디어와 소식지를 통해 소통하고, 작물을 재배하는 현장으로 지원을 나가고, 분관을 운영하고, 씨앗 잡지인 ≪Seedy Zine≫을 기획하며, 자료를 번역하고, 씨앗을 포장하거나 정보를 수집하는 등 다양한 일들을 한다.[089]

나. 활동내용

토론토 씨앗 도서관(Toronto Seed Library, TSL)은 씨앗 나눔 네트워크를 구축하려는 지역 기반 프로젝트이다. 다양한 지역 단체들과 가능한 시설들을 통해서 TSL은 유기 재래종 씨앗들뿐만이 아니라 도시농업을 위한 정보와 자원도 제공한다.[090]

TSL은 허브, 과일, 채소, 토종 야생화들, 나무 종자들을 보유하고 있으며, 모든 종류의 씨앗, 그중에서도 특히 자연 수분된 재래종과 토종 씨앗 품종들을 주로 가지고 있다. 심지어는 유통 기간이 지난 후에 기증받은 몇몇 잡종 씨앗들도 가지고 있는데, 채종을 위해서가 아니라 새로운 먹거리 재배자들과 관계를 맺기 위해서다.[091]

도서관에서 씨앗을 빌려간 사람들은 그 씨앗을 길러서 채종하

○ **089** TCL. "Join our seedy team today!"(http://www.torontoseedlibrary.org/bee-involved/volunteer/)

○ **090** TCL Facebook.

○ **091** TCL. "FQA"(http://www.torontoseedlibrary.org/about/frequently-asked-questions-faq/)

St Stephen 교회에 있는 TSL 분관
(출처:St Stephen 교회 웹사이트)

자원봉사자들이 포장한 TSL의 씨앗봉투
(출처:TSL 페이스북)

려고 노력해야 한다. 하지만 반납한 씨앗이 빌려간 씨앗과 반드시 같은 품종일 필요는 없고, 재배에 실패하거나 실수로 씨앗을 받지 못해도 연체료를 내지는 않는다.[092] 회원들이 씨앗을 반납할 때는 종, 품종, 그리고 재배년도를 기록한다. 반납은 각 분관에서 가능하다. 분관들은 공구 대여소, 교회, 대학교, 도서관, 지역 센터, 푸드 뱅크 등 다양한 기관들에서 운영하고 있다.

2014년 가을부터 TSL은 잡지인 'Seedy Zine'을 발행하고 있다. 씨앗 잡지인 Seedy Zine에는 각 호마다 한 작물이 특집으로 다뤄지며, 아울러 씨앗과 텃밭정원 관련 기사와 요리법, 시가 실려 있다. 웹사이트를 방문하면 잡지를 열람할 수 있다.

○ 092 TCL, "How to Use Toronto Seed Library?"

다. 단체의 역사

TSL은 2012년 11월에 'Occupy Gardens Toronto'단체 그리고 토론토 대학과 요크 대학 학생들에 의해 처음 시작되었다. 개인과 단체들의 자라나는 협동조합들, 채종가들, 원예가들, 농부들, 교육자들, 사서들, 정책 입안자들과 미식가들이 서로 협력해서 무료 씨앗 도서관 시스템을 만들었다. 2014년에는 토론토 공립 도서관에서 '문화씨앗(literaseed)'워크숍을 열었고, 온타리오 도서관 연합과 함께 '씨앗 도서관 어떻게 시작할까'라는 웹 세미나를 진행하기도 했다. 2013년에는 6개의 분관들, 그리고 2014년에는 14개의 분관들이 문을 열었으며,[093] 2016년에는 21개의 분관들이 토론토 전역에서 씨앗을 대여해주었다.[094]

참고자료

1. Toronto Seed Library 웹사이트(http://www.torontoseedlibrary.org/).

2. Toronto Seed Library 페이스북(https://www.facebook.com/torontoseedlibrary/?fref=ts).

3. St Stephen교회 웹사이트(http://saintstephens.ca/toronto-seed-library).

○ **093** TSL. "A Breief History"(http://www.torontoseedlibrary.org/about/a-brief-history-future/)
○ **094** TSL. "Branches"(http://www.torontoseedlibrary.org/branches/locations-map/)

인도

나브다냐
(Navdanya)

지역 : 인도 전역(델리와 데라둔에 사무소가 있고, 데라둔 근처 마을에는 채종 농장과 씨앗 대학이 있다.)

설립시기 : 1987년

설립자 : 반다나 시바(Vandana Shiva) 외

단체형태 : 시민단체

미션 : "자연을 보호하고, 지식, 생물다양성, 물 그리고 식량에 대한 사람들의 권리를 지킨다."[095] "나브다냐의 미션은 평화와 화합, 정의와 지속가능성을 증진시키는 것입니다. 우리는 자연과 선조들로부터 전해 받은 생물다양성을 보존하고, 재생하고, 부흥시키며, 이러한 선물들을 공유자산으로 지키면서 이 목표를 이루

○ 095 Navdanya, "Our Mission"(http://www.navdanya.org/about-us/mission)

기 위해 노력합니다. 공동체 씨앗 은행을 세우는 것은 자연과 사람들이 가진 자원을 되살린다는 우리 미션의 중심에 있는 일입니다. 빈곤 추방을 위한 우리의 프로그램에서 핵심적인 부분은 씨앗과 생물다양성, 그리고 전통 지식이 사람들의 손에서 보존되며 그들의 생계를 유지시키고, 기본적인 필요를 충족시키도록 하는 것입니다."[096]

웹사이트 : http://www.navdanya.org/

가. 활동내용

나브다냐(Navdanya)는 인도의 물리학자이자 작가, 환경운동가인 반다나 시바(Vandana Shiva)를 중심으로 설립된 생물다양성 보존 운동단체다. 나브다냐는 인도 고유의 개념인 자치(Swaraj) 철학에 근거해 생물다양성 보존, 유기농업, 지역 자치, 농부의 권리 증진, 여성의 권리 증진 운동을 펼치고 있다.

'Bija Swaraj(씨앗 자유)' 운동은 나브다냐가 이끌고 있는 여러 운동 중의 하나로, 씨앗이 대표하는 인도의 생물다양성을 보존하는 운동이다. 이 운동을 통해서 나브다냐는 인도의 18개 주와 부탄에 122개의 지역 씨앗은행들을 만들었다. 또 인도와 그 주변 지역들에서 사이클론, 해일, 홍수, 지진 등 재난이 일어났을 때 농부들이 지역에서 농사를 지으며 자립할 수 있도록 재난지역에 적합

○ 096 앞의 글.

한 씨앗을 나눠주고 있다.[097] 나브다냐는 인도의 다양한 토종 쌀 품종들을 보호하는 활동도 하고 있으며, 3,000종 이상의 쌀 품종을 찾아냈다.[098] 데라둔(Dehradun)에 있는 중앙 씨앗은행은 600종 이상의 쌀 품종을 매년 조금씩 돌려짓기하면서 보존하고 있다.[099] 이 쌀 품종들 중에서 119개는 기후변화에 저항성이 있다.[100]

나브다냐는 50만 명이 넘는 농부들에게 식량 주권과 지속가능한 유기농업을 교육시켰고, 인도에서 가장 큰 규모의 직거래 판매 네트워크와 유기농 공정 거래 네트워크가 세워지는 것을 도왔다.[101]

나브다냐는 생물 특허와 씨앗에 대한 저작권에 대해 반대하는 운동을 활발하게 진행해왔다. 1994년에는 인도 재래종인 님(Neem) 나무에 대한 생물 특허에 반대하는 운동을 펼쳐서 10만 인의 서명을 받았으며 특허를 신청한 USDA와 다국적 화학 기업인 W. R. 그레이스 사를 상대로 소송을 제기했다. 결국 님 나무에 대한 특허는 2000년에 취소되었고, 2005년에는 취소가 재차 승인됐다.[102] 또한 1998년부터는 인도 정부와 함께 미국의 회사인 라이스텍이 1994년 인도의 바스마티(Basmati) 쌀에 신청한 생물 특허를

○ **097** Navdanya. "Introduction to Navdanya"(http://www.navdanya.org/about-us)

○ **098** 반다나 시바 외, 〈씨앗이 있어야 우리가 살아요〉, 책속물고기, 2016, p. 21.

○ **099** Athina, Bella & Kiyoye. "Navdanya Biodiversity Conservation Farm". Seeds and Threads. November 5, 2012.

○ **100** Vandana Shiva(2016). *Seed Sovereignty, Food Security*. Berkeley, CF. North Atlantic Books.

○ **101** "Navdanya,"*Wikipedia, the free encyclopedia*. 27 August, 2016.

○ **102** 앞의 글.

반다나 시바와 나브다냐 농장을 방문한 방문자들(출처:나브다냐 페이스북)

취소하기 위해 싸웠으며,[103] 결국 2001년 특허청은 라이스텍에게 바스마티 쌀을 제외한 몇 종의 변종 쌀에만 특허를 내주었다.[104] 나브다냐가 이끌어온 운동의 영향으로 2004년에는 몬산토가 인도의 '납 할(Nap Hal)' 밀 품종에 신청한 생물 특허가 취소되기도 했다.[105] 생물 특허 운동과 더불어, 나브다냐는 GMO 반대 시민운동도 꾸준하게 주도해오고 있다.

테라 마드레 슬로푸드(Terra Madre Slow food) 운동의 회원이기도 한 나브다냐는 인도의 16개 주에 흩어져 있는 씨앗 재배자들과 유기농 생산자들의 네트워크도 이끌어오고 있다. 뉴델리와 구르가온, 데라둔에서는 나브다냐의 다양한 유기농 생산물들을 판매

○ 103 반다나 시바 외, 〈씨앗이 있어야 우리가 살아요〉, 책속물고기, 2016, p. 60.
○ 104 "Basmati," *Wikipedia, the free encyclopedia*, 1 August, 2016.
○ 105 "Navdanya," *Wikipedia, the free encyclopedia*, 27 August 2016.

하는 가게들이 있으며, 뉴델리에는 음식을 판매하는 나브다냐 카
페도 있다.[106]

나. 단체의 역사

나브다냐는 1987년에 설립되었으며, 씨앗 채종 운동은 카르
나타카주와 우타라칸드주의 테리 가르왈(Tehri Garhwal)에서 시작
되었다. 1991년에 나브다냐는 트러스트로 등록되었다. 그해에 인
도 여러 지역에서는 씨앗은행들이 생겨나기 시작했고, 세계무역
기구(WTO)의 전신인 제네바무역협정(GATT)에 반대하는 불복종
(Satyagraha)운동이 시작되었다.

1993년에는 GATT에 반대하기 위해서 인도와 전 세계에서 온
50만 명의 농부들이 카르나타카주 방갈로르로 모여들었다. 1995
년에는 '다양성을 위한 다양한 여성들(Diverse Women for Diversity)'
프로그램을 시작해 생물다양성, 문화다양성, 식량과 식수 주권을
지키는 일에서 여성의 참여를 지원하기 시작했다. 1998년에는 농
부 직거래와 공정 거래를 시작했고, 1999년 인도 오리사주가 태풍
으로 침수되었을 때와 2005년에 쓰나미로 5,000헥타르가 넘는 인
도 남부 도시의 농지가 바닷물에 침수되었을 때는 염분에 강한 토
종 씨앗 품종들을 지역 농민들에게 나눠주었다.[107] 2001년에는 '슬

○ **106** Navdanya, "Organic Products"(http://www.navdanya.org/organic-
   movement/organic-products)

○ **107** Vandana Shiva(2016), *Seed Sovereignty, Food Security*, Berkeley, CF,
   North Atlantic Books,

나브다냐의 씨앗 저장고(출처:나브다냐 페이스북)

나브다냐에서 씨앗을 보관하는 병(출처:나브다냐 페이스북)

로푸드 상'을 받았고, 그 이듬해에는 슬로푸드의 파트너가 되었다. 2001년에는 '씨앗 대학(Bija Vidyapeeth)'이 세워졌고, 2003년에는 유전자조작 농산물에 반대하는 시민운동을 시작했으며, 2005년에는 생물 특허를 허가하는 새로운 특허법에 대한 불복종 운동을 벌였다.[108] 또 2007년에는 GM 가지 재배를 반대하는 캠페인을 시작했다.[109]

다. 채종포/씨앗은행

나브다냐는 인도 북부 우타르프라데시 히말라야 산맥 서쪽에 있는 데라둔에서 조금 떨어진 작은 마을에서 '나브다냐 생물다양성 채종 농장(Navdanya Biodiversity Conservation Farm)'와 씨앗은행을 운영하고 있다. 1996년에 구입된 채종 농장은 20에이커에서 시작해서 꾸준히 규모를 넓혀왔다.[110]

채종 농장이 세워진 첫 해에 세워진 씨앗은행은 농부들이 채종해온 씨앗을 저장하기 위해서 만들어졌다. 씨앗은행의 목적은 단지 씨앗을 수집하고 저장하는 것이 아니라 그것들을 다시 재배해서 사람들의 생활 속으로 들어오도록 하는 것이다. 그래서 씨앗

○ 108 앞의 책.
○ 109 Navdanya. "Our History"(http://www.navdanya.org/about-us/our-history)
○ 110 Bija Vidyapeeth. "A Historical Glance at the Activities of Navdanya Biodiversity Conservation Farm and Seed University.(p.8)"Retrieved from http://www.navdanya.org/attachments/Bija%20Vidyapeeth%20a%20historical%20glance%20copy.pdf

은행은 수집한 씨앗들을 유기농업과 생물다양성을 지키는 방식으로 농사를 짓고자 하는 농부들에게 무료로 나눠준다. 이듬해 수확기가 되면 농부는 나브다냐에 여분의 씨앗을 조금 돌려주거나, 같은 방법을 따라서 농사를 짓고 싶어 하는 두 명의 농부들에게 그 씨앗들을 나눠준다. 이런 방식으로 나브다냐는 유기농업과 생물다양성 농업을 알리며, 씨앗은행을 지키고 번영시킨다.[111]

2001년에는 채종 농장 안에 씨앗대학이 세워졌다. 씨앗대학은 인도의 저명한 시인인 라빈드라나드 타고르(Rabindranath Tagore)의 교육철학을 바탕으로 만들어졌다. 전 세계에서 온 강사들이 씨앗대학에서 강의를 하고, 역시 세계 각국에서 온 참가자들은 공동생활을 하면서 자연과 농부들, 그리고 서로를 스승으로 삼아서 유기농업과 에콜로지를 배운다. 씨앗대학에서는 장기·단기 코스와 함께 인턴 제도도 운영하고 있다.

참고자료

1. Navdanya 웹사이트(http://www.navdanya.org/).

2. Vandana Shiva(2016). Seed Sovereignty, Food Security. Berkeley, CF. North Atlantic Books.

3. Athina, Bella & Kiyoye. "Navdanya Biodiversity Conservation Farm". Seeds and Threads. Nov 5, 2012.

4. "Navdanya."Wikipedia, the free encyclopedia. 27 August, 2016.

○ 111 앞의 글.

5. 반다나 시바 외, 〈씨앗이 있어야 우리가 살아요〉, 책속물고기, 2016.

6. "Basmati." Wikipedia, the free encyclopedia. 1 August, 2016.

영국/아일랜드

가든 오가닉의 재래종 씨앗 도서관
(Garden Organic's Heritage Seed Library, HSL)

지역 : 영국 웨스트 미들랜드주 코번트리 시

단체형태 : 자선단체

웹사이트 : http://www.gardenorganic.org.uk/

가. 회원제도

유료 회원제이다. 가든 오가닉(Garden Organic)의 회원은 한 해에 18파운드를 추가로 내면 가든 오가닉의 재래종 씨앗 도서관 (Garden Organic's Heritage Library, HSL) 회원이 될 수 있다. HSL의 회원들은 매년 12월에 씨앗 카탈로그를 받으며, 카탈로그에 실린 씨앗들 중 7종을 재배할 수 있다. 6종의 씨앗은 회원이 직접 선택하고, 7번째 씨앗은 HSL이 무작위로 보내준다.[112]

나. 활동내용

가든 오가닉은 유기원예와 유기농업, 유기농 식품을 조사하고 증진시키는 일을 하는 영국의 유기원예 단체이다. HSL은 가든 오가닉에서 운영하는 씨앗 도서관으로, 시중에서 쉽게 구하기 어려운 채소 씨앗들을 보존하며, 회원들에게 수집한 종자들을 나눠 준다.

HSL는 특정한 재배 환경에 적응된 희귀한 지역 품종, 수 세대에 걸쳐 채종해온 재래품종, 상업성이나 대중성의 부족 때문에 지난 십여 년 동안 일반적인 씨앗 카탈로그에서 제외되어 온 품종의 씨앗들을 수집한다. 현재 도서관은 약 800가지의 자연 수분된 품종들을 보유하고 있다. 이 품종들은 HSL 회원들이 기증한 것이거나, 씨앗 조사 등과 같은 HSL의 프로젝트들을 통해서 일반 사람들에게 기증받은 것들이다. 또는 더 이상 그 품종을 가지고 있지 않으려 하는 씨앗 회사들로부터 전달받기도 한다. 해마다 소장된 종자들 중 150여 종의 품종들이 HSL의 씨앗 카탈로그에 실리기 위해 선택된다.[113] 일부 품종들은 가든 오가닉의 HSL팀이 '라이톤 오가닉 가든(Ryton Organic Gardens)'에서 재배한다. 또한 HSL은 '씨앗 수호자들(Seed Guardians)'을 상시 모집하는데, 이들은 재고가 얼마 없는 희귀 품종을 책임감을 가지고 재배하고, 채종해서 수를

○ 112 Garden Organic HSL, "Heritage Seed Library Membership" (http://www. gardenorganic.org.uk/hsl?gclid=CJn-0rTY1M4CFY6SvQodlMgHdw)

○ 113 Garden Organic HSL, "How does the Heritage Seed Library work?" (http:// www.gardenorganic.org.uk/hsl?gclid=CJn-0rTY1M4CFY6SvQodlMgHdw)

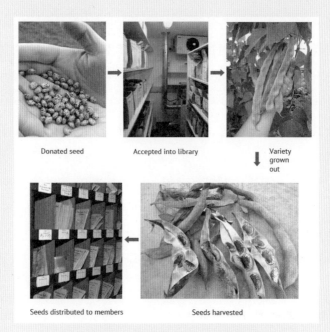

Donated seed

Accepted into library

Variety grown out

Seeds distributed to members

Seeds harvested

HSL 운영방법(출처:Garden Organic 웹사이트)

Garden Organic의 HSL팀(출처:Garden Organic 웹사이트)

불리고, 재배 과정과 특성을 기록하는 개인 자원봉사자들이다. 씨앗 지킴이들의 활동은 HSL에서 매우 중요한 역할을 한다. HSL은 매년 40,000꾸러미 이상의 씨앗을 회원들에게 나눠주고 있는데, 이중 50% 정도는 씨앗 수호자들이 채종한 것들이기 때문이다.[114] HSL웹사이트에 따르면 현재 180명가량의 씨앗 수호자들이 활동하고 있다.

HSL은 회원들과 씨앗 수호자들을 위해 씨앗 채종의 기본 내용과 각 작물의 재배법, 교차수분을 막는 방법, 수확과 채종법 등이 실린 씨앗 채종 안내서를 온라인으로 제공한다. 또한 초급, 중급 채종 강좌를 통해서 대중들에게 씨앗 채종을 교육하고 있다.

참고자료

Garden Organic 웹사이트(http://www.gardenorganic.org.uk/).

○ 114 Garden Organic HSL, "Seed guardians"(http://www.gardenorganic.org.uk/seed-guardians)

아일랜드 씨앗 채종가 연합
(Irish Seed Savers Association, ISSA)

지역 : 클레어주 스카리프, 아일랜드

설립시기 : 1991년

설립자 : 아니타 헤이즈(Anita Hayes)

단체형태 : 시민단체

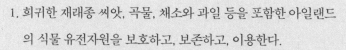

미션

1. 희귀한 재래종 씨앗, 곡물, 채소와 과일 등을 포함한 아일랜드 의 식물 유전자원을 보호하고, 보존하고, 이용한다.

2. 식량안보를 위해 농업에서 생물다양성을 증진시킨다.

3. 정보와 워크숍들을 제공함으로써 농업에서의 생물다양성과 식량안보를 대중들에게 교육한다.

4. 아일랜드의 온화한 해양성 기후에 적합한 씨앗, 곡물, 채소, 과 일 품종들을 찾는다.[115]

웹사이트 : http://www.irishseedsavers.ie/

가. 회원제도

아일랜드 씨앗 채종가 연합(Irish Seed Savers Association, ISSA)은

○ 115 ISSA, "Mission Statement"(http://www.irishseedsavers.ie/about-
  biodiversity-conservation.php)

연간 유료 회원제로 운영된다. 일반 후원회원들은 연 2회 인쇄된 소식지를 받고, 씨앗 목록에서 5종류의 채소 씨앗과 3종류의 감자 씨앗을 무료로 선택할 수 있다. 채종 정원과 과수원에 무료로 입장할 수 있고, ISSA의 강좌들을 10% 할인받을 수 있다. 또 자체 육묘장이 보유하고 있는 140종 이상의 사과나무 묘목들을 할인된 가격에 구매할 수 있으며, 농장 개방일에 무료로 참여할 수 있다.

회원들은 희귀한 종류의 과일과 채소들을 기르면서 아일랜드의 생물다양성을 보존하는 일을 지원한다.[116] ISSA는 150파운드의 평생회원, 90파운드의 커뮤니티 정원회원, 75파운드의 학교회원과 가족회원, 70파운드의 선물꾸러미회원, 50파운드의 관리회원, 25파운드의 어린이회원 등 개인이나 단체의 성격에 맞는 다양한 선택지를 제공하고 있다.

나. 활동내용

ISSA의 핵심 목표는 아일랜드만의 고유하고 위험에 처해 있는 식물 유전자원을 보존하는 것이다. 또 아일랜드의 재배조건에 맞는 전 세계의 재래종 품종들도 수집하고 보존한다. ISSA에서는 20명의 상근 활동가가 일하고 있으며,[117] 지역 공동체와 전 세계에서 오는 자원봉사자들이 활동하고 있다.

○ 116 ISSA, "Become a Supporter, Renew"(http://store.irishseedsavers.ie/ Supportership_s/59.htm).
○ 117 ISSA, "Our Story"(http://www.irishseedsavers.ie/about-biodiversity- conservation.php)

농장에 있는 씨앗 상점의 모습
(출처:ISSA 페이스북)

SSA 농장의 모습
(출처:ISSA 페이스북)

ISSA는 600종 이상의 희귀하고 위험에 처한 재래종 채소 씨앗 품종, 48개의 아일랜드 토종 곡식 품종, 140개의 토종 사과 품종들과 재래종 감자 컬렉션, 토종 십자화과 채소 컬렉션을 보유하고 있다. ISSA 농장에는 토종 활엽수림과 야생 보존구역 그리고 공공에게 개방된 아름다운 씨앗 정원과 평화로운 과수원이 있다. 과수원에서는 번식을 위해서 접목을 할 필요가 없는, 씨에서 자라난 33종의 사과나무가 자라고 있는데, 이런 종류의 사과나무로는 세계에서 가장 큰 컬렉션일 것이다.[118]

ISSA는 대중을 상대로 씨앗 채종, 사과 음료 만들기, 식용 버섯과 야생 식물 채취, 맥주 만들기, 과수 전정, 퍼머컬처 입문, 천연 화장품 만들기 등 다양한 연속 주말 강좌를 열고 있다. 또한 초

○ 118 ISSA, "Irish Seed Savers Association achievements to date include" (http://www.irishseedsavers.ie/about-biodiversity-conservation.php)

등, 중학생들과 교사들을 위한 농업과 채종 프로그램 및 봉사활동 프로그램도 운영하고 있다. 과수원 안내 프로그램과 사람들이 농장을 방문해서 식물과 씨앗을 나누고, 음식을 나눠먹는 모임인 '씨앗 나눔의 날'과 '식물 나눔의 날'도 정기적으로 열고 있다. ISSA는 매년 수익의 1%를 아일랜드와 개발도상국에 있는 비슷한 목적을 가진 단체에 기증하고 있다.

다. 단체의 역사

ISSA는 1991년에 아니타 헤이즈(Anita Hayes)가 설립했다. 미국인인 아니타는 남편인 토미 헤이즈(Tommy Hayes)와 함께 1989년 아일랜드로 이민을 왔으며, 워싱턴주에 있는 에버그린 주립 대학(Evergreen State College)에서 생태농업을 공부했다. 학교를 다니는 동안 그녀는 유전적 생물다양성의 상실이 식량 안보에 가하는 위험성에 대해 공부하며 충격을 받았고, 자신의 연구를 점점 더 그 분야에 집중하게 되었다.[119] 시드 세이버스 익스체인지에서 영감을 얻은 아니타는 아일랜드에는 똑같은 단체가 없다는 사실을 알아차렸다. 씨앗 보존의 중요성에 대해 깨닫게 된 그녀는 결국 ISSA를 시작하게 되었다. 아일랜드 전통 음악을 연주하는 음악가인 그녀의 남편 토미도 ISSA의 창립멤버였으며, 현재는 회장을 맡고 있다.[120]

○ 119 ISSA. "Our Story"(http://www.irishseedsavers.ie)
○ 120 ISSA. "The Irish Seed Savers Team"(http://www.irishseedsavers.ie/team-scarriff.php)

ISSA의 아일랜드 토종 사과 과수원 모습이 담긴 2016 '과수원의 맛'행사 포스터
(출처:ISSA 페이스북)

ISSA는 1940년대 아일랜드 토종 사과나무를 조사하는 최초의 연구를 지휘했던 케이트 램(Keith Lamb) 박사와, 더블린 대학 원예학과의 전 학과장이자 지금도 ISSA의 자문위원인 마이클 헨너티(Michael Hennerty) 박사의 도움을 받았다. 1996년에는 마이클 미클리스(Michael Miklis)가 아일랜드의 토종 곡식을 자신의 농장에서 보존하는 활동을 시작했다. 1997년에는 아일랜드 토종 사과 컬렉션이 만들어졌다. 1998년에는 아일랜드 십자화과 프로젝트를 영국의 웰스번 유전자은행(Wellesbourne Gene Bank)와 제휴하여 시작했다.[121]

창립 초기에 ISSA는 칼로주에 있는 작은 농장에서 채종포를 운영했다. 1996년에 농장은 스카리프로 이사를 했고, 지금까지 그곳에서 활동하고 있다. ISSA는 새로운 농장에 연구 과수원과 코브 하우스, 피자화덕, 교육시설과 작은 상점 그리고 카페를 지었다.

○ 121 ISSA, "Our Story"

2008에는 카페 옆에 원예치료 시설이 완공되었다. ISSA는 농장에서 토종 검은 벌(Black Bee) 군집을 길러오고 있다.

라. 채종포/씨앗은행

ISSA는 농장 내에 씨앗은행을 가지고 있다. 씨앗은행은 600종 이상의 상업적으로 판매되지 않는 씨앗 품종들을 보유하고 있다. 회원들은 씨앗 채종과 과일 생산에 대한 안내책자를 이용할 수 있다.

참고자료

1. Irish Seed Savers Association 웹사이트(http://www.irishseedsavers.ie/).

2. Irish Seed Savers Association 페이스북(https://www.facebook.com/irishseedsavers/?fref=ts).

호주

시드 세이버스 네트워크
(The Seed Savers' Network, SSN)

지역 : 뉴스우스웨일스주 바이런베이

설립시기 : 1986년

설립자 : 미카엘 팬톤(Michel Fanton), 주드 팬톤(Jude Fanton)

단체형태 : 비영리단체, 자선단체

미션

1. 씨앗을 영리적인 목적을 통해 사고팔지 않으며 서로 교환한다.

2. 자연적으로 수분하는 식물 품종을 위한 정원을 보존한다.

3. 잡종이 아닌 식물 품종을 위한 씨앗은행을 운영한다.

4. 자연 수분하는 식물 품종의 번식을 위한 농업/원에 프로그램
   을 진행한다.

5. 식물 품종의 유전적 다양성과 자연 수분하는 씨앗을 보존하기
   위한 교육을 진행한다.

6. 공립대학이나 다른 제도와 연계하여 위의 사항과 관련된 연구를 한다.[122]

웹사이트 : http://www.seedsavers.net/

가. 회원제도

시드 세이버스 네트워크(The Seed Savers' Network, SSN)는 특별한 조건 없이 무료로 회원가입을 할 수 있는데, 이름, 거주지역, e메일 주소와 아이디, 비밀번호를 작성하면 회원으로 등록된다.

SSN의 회원은 누구나 호주 전역에서 활동하고 있는 '로컬 시드 네트워크(Local Seed Network, LSN)'에 참여할 수 있고, 자신이 살고 있는 지역의 LSN에 가입하거나 새롭게 LSN를 만들 수 있다. LSN은 같은 주거지역에 살면서 대물림된 지역 씨앗 품종을 보존하기 위해 씨앗을 교환하고 정원을 가꾸는 세 명 이상의 사람들로 구성되어 있다. 각 지역의 LSN 담당자를 통해서 지역 모임을 진행하고, 온라인으로 씨앗을 교환하거나 씨앗을 채종하는 기술을 공유하는 소통의 장을 만들어나간다.[123] SSN은 호주 내에 있는 모든 LSN을 관리하고 연결하며, 새로운 LSN의 등록을 돕는다.

또한 웹사이트에서 SSN과 LSN을 각각 별도로 후원할 수 있다. SSN은 1년에 30달러, 2년에 50달러 중 선택이 가능하고 LSN

○ 122 SSN. "Aims"(http://seedsavers.net/shop/home/about-seed-savers/aims/)
○ 123 SSN. "About Local Seed Networks" (http://seedsavers.net/shop/home/local-seed-networks/about-local-seed-networks/)

는 1년에 50달러, 2년에 90달러로 선택이 가능하다. 후원금을 내면 SSN에서 출판한 씨앗에 관련된 다양한 책과 직접 제작한 다큐멘터리 등을 구입할 때 할인을 받는다.

나. 활동내용

1986년, 미카엘 팬톤(Michel Fanton)과 주드 팬톤(Jude Fanton)이 설립한 SSN은 호주의 비영리단체로, 뉴사우스웨일스주의 바이런 베이(Byron Bay)에 기반을 두고 활동하고 있다. 그들은 원예가들과 농부들을 찾고, 호주 정원에서 대물림된 씨앗을 재분류하고 번식시켰으며, 전 세계 농민들 또한 이 네트워크에 포함되어 있다.[124] 현재 15,000명이 넘는 사람들이 SSN에 참여하고 있다.[125]

SSN은 씨앗이 사회문화적으로 중요한 위치에 있다고 생각하며, 지역의 고유한 농업생물다양성의 소통과 발전을 추구한다. 즉, 국가 차원의 씨앗은행 안에서 이루어지는 반영구적인 냉동보존보다는 그 지역의 소농들과 연대하는 것을 중요하게 생각하는 것이다.[126]

SSN는 설립과 동시에 지역 씨앗을 교환할 수 있는 시스템을 만들기 위해 지역 씨앗 네트워크 LSN을 조직하여 현재까지 호주

○ **124** "The Seed Savers'Network"*Wikipedia, The Free Encyclopedia.* 26 July, 2016.

○ **125** SSN, "Our Australian Achievements" (http://seedsavers.net/shop/home/about-seed-savers/our-australian-achievements/)

○ **126** "The Seed Savers'Network"*Wikipedia, The Free Encyclopedia.* 26 July, 2016.

전역에 100여 개의 LSN를 지원하고 있다. 웹사이트에는 각 지역의 LSN 정보와 주소, 연락처, 회원 수가 공개되어 있다. 대부분의 LSN은 각각의 웹페이지와 씨앗을 교환하는 시스템을 가지고 있고, 그룹 구성원들의 정원을 정기적으로 방문하면서 모임을 진행한다. 그들은 지역 학교에서 텃밭정원을 만들거나 씨앗을 채종할 수 있는 커뮤니티 정원을 만드는 프로젝트를 돕고, 지역 행사와 여러 매체를 통해 왜 우리가 지역씨앗을 지켜야 하는지에 대해 홍보한다.[127]

더불어, SSN은 지역의 유산을 지키고, 문화적 다양성이 있는 장소에서 씨앗을 보존하는 일의 중요성에 대해 공공교육을 하고 있다.[128] 씨앗 채종 워크숍과 씨앗 채종가 양성과정을 진행하고, 관련 책을 발행했으며, 지역 씨앗의 이야기를 담은 다큐멘터리 두 편을 직접 제작하기도 했다. 또 SSN의 정원을 방문할 수 있는 프로그램을 마련하고,[129] 온라인과 매체를 활용하여 웹사이트, 페이스북에서 소통하고 교류한다. 특히 씨앗을 채종하고 저장하는 방법이 담긴 영상을 찍어 유투브에서 공유하고 있다.

다. 단체의 역사

SSN은 퍼머컬처에 뿌리를 두고 지역씨앗 보존 운동을 전개해

○ **127** SSN, "About Local Seed Networks"

○ **128** "The Seed Savers'Network"*Wikipedia, The Free Encyclopedia*, 26 July, 2016

○ **129** SSN, "Our Australian Achievements"

왔다. SSN의 공동설립자인 미카엘은 정성스레 가꾼 풍요로운 집 정원과 그가 1960년대부터 1970년대까지 다녔던 세계 곳곳의 장소들과 더불어 그의 고향인 프랑스의 소농 문화에 깊은 영감을 받았는데, 그것은 그가 1977년 호주 북부 뉴사우스웨일스주의 허름한 작은 목장을 '미모사(Mimosa)'라는 혼작정원으로 정착시키는 밑거름이 되었다. 특히 그는 1979년 벨링겐(Bellingen)에서 열린 빌 모리슨(Bill Morison)의 퍼머컬처 강의를 듣고 빌의 실험적인 정원에 방문하고 나서 지속가능하고 유기적인 농사에 대한 생각을 구체화시켰고, 퍼머컬처의 열렬한 지지자가 되었다.[130]

이후, 미카엘은 호주 남부에서 사회과학, 역사, 문학을 가르치던 주드를 만나 결혼을 했다. 두 사람은 미모사 정원을 다양한 생물다양성이 존재하는 집약적인 집 정원으로 확대시키기 위해 어디를 가든 씨앗을 수집하고, 열매, 콩류의 나무, 관목을 번식시켰다. 몇 년 뒤, 빌이 그들이 살고 있는 지역과 가까운 마을에 이사를 오면서 미카엘과 주드는 빌과 함께 그의 정원 혹은 그들의 정원에서 일하며 귀한 덩이뿌리와 뻗는 줄기 그리고 가지고 있는 대부분의 씨앗을 교환했고, 그 지역 토착민의 농업문화와 음식을 나누었다. 이 시기에 그들은 SSN에 대한 전반적인 그림을 그렸으며, 빌의 지지와 많은 도움을 받아 합법적인 구조에 의해 1986년 3월, 공식적으로 비영리단체를 만들었다.[131]

○ 130 SSN, "Our Permaculture Roots"(http://seedsavers.net/shop/home/about-seed-savers/our-permaculture-roots/)
○ 131 앞의 글.

1986년부터 2008년에 걸쳐 호주 전역에서 여러 모양과 색깔을 가진 8,700가지의 씨앗 견본을 얻었다. 많은 농부와 정원사들이 그들 자신이 키우고 받은 씨앗을 우편으로 보내주거나 직접 손으로 전해주었다. 기증받은 각각의 씨앗을 데이터베이스 관리 시스템으로 기록했고, 씨앗마다 고유번호를 붙였고, 자원봉사자들과 함께 맛보기도 했으며, 씨앗보관소에 저장했다. 씨앗의 3분의 1은 SSN의 정원에서, 나머지 씨앗은 회원들과 숙련된 씨앗 채종가 팀에 위탁하여 증식시켜나갔다.[132] 또 지역 씨앗 보존 운동에 대한 메시지를 지역의 라디오 방송, 신문, 잡지 등에서 알렸고, 1988년부터 2008년까지 매년 정기적으로 SSN 컨퍼런스를 열었으며, 1986년부터 2008년까지는 연2회 SSN 소식지를 발간했다.[133]

현재 미카엘과 주드는 호주를 넘어서 다른 나라에서도 씨앗을 교환하고, 정원 일을 하고, 또 다른 지역씨앗 네트워크를 설립하거나 향상시키는 교육을 해나가고 있다. 최근에는 인도, 일본, 말레이시아, 포르투갈, 그리스, 잠비아, 세네갈에 다녀왔다.[134]

라. 채종포/씨앗은행

SSN는 웹사이트를 기반으로 각 LSN를 통해 지역마다 서로 씨앗을 증식하고 교환하고 있기 때문에 씨앗접수처나 저장설비를

○ **132** SSN, "Our Australian Achievements"

○ **133** 앞의 글.

○ **134** SSN, "Seed Solidarity Tours"(http://seedsavers.net/shop/home/seed-savers—services/solidarity—tours/)

SSN의 정원(출처:SSN 페이스북)

전 세계에서 수집한 채종도구
(출처:SSN 페이스북)

SSN에서 기르는 다양한 가지 종류
(출처:SSN 페이스북)

따로 가지고 있지는 않지만, 바이런베이에 SSN의 사무실과 SSN
에서 돌보고 가꾸는 정원이 마련되어 있다.[135]

이 정원은 씨앗 생산의 목적뿐만이 아니라 퍼머컬처를 실현하
기 위한 정원으로 사무실을 포함한 시설을 비롯하여 총 24구역으
로 이루어져있다. 정원의 입구에는 향기롭게 섞여있는 다양한 꽃
과 지역 고유의 역사를 가진 망고나무가 심겨져 있고, 오랫동안
수집해온 여러 가지 식물들이 원산지와 기후에 따라서 알맞게 배
치되어 있다. 이 외에도 중앙아시아와 열대과일이 혼합된 과수원,
태평양 원산의 식물들을 모아둔 정원, 야생식물을 위한 정원, 향
신료 정원, 수생식물 정원 등이 있다. 그리고 대나무 군락, 바나나,
콩과 나무 등이 어우러져 있는 다채로운 숲과 전 세계에서 수집한
원예도구와 체, 키, 손수레를 관리하는 창고, 퇴비를 만들고 멀칭

○ 135 SSN. "Airbnb stays, group visits, outreach couses & interships" (http://
seedsavers.net/shop/home/seed-savers-services/visits-to-seed-savers-
gardens)

SSN에서 기르는 콩 종류 (출처:SSN 페이스북)

SSN에서 기르는 호박 종류(출처:SSN 페이스북)

SSN에서 기르는 옥수수 종류(출처:SSN 페이스북)

재료를 보관하는 창고와 같은 시설도 갖추어져 있다. 식물 곳곳에서는 라벨이 붙어 있어 식물의 기원과 이름, 쓰임새를 자세히 볼 수 있다.[136]

SSN은 매년 몇몇 인턴을 채용해서 정원을 관리하고 경작하며, 퍼머컬처와 씨앗에 관련된 교육 워크숍을 진행하고, 가이드가 안내하는 단체관광과 숙박시설을 제공한다.[137]

참고자료

1. The Seed Savers'Network 웹사이트(http://www.seedsavers.net/).

2. "The Seed Savers'Network"Wikipedia, The Free Encyclopedia. 26 July, 2016.

○ 136 앞의 글.
○ 137 앞의 글.

씨앗, 오래된 미래

내 안의 씨앗

가끔 '우리에게 미래가 있을까'라는 생각을 하게 된다. 그 옛날 먹을 게 귀하던 시절에는 자식들을 먹여 살리려고, 그저 굶어죽지 않으려고 농사를 짓고, 씨앗을 남기고 그랬을 것이다. 하지만 지금은 어떤가? 자식들을 먹여 살리기 위해 농사짓는 사람이 얼마나 될까. 돈만 있으면 뭐든지 해결될 것처럼 생각하며 하루하루를 살아가는 우리에게 농사 또한 돈을 벌기 위한 수단이 되어버린 지오래다. 물론 그렇지 않은 분들도 분명히 있을 것이다. 하지만 대부분의 농부들은 바닥을 치는 쌀값에도 어찌할 바를 찾지 못하고, 생계를 유지하기 위해 다시 논으로 향한다. 살아남기 위한 목적은 예나 지금이나 마찬가지겠지만, 추구하는 바가 근본부터 달라진 세상에서 지금 우리는 무엇을 위해 어떻게 살고 있는 것일까?

민주주의가 바로서지 못하면서 생겨난 사회 부조리 때문에 우리 농촌이 무너지고 있다. 어디에 대고 하소연을 해야 할지, 어디서부터 잘못된 것인지, 누구를 탓해야 하는 것인지, 그 해답을 찾기란 요원한 일이다.

　내가 아는 나의 조상은 증조할아버지와 증조할머니, 작은할아버지, 어머니와 아버지, 그리고 고모님이다. 할아버지는 한국전쟁 때 두 살 된 고모와 갓 태어난 나의 아버지를 세상에 남기고 돌아가셨고, 할머니는 젊은 나이에 혼자되시고 난 뒤 얼마 후 재가하셨다. 그러니 내가 기억하는 나의 조상은 지금으로부터 150년도 채 못 되는 기간 동안 생존하셨던 분들이다. 아니, 어쩌면 150년이 안 될지도 모른다. 지금의 나를 있게 해주려고 150년 전에 증조할아버지가 계셨다. 증조할아버지는 갓 태어날 아들을 위해 열심히 농사를 지으셨을 것이다. 우리 집안은 옛날부터 농사를 지어 먹고 살아온 평민 집안이었으니 말이다. 지금은 부모님이 농사를 짓는 대신 4남매 중 둘째인 내가 농사를 짓고 있으니 '농사'의 대는 끊기지 않은 셈이다. 어쩌면 지금의 나를 있게 하기 위해 그 옛날부터 씨앗을 뿌렸는지도 모르겠다.

　그리고 보면 내 안에 이미 씨앗이 자라고 있었다. 어려서부터 밭도 깨끗하게 잘 맨다고 칭찬을 들었고, 일본에서 유학생활을 할 때는 삽질이랑 레이크질하는 모습에 감탄한 일본 교수님과 친구들이 일제히 나를 바라보며 박수를 쳐준 적도 있다. 그리고 지금은 농사를 가르치는 학교에서 학생들과 농사일도 같이하고, 밭농사 수업이나 농사 재배계획 수업도 한다. 그리고 무엇보다 어릴 적 증조할머니와 엄마에게 배운 키질을 나도 모르게 능숙하게 해낸다. 어떤 노력을 하지 않아도 바람을 일으켜 쭉정이는 날려 보내고 잘 영근 알맹이만 잘도 골라낸다. 의도하지 않아도 몸이 기억하고 나를 이끈다. 어려서 어른들을 따라 다니며 배웠던 삽질이랑 레이크질, 그리고 키질을 20년이 넘도록 몸과 마음이 기억하고 있었나 보다. 참으로 신기한 일이다.

　나도 모르는 사이에 자란, 내 안의 씨앗을 다시 내 아이들에게, 그리고 농사를 배우겠다고 찾아오는 예비 농부들에게 나눠주고 싶다. 오래된 미래의 나를 위해 준비해두셨던 그 마음들을 씨앗에 고스란히 담아서 말이다.

고향으로 돌아가는 농사 '씨앗농사'

어릴 적 농사일이 너무 힘들어서 도망치고 싶었던 한 소녀에게 고향은 빨리 벗어나고 싶은 곳이었다. 열 살도 채 안 된 어린아이의 손은 호미질과 삽질에 살이 밀려 굳은살이 박이곤 했다. 그 뿐인가? 농사일에 치여 시험기간이 되어도 공부를 많이 못해서 시험을 치르다 눈물을 펑펑 쏟기 일쑤였다. 결국 소녀의 목표는 고등학교를 졸업하면서부터 '절대로 고향에 돌아가지 않겠다'는 것이 되어버렸다.

　어디 이런 생각을 한 사람이 나 하나뿐이겠는가? 60~70년대를 시골에서 보낸 사람이라면 누구나 한 번쯤 해보았을 법한 다짐일 것이다. 집에서 도망치느라 일본으로 유학을 떠났고, 귀국한 후에는 비행기나 배처럼 비싼 차비와 시간을 들여야만 갈 수 있는 제주도까지 가서 직장생활을 해보았다. 하지만 마흔 하고도 반이 넘어가고 있는 지금, 나는 다시 고향으로 돌아와 농사를 짓고 있다.

이따금 '내가 왜 이러고 있을까?'라는 생각도 들지만, 지금의 나에겐 추호의 미련도 남아 있지 않다. 물론 가끔씩 몸이 지칠 때엔 '언제까지 농사를 지을 수 있을까'라는 생각도 하지만, 푹 자고 일어나서 날이 밝으면 다시 작업복이 편해진다. 농사일이 힘들긴 하지만 같이 일하는 학생들과 동료들에게 에너지를 받고 있다 보니 일도 수월해지고 마음도 좋다.

다행인 것은 내 주변의 모든 풍경이 낯설지 않다는 것이다. 어느 마을을 가든 옛날에 한 번쯤 와봤던 곳이고, 가끔씩은 어머니 아버지의 친구들이 웃으며 인사를 받아주시고, 가까운 곳에 중·고등학교 시절의 은사님들도 살고 계신 덕분이다. 그리고 또 하나 다행인 것은 어릴 적 먹었던 음식 문화가 아직 살아 있다는 점이다. 지금은 집에서도 그렇고 밖에서 음식을 먹을 때도 그렇고 먹는 음식에 대한 '글로벌화'가 점차 확대되면서 다양한 식재료들이 식탁을 장식하게 되었다. 어려서 부모님이 산과 들에서 캐어다 밥상에 올려주던 냉이나 쑥은 이미 별미가 되었고, 머위나 도라지, 더덕 등은 보양식이 되어서 흔하게 먹는 음식과 거리가 멀어진 지 오래다.

요즘은 무엇이든 밭에서 키우고 야생에서 캐거나 뜯어 먹기보다 마트에 가서 돈을 주고 사서 쉽게 요리한다. 봄에나 먹을 수 있던 각종 나물이 사계절 내내 시장에 나오고, 간장과 된장을 벗

어난 각종 양념과 외국산 향신료 등이 다양하게 사용된다. 그러다
보니 각 지역에서 재배되던 특산물도 점점 사라지고, 제철 음식에
대한 개념도 사라지는 추세다.

이런 와중에도 고향에 가면 아직 '고향의 맛'이 남아 있다. 같
은 재료를 쓰더라도 지역마다 기후나 물, 공기, 흙이 다르기 때문
에 뭔가 다른 느낌이 나는 것은 아닐까? 어려서부터 나를 키워온
엄마의 손맛이 다시 한 번 나를 존재하게 해주는 힘이 되어주는
셈이다.

얼마 전 열다섯 살 된 딸아이가 조용히 다가와서 "엄마, 우리
도 논이 있으면 좋겠다"고 했다. "왜?"라고 물었더니, "우리 가족
이 먹을 쌀은 나중에 커서라도 내손으로 지어서 먹으면 좋을 것
같아서"라고 대답하는 게 아닌가? 내심 기특했다. 나는 "그렇구
나! 근데 그러려면 최소한 논 200평 정도는 있어야 하는데…. 그
만 한 논이 있을까 몰라. 논 사려면 돈도 좀 있어야 하고 말이야"
하고 대답해주었다.

고등학생이 된 딸은 어려서부터 집 앞 텃밭에서 같이 채소를
키우고, 봄이면 학교 논에 와서 모내기 실습에 참여하고, 홈스쿨
을 하기 시작하고 난 후부터는 일주일에 두 번씩 학교 논에서 논
김도 매본 경험이 있다. 여름이면 등짝이 땀으로 흠뻑 젖어 안쓰
럽기도 했지만, 별 다른 투정 없이 잘 버텨주었다. 그리고 고등학
교에 진학할 나이가 되어가면서 종종 "나는 커서 전업으로 농사
를 짓고 싶지는 않아. 근데 내가 먹을 채소랑 쌀은 직접 키우면 좋
을 것 같아"고 말하곤 했다. 한편으론 좀 아쉬웠지만 지금 그 나이

에 이렇게 말할 정도면 반은 성공이다 싶어 기분이 좋다. '나중에 크면 절대 농촌으로 돌아오지 않겠다'며 멀리 떠나버렸던 내 모습보다 뭔가 부드러운 느낌이 들어서 위안이 된다.

토마토를 무척 좋아하는 딸아이는 씨앗 도서관에서 토마토 씨앗을 빌려 텃밭에 심고, 그 씨앗을 다시 받아 반납했다. 그리고 완두콩을 좋아하는 열세 살 아들은 풋완두콩을 따서 실컷 쪄먹고, 꼬투리를 몇 개 남겨두었다가 씨앗을 받아서 내년에 심겠다며 냉장고에 넣어두었다. 이 아이들이 커서 토마토 맛이랑, 막 쪄서 따뜻하고 달짝지근한 완두콩 맛을 기억하며 고향으로 다시 돌아왔으면 좋겠다. 나는 그 연결고리가 '씨앗농사'이길 바란다.

덧붙임 자료

홍성 씨앗 도서관
전체 씨앗목록

번호	과명	작물명	씨앗명	기증자	수집년도	지역	분류
1			가지	배이슬	2016년	강진	일반기증
2			가지	정연	2016년	홍성	씨앗마실
3		가지	서양가지	풀무학교 전공부	2015년	홍성	일반기증
4			쇠뿔가지	전경진	2016년	보은	일반기증
5			대화초	풀무학교 전공부	2014년	홍성	일반기증
6		고추	수비초	풀무학교 전공부	2014년	홍성	일반기증
7			이육사고추	씨드림	2015년	수원	일반기증
8			칠성초	조계환	2017년	장수	일반기증
9			노란대추방울토마토	풀무학교 전공부	2014년	홍성	일반기증
10	가지과		블랙체리토마토	풀무학교 전공부	2014년	홍성	일반기증
11			체리토마토	풀무학교 전공부	2014년	홍성	일반기증
12		토마토	큰빨강토마토	풀무학교 전공부	2014년	홍성	일반기증
13			큰주황토마토	풀무학교 전공부	2014년	홍성	일반기증
14			Legende	장구지	2015년	홍성	일반기증
15			Ruthjec	장구지	2015년	홍성	일반기증
16			Stupice	장구지	2015년	홍성	일반기증
17		파프리카	파프리카F10	풀무학교 전공부	2014년	홍성	일반기증
18			흰파프리카	이예이	2016년	홍성	일반기증
19	겨자과	양배추	사보이양배추	김민후	2017년	홍성	일반기증
20			양배추F6	장창훈	2016년	수원	일반기증
21			들깨	이금남	2014년	홍성	씨앗마실
22	꿀풀과	들깨	들깨	김경진	2015년	홍성	씨앗마실
23			들깨(늦은깨)	서용숙	2016년	홍성	씨앗마실

번호	과명	작물명	씨앗명	기증자	수집년도	지역	분류
24	꿀풀과	들깨	들깨(중간깨)	서광숙	2016년	홍성	씨앗마실
25			들깨	박경희	2016년	홍성	씨앗마실
26			제주들깨	황윤미	2016년	홍성	일반기증
27			흰들깨	장창훈	2016년	수원	일반기증
28	국화과	상추	청상추	강한월	2015년	홍성	씨앗마실
29			적상추	변순식	2015년	홍성	씨앗마실
30		취나물	취나물	손봉운	2016년	홍성	씨앗마실
31		치커리	겨자치커리	김연순	2014년	홍성	씨앗마실
32		해바라기	토종해바라기	홍진희	2016년	괴산	일반기증
33		홍화	홍화	이금남	2014년	홍성	씨앗마실
34	대극과	아주까리	아주까리	이금남	2014년	홍성	씨앗마실
35	마디풀과	메밀	쓴메밀	씨드림	2015년	수원	일반기증
36	명아주과	근대	청근대	임승득	2014년	홍성	씨앗마실
37		시금치	시금치	김연순	2014년	홍성	씨앗마실
38			시금치	김정자	2014년	홍성	씨앗마실
39			시금치	강한월	2014년	홍성	씨앗마실
40			시금치	이승진	2015년	홍성	씨앗마실
41			시금치	변순식	2015년	홍성	씨앗마실
42			시금치	서광숙	2016년	홍성	씨앗마실
43	미나리과	당근	토종당근	손정희	2016년	수원	일반기증
44		방풍나물	방풍나물	황윤미	2016년	홍성	일반기증
45		참나물	참나물	황윤미	2016년	홍성	일반기증
46	박과	박	동아박	씨드림	2015년	수원	일반기증
47			둥근박	풀무학교 전공부	2014년	홍성	일반기증
48			쪽박	최영순	2016년	홍성	씨앗마실
49		수세미	수세미	황윤미	2015년	홍성	일반기증
50		수박	검은수박	손정희	2016년	수원	일반기증
51			속노란수박	풀무학교 전공부	2016년	홍성	일반기증
52		여주	여주	김영윤	2015년	홍성	씨앗마실
53		오이	봉강오이	금창영	2014년	홍성	일반기증
54			안산오이	금창영	2014년	홍성	일반기증
55			오이	임승득	2014년	홍성	씨앗마실
56			왜오이	정창순	2016년	홍성	씨앗마실
57			조선오이	이금남	2014년	홍성	씨앗마실
58			조선오이	정연	2016년	홍성	씨앗마실
59			피클오이	금창영	2014년	홍성	일반기증

번호	과명	작물명	씨앗명	기증자	수집년도	지역	분류
60		참외	사과참외	풀무학교전공부	2014년	홍성	일반기증
61			제주호박	정승희	2016년	홍성	일반기증
62			조선호박	최순희	2015년	홍성	씨앗마실
63			조선호박	김영규	2015년	홍성	씨앗마실
64			조선호박	손봉운	2016년	홍성	씨앗마실
65	박과		줄호박	이승진	2015년	홍성	씨앗마실
66		호박	쥬키니	풀무학교전공부	2014년	홍성	일반기증
67			청호박	정창순	2016년	홍성	씨앗마실
68			토종떡호박	손정희	2016년	수원	일반기증
69			호박	임승득	2014년	홍성	씨앗마실
70			대파	강한월	2014년	홍성	씨앗마실
71	백합과	대파	무주대파	안철환	2016년	안산	일반기증
72			외대파	김철환	2015년	홍성	씨앗마실
73		쪽파	달롱파(평창)	씨드림	2015년	수원	일반기증
74	메꽃과	고구마	호박고구마	최희섭	2016년	홍성	씨앗마실
75	비름과	댑싸리	댑싸리	씨드림	2016년	수원	일반기증
76	생강과	생강	토종생강	서용숙	2016년	홍성	씨앗마실
77		갓	청갓	이금남	2014년	홍성	씨앗마실
78			청갓	임승득	2014년	홍성	씨앗마실
79			갯무(제주특산)	씨드림	2015년	수원	일반기증
80		무	게걸무(이천)	씨드림	2015년	수원	일반기증
81	십자화과		태평무(유전자원센터)	씨드림	2015년	수원	일반기증
82		배추	조선배추	씨드림	2015년	수원	일반기증
83		유채	유채(가동채)	송순옥	2014년	홍성	씨앗마실
84			유채(가동채)	윤덕병	2016년	홍성	씨앗마실
85		목화	목화	풀무학교전공부	2014년	홍성	일반기증
86			후쿠시마목화	풀무학교전공부	2014년	홍성	일반기증
87	아욱과	아욱	아욱	임승득	2014년	홍성	씨앗마실
88			쪼그리아욱	이금남	2014년	홍성	씨앗마실
89		오크라	오크라	풀무학교전공부	2014년	홍성	일반기증
90	장미과	삼나물	삼나물(눈개승마)	황윤미	2016년	홍성	일반기증
91		검은깨	검은깨	김정자	2014년	홍성	씨앗마실
92	참깨과	참깨	5실깨(50일깨)	정연	2016년	홍성	씨앗마실
93			참깨	유재희	2014년	홍성	씨앗마실

번호	과명	작물명	씨앗명	기증자	수집년도	지역	분류
94	참깨과	참깨	참깨	김영규	2015년	홍성	씨앗마실
95			참깨	복채연	2016년	홍성	씨앗마실
96	초롱꽃과	도라지	도라지	이정재	2014년	홍성	씨앗마실
97			도라지	이금남	2014년	홍성	씨앗마실
98			도라지	노용례	2016년	홍성	씨앗마실
99	콩과	강낭콩	강낭콩	정창순	2016년	홍성	씨앗마실
100			검은여늬강낭콩	금창영	2014년	홍성	일반기증
101			붉은여늬강낭콩	금창영	2014년	홍성	일반기증
102			여늬강낭콩	금창영	2014년	홍성	일반기증
103			이쁜이강낭콩	이금남	2014년	홍성	씨앗마실
104		울타리 강낭콩	검은울타리콩	강한월	2014년	홍성	씨앗마실
105			검은제비콩	손정희	2016년	수원	일반기증
106			울타리강낭콩	조청미	2014년	예산	일반기증
107			울타리강낭콩	정영희	2017년	홍성	일반기증
108			호랑이울타리콩	이근이	2014년	고양	일반기증
109			흰제비콩	금창영	2014년	홍성	씨앗마실
110		결명자	결명자	강한월	2014년	홍성	씨앗마실
111		녹두	노란녹두	씨드림	2015년	수원	일반기증
112			녹두	이금남	2014년	홍성	씨앗마실
113			녹두	임승득	2014년	홍성	씨앗마실
114			녹두	정연	2016년	홍성	씨앗마실
115			녹두	노용례	2016년	홍성	씨앗마실
116			녹두	서윤철	2016년	홍성	씨앗마실
117			반짝이녹두	김정자	2014년	홍성	씨앗마실
118		동부콩	각시동부	송성근	2014년	홍성	씨앗마실
119			갓끈동부	금창영	2014년	홍성	일반기증
120			개파리동부	김정자	2014년	홍성	씨앗마실
121			개파리동부	강한월	2014년	홍성	씨앗마실
122			개파리동부	정창순	2016년	홍성	씨앗마실
123			개파리동부	노용례	2016년	홍성	씨앗마실
124			검은동부	금창영	2014년	홍성	일반기증
125			돌동부	조상우	2014년	홍천	일반기증
126			애기동부	손정희	2016년	수원	일반기증
127			큰어금니동부	금창영	2014년	홍성	일반기증
128			흰동부	김정자	2014년	홍성	씨앗마실
129			흰동부	김영순	2016년	홍성	씨앗마실
130		땅콩	검은땅콩	송순옥	2014년	홍성	씨앗마실
131			검은땅콩	김순한	2016년	홍성	씨앗마실
132			땅콩	김정자	2014년	홍성	씨앗마실

번호	과명	작물명	씨앗명	기증자	수집년도	지역	분류
133	콩과	땅콩	붉은땅콩	금창영	2014년	홍성	일반기증
134			우도땅콩	풀무학교 전공부	2016년	홍성	일반기증
135			조선땅콩	김순한	2016년	홍성	씨앗마실
136		메주콩	메주콩(종콩)	이정재	2014년	홍성	씨앗마실
137			메주콩(종콩)	강한월	2014년	홍성	씨앗마실
138			메주콩(종콩)	임승득	2014년	홍성	씨앗마실
139			메주콩	조청미	2014년	예산	씨앗마실
140			메주콩	김경진	2015년	홍성	씨앗마실
141			메주콩	박경희	2016년	홍성	씨앗마실
142		밤콩	검은올콩	금창영	2014년	홍성	일반기증
143			대추밤콩	문병순	2014년	홍성	씨앗마실
144			배틀콩	오순정	2014년	홍성	씨앗마실
145			선비잡이콩	이금남	2014년	홍성	씨앗마실
146			오갈피콩	오순정	2014년	홍성	씨앗마실
147			작은얼룩콩	신미애	2016년	홍성	일반기증
148			청태	복채연	2016년	홍성	씨앗마실
149			청태	권문자	2016년	홍성	씨앗마실
150			파란콩	최영순	2016년	홍성	씨앗마실
151			푸른밤콩	정창순	2016년	홍성	씨앗마실
152			흰밤콩	임승득	2014년	홍성	씨앗마실
153		서리태	서리태	강한월	2014년	홍성	씨앗마실
154			서리태	이금남	2014년	홍성	씨앗마실
155			서리태	김철환	2015년	홍성	씨앗마실
156			서리태	임순임	2015년	홍성	씨앗마실
157			서리태	이돈규	2016년	홍성	씨앗마실
158		완두콩	갈색완두콩	금창영	2014년	홍성	일반기증
159			노란완두콩	금창영	2014년	홍성	일반기증
160			병아리콩	송성근	2014년	홍성	씨앗마실
161			완두콩	강한월	2014년	홍성	씨앗마실
162			자주완두콩	금창영	2014년	홍성	일반기증
163			Sativa자주완두콩	풀무학교 전공부	2014년	홍성	일반기증
164		유월태	검은유월태	이정재	2014년	홍성	씨앗마실
165			검은유월태	문병순	2014년	홍성	씨앗마실
166			노란유월태	심재순	2014년	홍성	씨앗마실
167			노란유월태	조청미	2014년	예산	씨앗마실
168		쥐눈이콩	쥐눈이콩	강한월	2014년	홍성	씨앗마실
169			쥐눈이콩(주년저리콩)	임순임	2015년	홍성	씨앗마실

번호	과명	작물명	씨앗명	기증자	수집년도	지역	분류
170	콩과	쥐눈이콩	쥐눈이콩	손정희	2016년	수원	일반기증
171			쥐눈이콩(주년저리콩)	정연	2016년	홍성	씨앗마실
172			쥐눈이콩	노용례	2016년	홍성	씨앗마실
173		팥	40일팥	이정재	2014년	홍성	씨앗마실
174			검은팥(거먹팥)	김영순	2016년	홍성	씨앗마실
175			붉은팥	문병순	2014년	홍성	씨앗마실
176			붉은팥	이금남	2014년	홍성	씨앗마실
177			붉은팥	김경진	2015년	홍성	씨앗마실
178			붉은팥	김순한	2016년	홍성	씨앗마실
179			붉은팥	노용례	2016년	홍성	씨앗마실
180			붉은팥	최희섭	2016년	홍성	씨앗마실
181			앵두팥	전순진	2014년	홍성	씨앗마실
182			얼룩팥	금창영	2014년	홍성	일반기증
183			재팥	전순진	2014년	홍성	씨앗마실
184			재팥	문병순	2014년	홍성	씨앗마실
185			재팥	이금남	2014년	홍성	씨앗마실
186			재팥	임승득	2014년	홍성	씨앗마실
187			재팥	조청미	2014년	예산	일반기증
188			재팥	서광숙	2016년	홍성	씨앗마실
189			재팥	이돈규	2016년	홍성	씨앗마실
190			재팥	최희섭	2016년	홍성	씨앗마실
191			흰팥	송성근	2014년	홍성	씨앗마실
192	화본과	귀리	귀리(완주)	씨드림	2015년	수원	일반기증
193		기장	벼룩기장	씨드림	2015년	수원	일반기증
194			황금기장	씨드림	2015년	수원	일반기증
195			황기장	씨드림	2015년	수원	일반기증
196			흰기장	씨드림	2015년	수원	일반기증
197		밀	앉은뱅이밀	풀무학교 전공부	2014년	홍성	일반기증
198		벼	버들벼	이근이	2017년	고양	일반기증
199			자광도	이근이	2017년	고양	일반기증
200			자치나	이근이	2017년	고양	일반기증
201			조동지	이근이	2017년	고양	일반기증
202		보리	보리	오순정	2014년	홍성	씨앗마실
203		수수	메수수	김정자	2014년	홍성	씨앗마실
204			노란찰수수	서윤철	2016년	홍성	씨앗마실
205			단수수	씨드림	2015년	수원	일반기증
206			붉은찰수수	전순진	2014년	홍성	씨앗마실

번호	과명	작물명	씨앗명	기증자	수집년도	지역	분류
207	화본과	수수	붉은찰수수	임순임	2015년	홍성	씨앗마실
208		옥수수	검은찰옥수수	문병순	2014년	홍성	씨앗마실
209			검은찰옥수수	임승득	2014년	홍성	씨앗마실
210			노란찰옥수수	이월선	2016년	홍성	씨앗마실
211			노란쥐이빨옥수수	조상우	2014년	홍천	일반기증
212			붉은쥐이빨옥수수	조상우	2014년	홍천	일반기증
213			자주옥수수	김연순	2014년	홍성	씨앗마실
214		율무	율무	손정희	2016년	수원	일반기증
215		조	조(서숙)	김정자	2014년	홍성	씨앗마실
216			횡성청차조	씨드림	2015년	수원	일반기증

2016년 대여 가능한
씨앗목록

번호	대여시기	씨앗명	채종년도	양(g)
1	2월	서양가지	2015년	
2		대화초	2015년	
3		수비초	2015년	
4		파프리카F9	2015년	
5		노란대추방울토마토	2015년	
6		블랙체리토마토	2015년	
7		체리토마토	2015년	
8		큰빨강토마토	2015년	
9		큰주황토마토	2015년	
10	3월	갈색완두콩	2015년	
11		노란완두콩	2015년	
12		완두콩(강한월)	2015년	
13		자주완두콩	2015년	
14		Sativa자주완두콩	2015년	
15		시금치(변순식)	2015년	
16		청근대	2015년	
17		청상추	2015년	
18		홍화	2015년	
19		목화	2015년	
20	4월	봉강오이	2015년	
21		쥬키니	2015년	
22		검은여늬강낭콩	2015년	
23		여늬강낭콩	2015년	
24		흰제비콩	2015년	
25		노란쥐이빨옥수수	2015년	
26		붉은쥐이빨옥수수	2015년	
27		쪼그리아욱	2015년	
28	5월	결명자	2015년	
29		오크라	2015년	

번호	대여시기	씨앗명	채종년도	양(g)
30	6월	붉은찰수수(문병순)	2015년	
31		벼룩기장	2015년	
32		흰기장	2015년	
33		횡성청차조	2015년	
34		들깨(이금남)	2015년	
35	8월	조선배추	2016년	
36		광주무	2016년	

2017년 대여 가능한
씨앗목록

번호	대여시기	씨앗명	채종년도	양(g)
1		서양가지	2016년	
2		쇠뿔가지	2016년	
3		대화초	2016년	
4		수비초	2016년	
5	2월	노란대추방울토마토	2015년	
6		블랙체리토마토	2015년	
7		체리토마토	2015년	
8		큰빨강토마토	2015년	
9		큰주황토마토	2015년	
10		갈색완두콩	2016년	
11		노란완두콩	2016년	
12		완두콩(강한월)	2016년	
13		자주완두콩	2016년	
14	3월	Sativa자주완두콩	2016년	
15		시금치(변순식)	2016년	
16		청근대	2016년	
17		청상추	2015년	
18		홍화	2015년	
19		목화	2016년	
20		봉강오이	2015년	
21		피클오이	2015년	
22		사과참외	2016년	
23		쥬키니	2015년	
24		수세미	2016년	
25	4월	검은여늬강낭콩	2016년	
26		붉은여늬강낭콩	2016년	
27		여늬강낭콩	2016년	
28		호랑이울타리콩	2016년	
29		노란쥐이빨옥수수	2015년	
30		붉은쥐이빨옥수수	2015년	

번호	대여시기	씨앗명	채종년도	양(g)
31	4월	쪼그리아욱	2015년	
32	5월	결명자	2016년	
33		아주까리	2016년	
34		오크라	2016년	
35	6월	녹두(서윤철)	2016년	
36		붉은찰수수(문병순)	2015년	
37		벼룩기장	2015년	
38		황기장	2015년	
39		흰기장	2015년	
40		횡성청차조	2015년	
41		들깨(이금남)	2015년	

씨앗 도서관 회원제

회원 모집 과정

1월 중순이 되면서 도서관 회원체계를 정리하였다. 씨앗 도서관을 준비하면서 회원의 의무와 권리, 혜택, 회비와 관련된 문제는 수시로 이야기되었다. 하지만 결국 도서관 개관에 맞추어 구체적인 논의와 틀이 만들어졌다. 이 부분도 역시 실제 상황에 이르러서야 구체적인 안이 마련된 경우이다.

이후 회원체계의 변화는 씨앗 도서관 운영부분에서 다루겠으며 여기서는 처음 합의한 내용들을 중심으로 서술하겠다. 가장 큰 문제는 연회비를 받을 것인가? 아니면 매달 월회비를 받을 것인가? 하는 부분이었다. 씨앗 도서관의 안정적인 운영을 위해서는 당연히 조직된 회원들에게 월회비를 최소한 5,000원 정도씩이라도 받는 것이 필요하다. 하지만 그러기 위해서는 씨앗도서관에서 최소한 두 달에 한 번씩이라도 소식지를 보내주거나 행사를 마련해야한다는 부담이 있었다. 농한기에는 그것이 가능할 수도 있지만 모두들 각자 생활로 돌아가는 농번기에는 기본적인 모임도 하기 어려운 처지에서 무리라는 판단을 하게 되었다. 더구나 소식지를 전담하는 일꾼이 없다면 불가능에 가까울 것이라고 생각했다.

결국 연회비를 후원하는 회원을 모집하기로 하였다. 회비는 최소 10,000원에서 30,000원/50,000원/100,000원으로 하였고, 아이들의 경우에는 몇 천 원 정도로 약정한 경우도 있다. 항목 이외의 회비는 본인이 쓸 수 있도록 하였다. 후원회원이 되면 씨앗을 분양받을 수 있고, 씨앗 도서관 소식을 받아볼 수 있으며, 강좌에 참석할 수 있는 기회를 주는 정도로 정했다. 물론 금액에 따른 차별은 두지 않았으며, 본인이 회비를 쓸 수 있도록 한 것처럼 낼 수 있는 만큼 내면 된다는 의미가 강했다.

이때 합의하기로는 회원 1인당 1년에 5가지 씨앗을 빌릴 수 있고, 반납을 약속하지만 혹 반납 받지 못하더라도 특별한 제제는

회원 가입 양식

없으며, 나누는 양은 보유한 씨앗의 양에 따라 조절하되 1년 농사를 지어 그 다음해에는 어느 정도 양이 되도록 하자고 하였다.

그리고 4월 말에 마을에서 매년 이루어지는 행사인 모종장날에 씨앗 도서관 이름으로 참가하여 회원모집과 기존 회원들에게 씨앗과 모종을 같이 나누어주기로 하였다. 이를 위해 모종은 2~3종류의 가지, 6~7종류의 토마토, 6~7종류의 고추를 2월에 파종하기로 하였다.

회원체계

홍성 씨앗 도서관 회원은 1년 후원회비를 내는 이들로 구성되었다. 지금은 대략 60명 정도이고, 홍성을 제외한 외부지역 회원들이 20명 내외이다. 앞부분에도 간단하게 적었지만 회원이 되면 1년에 5가지 씨앗을 분양받을 수 있고, 도서관 소식을 받으며, 강좌나 채종워크숍에 참석할 수 있도록 하자는 계획을 세웠다. 그러나 실제 운영하면서 변화가 필요한 상황이다.

우선 씨앗 도서관이 아직 초기이다 보니 씨앗을 분양받고, 채종워크숍에 참석할 수 있는 정도이고 그 외 씨앗과 관련된 정보나 씨앗 도서관 운영과 관련된 내용을 알려주지는 못했다. 다만 연말에 운영보고회를 하면서 도서관 운영과 관련된 사항을 같이 논의하는 자리를 마련하고자 한다.

그리고 씨앗 도서관이 지역을 중심으로 운영되다 보니 홍성지역 이외에 살면서 씨앗이 필요해서 일회성으로 가입하거나 씨앗 도서관에 대한 후원의 의미로 가입하신 분들께는 특별한 정보나 혜택을 주기가 어렵다는 문제가 있다. 이 분들이 참여할 수 있는 프로그램은 다음 과제로 남겨두고 있다.

회원가입은 평소보다는 행사가 있을 때 이루어지는 편이며 회원의 구성은 농촌지역임에도 불구하고 지역 단체나 텃밭을 하는 이들이 많고 전업농은 10~20%정도에 불과하다. 그리고 전업농들은 씨앗을 빌려가는 데 있어서도 적극적이지 않다. 이 부분과 관련해서는 아직 시간이 필요하고, 그들에게 빌려줄 수 있는 충분한 양의 씨앗을 마련하는 것이 지금 씨앗 도서관이 할 일로 생각하고 있다.

마지막으로 1년에 한번 후원회비 받는 수입으로 씨앗 도서관을 안정적으로 운영하는 것은 매우 어렵다. 결국 내년에는 최소 월 5,000원 정도씩이라도 정기회비를 받는 방식으로 바꿀 준비를 하고 있다. 비록 초기에는 수입이 많지 않을 것이며, 또 그만큼 실무자나 운영위원회가 노력을 많이 해야겠지만 지금 현재로서는 그 방법이 최선이라고 생각한다.

회원 가입 신청서

홍성씨앗도서관의 지킴이가 되어주세요

작은 씨앗을 품고 있는 홍성씨앗도서관은 한 분 한 분의 마음이 모여 싹을 틔웁니다.
지역에서 대물림된 오랜 씨앗들을 지키고 함께 농사지으며 건강한 삶을 나누길 바랍니다.
홍성씨앗도서관의 지킴이(회원)가 되시면, 씨앗을 빌려 가실 수 있습니다.
또 씨앗도서관의 소식을 알려드리고 이곳에서 열리는 다양한 활동에 자유롭게 참여하실 수 있습니다.

지킴이 정보

이　　름 _____

휴대전화 _____　　전자우편 _____

주　　소 _____

☐ **개인정보 수집 및 이용 동의**(선택해주세요)
　　개인정보는 회원 등록 및 소식 제공을 위한 자료 외의 용도로는 사용되지 않습니다. 개인정보 수집 동의일로부터 해지일까지 보유합니다.

월회비

☐ **5천 원**　　☐ **1만 원**　　☐ **2만 원**　　☐ **3만 원**　　☐ **5만 원**　　☐ **기타** _____ **만 원**

회비납부 방법

☐ **CMS자동이체**

출금은행 _____　　계좌번호 _____

예 금 주 _____　　생년월일 (주민등록상) _____

* 홍성씨앗도서관은 CMS (회비 자동이체 서비스) 이용을 지역센터 마을활력소에 위탁하여 운영하고 있습니다.
　따라서 통장 출금란에는 지역활력소로 표시됩니다. 회비 출금일은 매월 17일입니다. (수납업체: 지역활력소)

☐ **무통장입금**은 아래 계좌로 직접 송금해주세요
　　농협 351-0870-0765-33 홍성씨앗도서관

20　　년　　월　　일

신청인　　　　　(인)

홍성 씨앗 도서관 정관

제1장 총칙

제1조(명칭)

이 단체의 명칭은 '홍성씨앗도서관'이라 한다.

제2조(목적)

씨앗은 모든 생명의 시작이자 농사의 근원이다. 씨앗은 어느 개인
이나 기업이 독자적으로 사유하는 것이 아니라 물, 공기, 햇빛과
마찬가지로 모든 사회구성원이 지켜나가야 하는 공유자산이다.
우리는 자본의 논리에 의해 공장에서 똑같이 생산된 상품으로서
의 씨앗(살충제와 염색제로 버무려진 종자, 대를 이을 수 없도록 조
작된 종자)에 반대하며 유전자가 조작된 GMO종자로부터 자유로
울 수 있는 세상을 만들고자 한다. 땅과 농부의 손에서 씨앗이 지
켜지고 전해질 수 있도록 지역에서 대물림된 토종 씨앗과 자가채
종 씨앗을 수집 및 보급하고 직접 씨앗농사를 짓는 채종포를 운영

하며 토종 씨앗과 자가채종 씨앗의 중요성을 알리는 교육과 활동들을 통해 지속가능한 농사의 가치와 의미를 잇는 것을 목적으로 한다.

제3조(사업)

이 단체는 제2조의 목적을 달성하기 위하여 다음 각 호의 사업을 수행한다.

1. 지역에서 대물림된 토종 씨앗과 자가채종한 씨앗 수집 및 보급
2. 씨앗농사 짓는 법(전통농업 등)·채종기술·육종 연구
3. 씨앗의 중요성을 알리는 씨앗 지킴이 교육 활성화
4. 토종 씨앗과 자가채종 씨앗을 지키는 국내외 사람들, 단체와 교류
5. 기타 이 단체의 목적을 수행하기 위한 사업

제4조(사무소의 소재지)

이 단체의 사무소는 충청남도 홍성군 홍동면 홍장남로 668로 둔다.

제5조(운영원칙)

이 단체는 지역 사회구성원들을 위한 공적인 공간으로서 단체의 명의로 특정 개인이나 종교, 정당, 사회단체의 이익을 위해 활동할 수 없다.

제2장 회원

제6조(회원 자격)

이 단체의 회원은 홍성씨앗도서관의 설립취지에 동의하고 소정의
가입신청서를 제출하여 임원회의 승인을 얻은 자로 한다.

제7조(회원의 권리와 의무)

1. 회원은 총회를 통하여 이 단체의 운영에 참여할 권리를 가진다.
2. 회원은 이 단체의 정관, 규정 및 각종 회의의 의결사항을 준수
   하고 회비 및 부담금을 납부할 의무를 가진다.
3. 회원은 이 단체가 부여하는 각종 혜택을 받을 권리를 가진다.

제8조(회원의 탈퇴 및 제명)

1. 회원은 본인의 의사에 따라 자유롭게 탈퇴할 수 있다.
2. 회원이 다음의 사유에 해당될 경우에는 운영위원회의 의결을
   거쳐 제명할 수 있다.
   ① 본회의 명예를 손상시키고 목적 수행에 지장을 초래한 경우
   ② 1년 이상 회원의 의무를 준수하지 않는 자

제3장 임원

제9조(임원의 구성)

이 단체는 다음의 임원을 둔다.

1. 대표 1인
2. 대표를 포함한 운영위원 4인 이상 8인 이하

제10조(임원의 선임)

1. 운영위원은 제19조의 방법에 의하여 총회에서 선출한다. 다만, 대표는 운영위원회 결의로 운영위원 중에서 선임할 수 있다.
2. 임원의 보선은 결원이 발생한 날로부터 2개월 이내로 해야 한다.

제11조(임원의 해임)

임원의 다음에 해당하는 행위를 했을 때에는 총회의 의결로 해임할 수 있다.

1. 이 단체의 목적에 위배되는 행위
2. 임원 간의 분쟁, 회계 부정 또는 현저한 부당 행위
3. 이 단체의 업무를 방해하는 행위

제12조(임원의 임기)

1. 임원의 임기는 2년으로 하고 연임할 수 있다.
2. 보선에 의하여 선임된 임원의 임기는 전임자의 잔여기간으로 한다.

제13조(임원의 직무)

1. 대표는 이 단체를 대표하고 업무를 통할하여 총회 및 임원회의 의장이 된다. 대표 유고시에는 미리 임원회가 정한 순으로 그 직무를 대행한다.

2. 운영위원은 임원회를 통하여 이 단체의 주요사항을 심의, 의결 하며 운영위원회 또는 대표로부터 위임받은 사항을 처리한다.

제4장 운영위원회 및 총회

제14조(운영위원회의 구성)
1. 대표와 운영위원으로 구성한다.

제15조(운영위원회의 소집)
1. 운영위원회는 정기운영위원회 및 임시운영위원회로 구분하여 대표가 소집한다.
2. 정기운영위원회는 매월 1회 소집하며 임시운영위원회(변경)는 대표 또는 운영위원 1/3이상 서면 요청이 있을 때 소집한다.

제16조(운영위원회의 의결정족수)
운영위원회는 재적임원 과반수의 출석으로 개의하고 출석임원 과 반수의 찬성으로 의결한다

제17조(운영위원회의 의결사항)
1. 업무집행과 긴급결의가 요구되는 사항
2. 사업계획안, 예산 ?결산안 심의
3. 총회에 상정할 의안 또는 위임받은 사항
4. 기본재산의 취득, 처분 및 자금 차입에 관한 사항(추가)

5. 기타 중요사항

제18조(총회)

1. 총회는 최고 의결기관으로 전 회원으로 구성하며 정기총회와 임시총회가 있고 대표가 소집한다.
2. 정기총회는 매년 1회 회계연도 종료 후 1개월 이내에 소집하며 임시총회는 대표 또는 재적회원 1/3이상의 서면 요청이 있을 때 소집한다.
3. 대표는 총회의 안건, 일시, 장소 등을 명기하여 회의 7일 전까지 서면 통지해야 한다.

제19조(총회의 의결정족수)

1. 재적회원 과반수의 출석으로 개회되며 출석회원 과반수의 찬성으로 의결한다.
2. 총회 의결권은 참석하는 다름 회원에게 서면으로 위임할 수 있다. 이 경우 위임장은 총회 전까지 의장에게 제출하여야 한다.

제20조(총회의 의결사항)

1. 임원의 선출과 해임
2. 법인의 해산 및 정관 변경에 관한 사항
3. 기본재산의 취득, 처분 및 자금 차입에 관한 사항
4. 예산 및 결산의 승인
5. 사업계획의 승인

6. 기타 중요사항

제21조(회의록)

임원회 및 총회의 의사진행 경과와 결과는 회의록으로 작성해야 하며 의장과 참여임원이 기명날인한다.

제5장 사무조직 및 운영

제22조(사무국)

1. 이 단체의 업무를 효율적으로 집행하기 위하여 사무국을 두며 필요한 조직의 각 부서는 임원회 결의로 정한다.
2. 사무국의 조직과 운영에 관하여는 별도의 규정으로 정한다.

제23조(직원)

1. 사무국 및 시설에는 필요한 직원을 둔다.
2. 직원의 임용, 복무, 보수 등에 관하여는 별도의 규정으로 정한다.

제6장 회계 및 재정

제24조(재산의 구분)

본회의 재산은 기본재산과 보통재산으로 구분한다.

1. 기본재산은 이 단체의 설립 당시 기본재산으로 출연한 재산과

임원회에서 기본재산으로 편입할 것을 의결한 재산으로 한다.

2. 보통재산은 그 이외의 재산으로 한다.

제25조(수입금)

1. 이 단체의 수입금은 회원의 회비, 수익사업으로 취득한 수익금, 후원금 및 기타의 수입으로 한다.

2. 수익금은 회원에게 배분하지 않으며 목적사업에 재투자하거나 사업 확대, 안정화를 위해 별도로 적립할 수 있다.

제26조(출자 및 융자)

이 단체의 목적사업을 위해 총회 결의로 외부단체의 출자나 융자를 받을 수 있다.

제27조(회계연도 및 보고)

1. 회계연도는 정부의 회계연도에 준한다.

2. 감사는 회계연도 종료 후 1개월 이내에 전년도 사업실적서 및 수지결산서를 작성하여 임원회 의결을 거쳐 총회에 보고한다.

제7장 보칙

제28조(정관 변경)

이 단체의 정관을 변경하고자 할 때에는 총회에서 재적회원 2/3 이상의 찬성으로 의결한다.

제29조(해산 및 합병)

이 단체를 해산하거나 합병하고자 할 때에는 총회에서 재적회원 3/4 이상의 찬성으로 의결한다.

제30조(잔여재산의 귀속)

이 단체를 해산하는 경우 잔여재산은 지역의 단체, 사회적 기업 또는 공익적 기금에 기부한다.

제31조(운영 규정)

이 정관 규정 이외에 이 단체의 운영에 필요한 사항은 임원회 의결로 별도의 규정을 두어 정한다.

부칙

제1조(시행일)

이 정관은 2016년 3월 1일부터 시행한다.

2016년 2월 29일

2018년 6월 28일(개정)

전국 씨앗 도서관 협의회

강동 토종씨앗 도서관

go2yeong@daum.net

서울 강동구 상일동 145-6 명일근린공원 내 공동체텃밭

공주 씨앗 도서관

gongju114@gmail.com

충남 공주시 대추골 1길 9

광명 씨앗 도서관

km9114@hanmail.net

경기도 광명시 오리로 854번길 10 광명시평생학습원

한살림 토박이 씨앗 도서관

urissiat@gmail.com

충북 괴산군 소수면 원소로 417

논산 토종씨앗 도서관

tlsencjf4248@naver.com

충남 논산시 상월면 월오리 658-5

수원 씨앗 도서관

youngjae0714@hanmail.net

경기도 수원시 권선구 호매실로 46-38 수원시기후변화체험교육관

안양 씨앗 도서관

pookie3@naver.com

경기도 안양시 동안구 동안로 66 안양어린이도서관 3층

예산 한국토종씨앗 박물관

fs-ac@ hanmail.net

충남 예산군 대술면 시산 서길 64-11

춘천 토종씨앗 도서관

0192619702@naver.com

강원도 춘천시 동내면 공지로70-61 춘천두레생협 거두점

포항 씨앗 도서관

kja110412@hanmail.net

경북 포항시 남구 대이로80 영일만 제터 먹거리

홍성 씨앗 도서관

seedsaver@daum.net

충남 홍성군 홍동면 광금남로 636-19

전국씨앗도서관협의회 홈페이지

https://koreaseedlibrary.modoo.at/

전국씨앗도서관협의회 카페

http://m.cafe.daum.net/koreaseedlibrary

홍성 씨앗 도서관
채종포 농사용 씨앗 사진
(081~086쪽 참조)

3월 초순

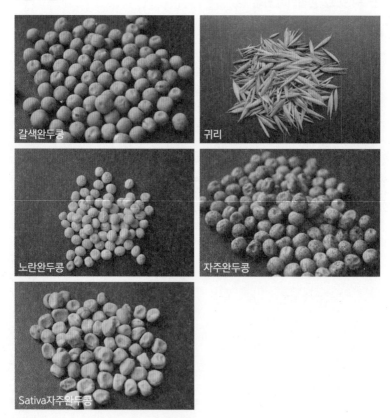

갈색완두콩

귀리

노란완두콩

자주완두콩

Sativa자주완두콩

3월 중순

병아리콩

시금치

3월 하순

검은유월태

노란유월태

4월 초순

검은여늬강낭콩

검은울타리콩

검은제비콩

도라지

붉은여늬강낭콩

여늬강낭콩

여주

울타리강낭콩

이쁜이강낭콩

청상추

결명자

봉강오이

블랙체리토마토

서양가지

수세미

쥬키니

칠성초

큰빨강토마토

4월 하순

검은땅콩

붉은땅콩

우도땅콩

5월 초순

목화

쓴메밀

오크라

율무

간끈동부

개파리동부

검은동부

애기동부

어금니동부

흰동부

5실깨

대추밤콩

메주콩

배틀콩

서리태

선비잡이콩

오갈피콩

쥐눈이콩

검은팥

노란녹두

단수수

메수수

버룩기장

재팥

황기장

횡성청차조

붉은찰수수 얼룩팥

8월 중순

갯무 청근대

9월 중순 10월 중순

조선배추 앉은뱅이밀